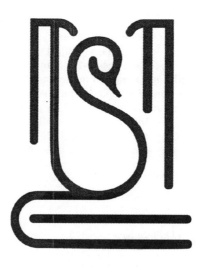

blackswanpublishing

Jan Cornelius s-a născut la Reșița, a fugit de comunism în 1977 și trăiește de atunci la Düsseldorf. Este scriitor bilingv, de limbă română și germană și traducător literar. A studiat franceză și engleză la universitățile din Timișoara, Düsseldorf și Stirling (Scoția). A publicat în Germania numeroase cărți de proză umoristică și cărți vesele pentru copii. Este colaborator permanent la reviste satirice germane și elvețiene și a scris timp de mai mulți ani o serie de comentarii umoristice despre estul și vestul Europei pentru radioul național german WDR. În România, a publicat povestiri și comentarii în *Observator cultural, Dilema veche* și *România literară*. A tradus și a prezentat în mediile germane și în numeroase lecturi publice cărți ale multor scriitori români actuali. În română a publicat cartea *Eu, Dracula și John Lennon* (Humanitas, 2016) și împreună cu Adina Popescu *De ce nu-s românii ca nemții?* (Paralela 45, 2019). *Berliner Zeitung* îl încadrează pe Jan Cornelius în tradiția lui Bohumil Hrabal, iar în România, datorită umorului său, este situat în tradiția lui Caragiale.

© 2020 by Editura Lebăda Neagră

www.blackswanpublishing.ro

Editura Lebăda Neagră
Iași, B-dul Chimiei nr. 2, bl. C1, et. 2, ap. 22, 700391

Descrierea CIP a Bibliotecii Naționale a României
CORNELIUS, JAN
    Aventurile unui călător naiv : între mișcare și izolare / Jan Cornelius. - Iași : Lebăda neagră, 2020
    ISBN 978-606-9682-03-6

821.135.1

JAN CORNELIUS

AVENTURILE UNUI CĂLĂTOR NAIV
între mișcare și izolare

Lebăda Neagră
Iași, 2020

Chișinău

15 septembrie

Azi am ajuns la Iași, poimâine plec la Chișinău. Sunt invitat la un festival de proză, prin Goethe-Institut. Am fost azi la autogara Iași să iau un bilet pentru cursa de ora 9, marți, 17 septembrie. S-au uitat pe acolo la mine ca la un extraterestru. Cum un bilet pentru marți? Cum pentru Chișinău?! Pentru Chișinău nu se vând bilete decât la autobuz. „Și dacă sunt prea mulți pasageri?" mă întreb. Probabil că se trage la sorți. Sau cei în plus sunt aruncați pe drum din autobuz. Ghișeu de informații există la autogară, dar pe ușa acestuia scrie mare NU DEȚINEM INFORMAȚII DESPRE CHIȘINĂU. Și oricum biroul e închis. Ce-mi place mie teatrul absurd! Pssst! Actul întâi deja a început.

17 septembrie

Ora 8. Pleacă autobuzul la Chișinău. Ăla la care nu se dau bilete. Fără mine, că-i plin. Am întrebat șoferul când vine următorul autobuz. Dom'le, pe mine mă întrebi?! Dar pe cine? Piloții de avion nu știu! S-a înmuiat: păi, următorul vine într-o oră. Dar de ce să risc eu să vă mint? Că poate nu vine. Măi, să fie! Uite că mai există și oameni onești în România! Sau ăsta o fi din Republica Moldova?

Gata, șed deja în autobuzul următor. Ca să fiu sigur că-l prind, i-am pus mai înainte pe cei șase rămași pe jos să facă o coadă. Că doar eu sunt de la Jermania, unde se păstrează ordinea! Eu am fost primul la coadă și acum stau pe locul cel mai din față. O dată-n viață am și eu noroc! *Chișinău, I'm coming!* Sper.

> **Iulian Ciocan**: Dumnezeu să vă ajute!

Suntem la graniță, la ieșirea din România. Niște omuleți tare veseli, în uniforme s-au hârjonit un timp în fața autobuzului. Pe mânecile lor scrie „România". Apoi au dispărut. După zece minute, unul dintre ei a urcat în autobuz și mi-a luat buletinul nemțesc, cu care a plecat. Mă duc să fumez. Apare un câine lup lângă mine. Dacă mă mușcă? Nu știu de ce mi se pare că văd după colț zidul de la Berlin, de pe vremea comunismului. Ba nu, cred că e zidul toaletei de la frontieră, Doamne ajută.

Suntem la intrarea în Republica Moldova. Am așteptat să-și termine vameșii români jocul de șah, de-abia apoi ne-au înapoiat buletinele. Uraaa! Am pornit din nou. Chiar am și mers vreo 50 de metri. Apoi am oprit din nou. În microbuz a urcat un moldovean foarte chipeș, care mi-a luat buletinul. Are o uniformă tare mândră. Am vrut să-l fotografiez din față, dar n-a vrut. L-am fotografiat când s-a întors cu spatele, dar s-a întors brusc, surprinzându-mă, și mi-a zis să șterg imediat poza, așa că l-am rugat să-mi dea el o poză, ceea ce l-a supărat. Omul ăsta are evident un punct vulnerabil, niște complexe freudiene în legătură cu aspectul său și asta trebuie respectat. Acum stăm și tot așteptăm. Mi-am întrebat tovarășii de voiaj cam cât se așteaptă pe aici. Uneori și o oră, două, a zis unul. Ba, odată am stat chiar cinci ore, a zis altul. Am coborât din autobuz intenționând să fac un selfie cu un domn în uniformă, dar m-a refuzat consternat, în niciun caz a zis. Și cică să nu pozez nici florile și nici iarba. Nici bălțile, nimic. O fi natura secret de stat în Republica Moldova. Stăm și așteptăm și Godot nu mai vine. E încă dimineață devreme, ploaia s-a oprit, se înseninează, e foarte frumos, ce-i drept, dar sper totuși să nu prind și apusul soarelui tot aici, la frontiera Sculeni.

La un moment dat ne-au dat totuși drumul și am ajuns sănătoși la Chișinău. Oraș mare, cu largi bulevarde. Am coborât lângă Parlament. A apărut un taxi, l-am oprit rugându-l să mă ducă la hotelul Regency. Pi șe uliță? a șuierat taximetristul, și a treia oară, apropiindu-mi urechea de gura lui știrbă, i-am înțeles vorbele. Păi nu știam pi șe uliță, păcatele mele, mă gândeam c-o fi știind-o taximetristul. Păi dacă nu știi undje-i hotelu cum să țsi duc? Și dus a fost. Am ajuns totuși la hotel, dar nu povestesc cum, că tot nu mă crede nimeni.

18 septembrie

Grea viața la Chișinău! Am vrut ieri pe la patru după-masă să fumez o țigară pe terasa de la Andy's Pizza, din Parcul Central, și a venit chelnerul și m-a poftit urgent afară. Deși terasa era deja afară. Apoi am vrut să fumez aceeași țigară în parcul din fața terasei și a venit chelnerul și mi-a spus că cine fumează la Chișinău în parc sau pe stradă dă de dracu' dacă-l prinde poliția. I-am explicat chelnerului că sunt din Germania și că acolo se poate fuma pe stradă. Atunci du-te, dom'le la Jermania, mi-a zis el. Dar eu n-am vrut să mă duc la Jermania, eu am vrut să rămân la Chișinău și să fumez acolo o țigară. Așa că am așteptat până s-a făcut beznă pe străzile Chișinăului și mi-am aprins, în sfârșit, țigara. Dar brusc mi-am dat seama că licăritul ei se vede în întuneric și pentru că tocmai se apropia un polițist, m-am aruncat pe burtă și am înghițit țigara cu filtru cu tot. Grea viața în tranșeele Chișinăului! Bine, acu tre' să recunosc că la sfârșit am exagerat un pic, n-am înghițit decât juma' de țigară, că pe prima jumătate deja o fumasem.

La Chișinău trăiesc cele mai multe femei frumoase din lume pe metru pătrat. OK, ar mai fi câteva și la Buenos Aires, dar ăla-i mult prea departe. De ce nu apare informația asta de importanță vitală în Wikipedia? Și au un zâmbet... De pildă, când mi-a zâmbit aseară recepționista de la hotelul Regency, s-a făcut lumină până și în gropile de pe drumul din jurul hotelului, în care venind acasă pe jos era să-mi rup picioarele.

19 septembrie

Locuiesc deci la Chișinău, hotel Regency, etajul cinci. Când m-am dus acu juma' de oră la micul dejun, la etajul patru, în lift a urcat un tip care arăta exact ca Putin. Jur! M-a umflat râsul și m-am făcut că tușesc. Când m-am întors înainte în cameră, tipul iar a urcat după mine. Ciudat. Am să mă duc acum încet la ușa camerei și o s-o deschid brusc. Dacă nu mai auziți de mine până diseară, anunțați poliția, vă rog!

Bănuț Iulian: Era fantoma lui Putin.

Elena Bărdac: *Sounds exciting!* Atmosferă de roman cu Arsene Lupin! Cine v-o fi dus acolo?

Octavia Petrișor: Aha. Zâmbetul de la recepție era o capcană. Aveți grijă, că nu-i de glumă cu rușii!

Doina Timar: *Cherchez la femme!* Fimeili!

Vasile Predescu: ...și dacă anunțăm poliția, cine vă mai găsește? Cred că de la recepționeră vi se trage.

Carmen Tărniceru: Îmi închipui ultimul post al lui Putin pe Facebook: l-am întâlnit la hotel pe Jan Cornelius. Țineam ultima lui carte în mâinile-mi tremurânde. Nu cred că a observat. L-am urmărit o vreme, dar am fost prea emoționat să-i cer un autograf.

Mariana Gorczyca: PEN Internațional a ajutat la eliberarea multor scriitori din situații de răpire. Aștept 34 de ore și dacă nu dai niciun semn, devii și mai celebru.

Când am trecut azi pe la ora prânzului prin Parcul Central, pe Aleea Statuilor, însoțit de scriitorii moldoveni Iulian Cicocan și Alexandru Bordian, Alexandru m-a întrebat dacă mi-ar plăcea să mi se facă și mie o statuie pe-acolo. I-am spus că nu, în primul rând pentru că n-aș avea răbdare să stau încremenit ani în șir, mie-mi place să mă mișc, domnule, și în al doilea rând, pentru că nu mi-ar place să mi se defecheze porumbeii în cap, dar dacă totuși m-ar obliga ăștia din Chișinău să mă fac statuie, atunci măcar aș vrea să stau lângă Pușkin. Chiar așa?! Lângă Putin?! a întrebat Iulian uluit, chipurile. Ăsta se numește umor cinic, tovarăși!

20 septembrie

O spun, deși nu mă va crede nimeni: am fost ieri într-un sat la 60 de kilometri de Chișinău. Într-o grădină cu trandafiri. În care trandafirii aveau un puternic miros de trandafir! În apropiere, am văzut un grup de circa zece gâște trecând relaxat, dar foarte disciplinat strada, ca la Jermania. Și apoi, am auzit la radioul mașinii prietenului meu moldovean Nicolae Spătaru un cântec popular moldovenesc cu memorabilele versuri moldovenești: „Ionel e suflet mare/ Și cu dor de orișicare". Băieți generoși, moldovenii ăștia!

21 septembrie

Sunt din nou în autobuz, mă întorc în România. Ne apropiem de granița Republica Moldova-România. Cine vrea țigări? întreabă șoferul, întorcându-și scurt fața spre pasageri. Are un nas uriaș, coroiat și o privire ce-mi amintește de Klaus Kinski în rolul lui Dracula. Câteva mâini țâșnesc în sus. Eu, eu! Măi să fie, am uitat să-mi cumpăr țigări, și în Republica Moldova, țigările sunt de șase ori mai ieftine decât în Germania. Ridic și eu bucuros mâna, șoferul îmi aruncă nonșalant două pachete de Camel. Cât costă? întreb când termină cu împărțitul. Se uită scurt la mine și nu răspunde. Or fi ei moldovenii generoși, dar nici chiar așa. Dom'le, cât costă, vreau să plătesc, repet iritat. O femeie în vârstă din spate mi se apleacă la ureche: domnu', astea nu sunt de cumpărat, sunt de trecut granița. După ce trecem frontiera, toți dau cuminți țigările primite înapoi. Băieți cinstiți, moldovenii ăștia! Și uite așa am rămas eu fără țigări.

Părăsim deci Republica Moldova. La trecerea frontierei la Sculeni, suntem singurul autobuz. Oprim și așteptăm vreo oră la intrarea în România. Așa, ca să ne obișnuim un pic cu țara. Vameșii nu apar, își fac precis siesta, ce naiba, sunt și ei oameni. În sfârșit, apare un vameș și ne poftește într-o încăpere alăturată. Se controlează minuțios pașapoartele. În fața mea, stă la coadă prietenul meu olandez Jan Willem Bos cu soția sa Cornelia Golna, care călătoresc în autobuz cu mine; Cornelia are un pașaport olandez. Doamna Cornelia, sunteți născută în România, văd? Da. Ați plecat de mult din România? Da, aveam doar șapte luni. Oho! Și nu ați uitat româna de atunci până astăzi! Ce frumos! Domnu' Bos, văd că și dumneavoastră vorbiți româna, bravo! Ați învățat de la soție, nu? Nu.

Iași

2 octombrie

Locuiesc la Iași, la hotelul Astoria, etajul trei, camera 307, din fereastră se vede cortul FILIT. Ieri am ieșit din hotel pe la prânz, dar afară era mai răcoare decât credeam, așa că m-am întors să-mi iau un pulover. Am urcat cu liftul, în ușa camerei stătea camerista cu aspiratorul în mână și voia să intre. Bună ziua, camera e OK, i-am zis, n-am nevoie de nimic, puteți să vă duceți la altă cameră. Dar dumneavoastră ați plecat azi, mi-a spus camerista mirată, trebuie să aranjez camera asta. Poftiți?! Cum adică am plecat astăzi, nu vedeți că sunt aici?! Ba nu, domnule, ați făcut *check-out*-ul, a zis camerista, uitați, stă aici la mine pe listă. Poftiți?! Luați vă rog lista aia și aruncați-o! Cobor acum la recepție și lămuresc situația. Camerista a luat lista aia, a aruncat-o și s-a dus la altă cameră, iar eu am coborât cu liftul la recepție și am lămurit situația, recepționerul s-a uitat la computer și mi-a dat dreptate, scuzându-se pentru haos. Iar eu am luat din nou liftul și am urcat în cameră să-mi iau puloverul, dar camerista stătea din nou în fața ușii cu aspiratorul în mână și voia să intre. Atât că era altă cameristă și ca înainte fusesem la etajul doi, și nu la etajul trei, și camerista crezuse că eu sunt altul, unul care efectiv plecase. Problema e ca toate ușile hotelului sunt la fel și dacă nu te uiți la numere, iese nașpa. Mai multă diversitate, oameni buni, ce naiba!

5 octombrie

Stau de trei zile la hotelul Astoria. De câte ori mă plimb prin Iași, văd peste tot afișe cu candidații la președinție. Azi-noapte m-am culcat frânt de oboseală pe la ora 11, dar m-am trezit scurt după miezul nopții scâncind îngrozit. Visasem că Viorica Dăncilă scrisese un roman și citea din el în cortul FILIT. Stăteam în întuneric cu ochii deschiși, în camera alăturată, din stânga am auzit minute în șir țipetele ascuțite ale unei femei. Una din două: ori făcea sex pe rupte pentru a profita de camera închiriată, ori tocmai avea un cumplit coșmar asemănător cu al meu.

Stau în fața Universității din Iași, e cald, arde soarele. Agale, trece un tramvai pictat cu o frumoasă imagine de iarnă. Deja?! Sau e de pe vremea lui Moș Crăciun de anul trecut? mă întreabă o prietenă căreia îi trimit poza. Ce să zic, eu cred că-i încă de pe vremea lui Moș Gerilă.

E chiar el, Richard Ford! *It's really he*, îl văd în holul hotelului Unirea, îmi zâmbește și chiar stau cu el de vorbă, îmi prezintă soția. Nu am idoli, dar el e unul dintre ei. În cortul FILIT îmbulzeală la cărți. Cartea *Suspect* a lui Jan Willem Bos s-a vândut foarte bine, 20 de exemplare. Suspect de-a le fi cumpărat: Steinar Lone, care apare ca personaj în carte. Ce mică e lumea și cât de mari sunt coincidențele: e o veche legendă, pe care-o știu de la Mircea Cărtărescu, cum că Franz Kafka, după ce-i apare primul volumaș, merge la o librărie și întreabă câte exemplare ale cărții sale s-au vândut. 20, răspunde librarul. Am un cititor! Am un cititor! strigă Kafka, fiindcă pe primele 19 le cumpărase chiar el cu o zi înainte.

Jan Willem Bos: Păi, d-aia l-am trimis pe Steinar, să nu bat la ochi. Și acum vine Cornelius și mă dă de gol... E frumos?

Mircea Cărtărescu: Nu e frumos, Jan Willem! Ca să vezi ce-ți fac prietenii!

Marii scriitori care fac parte din aceeași națiune seamănă evident între ei, francezul Mathias Enard seamănă ca aspect cu francezul Honoré de Balzac și după câte am văzut la restaurant la hotel, bea cam tot atâta cafea cât el, iar americanul Richard Ford seamănă tare de tot cu americanul Clint Eastwood. Și se și poartă precum Clint în filme, că de aia-i american. Când l-am întâlnit pe un coridor lateral al Teatrului Național Iași, înainte de-a se urca pe scenă și i-am spus *Good luck, Richard!* mi-a spus rânjind cool: *I don't need it, my friend! But what do you need?* l-am întrebat. *Whisky*, mi-a spus râzând și mi-a tras un pumn americănesc în spate de-am zburat până-n peretele de vizavi. *Good old cowboy*, mă bucur că mai trăiesc!

6 octombrie

Sean Cotter, prietenul meu american din Dallas, locuiește de-o lună la Iași, cu o rezidență de traducător literar FILIT. Mâine, Sean pleacă înapoi la Dallas, aseară am fost cu el la terasa Clubul Bursei pe Lăpușneanu, unde Sean a mâncat o omletă țărănească, iar eu, o salată de vinete cu roșii, pentru că ciorba de perișoare se terminase. Nu știu dacă așa se mănâncă la Dallas, dar Sean a vrut, la modul surprinzător, pentru mine, să-și mănânce omleta țărănească cu salată de sfeclă roșie, pe care însă au uitat să i-o aducă.

Am băut amândoi bere Ursus la sticlă, pentru că la draft nu mai aveau. În timpul mesei, a sunat din Dallas nevasta lui Sean, care acum doi ani fusese cu Sean o săptămână la București. *Do you have an omelette? Wow!* a zis ea adăugând încântată: mănâncă și un papanaș pentru mine! *Eat a papanash for me, honey!* Așa că, la sfârșitul mesei, Sean a comandat un papanaș, dar i-au adus o clătită.

7 octombrie

Ora 7.30. Gata FILIT-ul! Astăzi părăsesc Iașul, mă întorc în Germania. FILIT-ul a fost super, dar asta nu-i nimic nou. Ce-i nou: pe la ora 7 am văzut în holul hotelului vreo 200 de chinezi proaspăt sosiți. Păreau disperați. Probabil că era o mică familie din China, sosită cu ceva întârziere la FILIT.

Ora 11.30. Iașul nu mă lasă să plec. Trebuia să-mi iau zborul la 10, dar am venit de-abia la 11 la aeroport. Pentru că am încurcat ora decolării cu ora aterizării. E blestemul chinezilor de care ai făcut mișto dimineață la plecare! mi-a spus Florin Lăzărescu la telefon. Mă întorc la hotel. Dacă mă vedeți azi prin centru, nu e dublul meu, eu sunt. Plec de-abia mâine, cu Wizzair. Dacă nu intervine nimic.

Ora 12.30 Sunt din nou la hotelul Astoria. Mai aveți o cameră liberă? întreb. Recepționera, foarte cool: 307, camera ce ați avut-o acu' o săptămână. Camerista mi-a zâmbit complice când am descuiat ușa. E ceva necurat la mijloc, prea se repetă totul. Oare-l voi întâlni imediat pe Sean Cotter, care-a plecat la Dallas? Oare iar ne vor aduce clătite în loc de papanași la masă?

8 octombrie

Ora 8. Sunt din nou la aeroport. Complet amețit de încurcăturile care de ieri se țin lanț, am avut la un moment dat impresia stranie că sunt încă la FILIT și că masa asta de oameni mă așteaptă stând la coadă pentru un autograf, dar mi-am dat seama că e coada de la *check-in*. Nu mișcă deloc. Dacă am noroc, ajung totuși la rând încă înainte de decolarea avionului, la ora 11.

Diana Popescu: Nu-nțeleg, de unde încăpățânarea asta de a pleca.

Jan Cornelius: E un prilej să mă plimb zilnic cu taxiul între hotel și aeroport.

Cristina Hermeziu: *Tu t'incrustes à Iași*, cum zic francezii. E vremea mustului, în plus. Drum bun!

Ana Diana Coandă: Iașul, general vorbind, e un oraș greu de părăsit. Orașul meu natal.

Ora 10. Gata *check-in*-ul. Urmează controlul bagajelor de mână. Laptopul și celularul se purică separat. Sper să nu-mi confiște țigările din rucsac și *like*-urile de pe Facebook.

Alexandru Vakulovski: Drum bun!

Diana Iepure: Zbor lin și fără peripeții!

Adina Scutelnicu: Călătorie plăcută!

Veronica D. Niculescu: Drum bun, fericită de reîntâlnire!

Jan Cornelius: Veronica, atât că încă nu plec!

Marcel Tolcea: Ține tu strâns de umor, că ești mort dacă îl pierzi!

Gabriella Koszta: Jan, ai ajuns până la urmă? Sau ai ajuns, dar nu acolo unde ai fi vrut?

Ora 12. *Help!* Sunt tot în sala de așteptare. Ieri am ratat zborul pentru că am ajuns cu o oră prea târziu la aeroport. Azi am ajuns când trebuie, dar avionul pleacă cu o întârziere de două ore. Pe puțin. Dar eu nu cred asta. De ce nu mi se spune adevărul?! Din Iași nu se poate pleca. Caut locuință la Iași.

> **Kathrin Kilzer**: Jan, comentariile tale sunt delicioase. Râd de azi dimineața, cu atât mai mult cu cât am fost studentă la Iași.
>
> **Lidia Bradley**: *Groundhog Day?* Ziua cârtiței?
>
> **Horia Marinescu**: „*You can check-out anytime you like, but you can never leave!*" (*Hotel California*, Eagles)

Ora 14. Tot la aeroport. Niciun semn că am putea pleca. Am văzut cândva un film cu Tom Hanks. Juca un tip care locuiește la aeroport pentru că nu-l primește nicio țară. Filmul se cheamă *Terminal*. O să mă uit din nou la el pe laptop ca să mă pregătesc pentru viitor.

Ora 15. S-a anunțat că plecăm totuși! La ora 16. Mă duc într-un colț liniștit, mă pun în genunchi și mă rog ca să fie adevărat.

> **Cristina Dana Preda**: Rămâi vigilent, cine știe ce mai apare!
>
> **Matei Martin**: Cere un microfon și citește-le ceva celorlalți năpăstuiți!

Düsseldorf

Jurnal de Düsseldorf

8 octombrie

Gata, aventura s-a încheiat! Am aterizat la Dortmund după o călătorie de opt ore și jumătate, în timpul ăsta aș fi ajuns și la Havana, dar cu mult mai puține probleme. La aeroport, la intrarea în Germania, pașapoartele pasagerilor se controlează timp de o oră, căci evident avem toți fețe de teroriști. În fața mea se află un cuplu german cu un copil cu numele Fabian. Ce mai faci, Fabian? îl întreabă polițistul, după ce se uită în pașaport, evident ca să vadă dacă Fabian reacționează la numele de Fabian sau nu e cumva cumpărat sau furat din România. Dar Fabian nu răspunde, o dată pentru că e supărat de întârziere și o dată pentru că are doar un an și nu posedă arta dialogului. Hai, Fabian, spune-i domnului ce mai faci, spune mama. Fabian ioc. După mai multe tentative de dialog, Fabian spune: *Mama, ich habe Durst.* Mamă, mi-e sete. Dovadă clară că Fabian e german și că nu-i cumpărat de la vreun român sărac. Apoi sunt eu la rând. *Hatte das Flugzeug Verspätung?* A avut avionul întârziere? mă întreabă polițistul în germană, probabil ca să vadă dacă am idee de germană, dacă tot am pașaport german. Ca să mă răzbun, îi răspund printr-o frază lungă ca-n *Muntele vrăjit* al lui Thomas Mann, sper că-l doare și acum capul. Mă duc apoi cu autobuzul la gara din apropiere. Vreau să iau bilet de tren pe peron, dar automatul îmi spune timp de cinci minute: *wait a minute, please!* Așa că urc

fără bilet în tren și mă duc direct la un grup de cinci con-
trolori, care, evident, sunt puși pe vânătoarea pasagerilor
clandestini și îi rog să-mi dea ei un bilet. *Sorry*, în trenul
ăsta nu se vând bilete ca-n alte trenuri, e un tren privat,
îmi spune țanțoș unul dintre ei. Are mușchi à la Arnold
Schwarzenegger și e tatuat până la bărbie. Dar evident are
suflet bun, căci se scuză pe larg pentru inconveniențele
survenite, îi pare foarte rău de ce tocmai mi se întâmplă,
mai ales că trebuie să mă arunce din tren la prima stație.
Alternativa: să-i plătesc o amendă de 60 de euro pentru că
nu am bilet. Afară e frig și întuneric, așa că aleg amenda,
pe care n-o plătesc, desigur. Mi se iau datele din pașaport,
amenda trebuie s-o transfer în curs de două săptămâni.
Dar în loc de asta voi face o contestație, căreia sunt sigur că
nu i se va da curs. Că doar suntem în Germania, ce naiba,
unde totul merge perfect. La urmă, cu puțin timp înainte
de-a ajunge la Düsseldorf, nu mă pot abține, simt că mă
înfurii tot mai tare, retroactiv, și îi spun grupului de con-
trolori care fug zeloși de colo-colo să prindă infractori,
pentru a se reîntâlni în final lângă locul pe care șed eu: aș
vrea să vă mulțumesc! Mă simt foarte sigur în acest tren,
văd că sunteți mai mulți controlori decât pasageri. Arnold
Schwarzenegger se pornește să vocifereze, se roșește la
față, i se umflă vinele de la gât, mi-e teamă că se va sufoca
în clipa următoare. Aveți vreo problemă, domnule? Aveți
vreo problemă? strigă. După ce că ați mai și urcat fără bilet!
Domnul meu, mai încet vă rog, îi spun, calmați-vă! *Immer
mit der Ruhe, take it easy*, aici nu sunteți la sala de mușchi!
Doi dintre colegii săi sunt atât de rapizi și perspicace încât
reușesc să țină de el în ultima clipă ca să nu se arunce ca
un tigru înfometat asupra mea. Și uite așa, iar am avut un
car de noroc! Bine te-am găsit, Jermania!

Eckstein-Kovács Péter: Savuroasă povestea. Și un pic tristă.

Robert Șerban: *Ja, Ja, Jan!*

Mariana Bărbulescu: Bine că ai ajuns și mulțumesc mult-mult pentru porția de râs! Chiar aveam nevoie.

Georgiana Sârbu: Am râs cu lacrimi! Bun povestitor sunteți! Care era fraza din *Muntele vrăjit*? Ca s-o folosesc și eu.

Daniela Grund: Este ceva, altfel, la textele lui Jan Cornelius, de aceea le citim cap-coadă și așteptăm următorul text, mulțumim, Jan Cornelius!

9 octombrie

Nu pot să cred încă, dar am ajuns efectiv la Düsseldorf, unde mi se pare că locuiesc. Frumos la Jermania! O trupă de olandezi torpilați bine, în costume bavareze, cântă pe malul Rinului *Sweet Caroline*, drept pentru care o mulțime de japonezi, ruși, americani și chiar și câțiva nemți țopăie răcnind de parcă i-a lovit strechea. Sunt atât de mișcat încât, brusc, mi se foame și mănânc fără furculiță și cuțit ca nibelungii *Chipirones à la plancha con verduras*, o mâncare tipic jermană, secundat de privirile critice ale lui Carmen.

13 octombrie

Urmăresc pe Facebook discuțiile despre Premiul Nobel pentru literatură. Da, sigur, există o listă pentru premiul Nobel, exact cum spun ăștia prin chaturile din România. Și pe lista aia se ajunge cu pile. Și cu bani grei, normal.

Și dacă-ți mai pune și Alfred Nobel o vorbă, gata ai luat premiul, că Nobel nu-i mort, domle', numa' se face c-a murit, ca să aibă liniște. Dar ăla de ia de la el premiul semnează în mare taină un contract cu el, cum că îi dă jumate din milionul ăla înapoi – ca să aibă și Nobel ăsta din ce să bea până la anu'. Că Nobel, domle', bea de stinge, că de mulți ani nu mai suportă toate tâmpeniile ce se comentează pe seama premiului, că de ce nu pune Cărtărescu umăru' să ia și el premiul. Dar, dacă mă întrebați pe mine, anul ăsta treaba e clară, cred că anu' asta îl ia Cărtărescu, dar poate că nu-l ia, dacă nu-l ia, să-mi spui mie cuțu, nu-l ia, mă, de unde până unde, eu zic că-l ia, dar dacă nu-l ia, ba îl ia, pariem? Treaba stă sută la sută.

14 octombrie

Acum o oră m-am dus la o cafenea, aici, după colț; limbile vorbite aici sunt un pic mai numeroase decât în Turnul Babel. La masa alăturată, doi bărbați în trening și teniși vorbesc în arabă. Cafeneaua e plină, așa că două femei tinere și nonșalante, cu trăsături asiatice, cer permisiunea să se așeze pe cele două locuri libere de lângă ei. Cei doi tipi nu-și cred norocului și se străduiesc să pornească o conversație. Se vorbește esperanto. *Japan?* întreabă unul. *Yes.* Tokio? *Yes.* Pauză îndelungată, conversația lâncezește. Dar, brusc, unul din tipi are o idee: *many Erdbeben în Japan, no?* Multe cutremure în Japonia, nu? Cele două japoneze se consultă: *ja.* Da. Din nou pauză, apoi celălalt tip întreabă: *wann letztes Erdbeben? Today?* Când ultimul cutremur, azi? Cele două japoneze se consultă. *No, last week.* Bărbații încep să râdă cu poftă. Ha ha! *Last week Erbeben, last week Erdbeben.* Ha ha ha, râd și cele două japoneze. Și uite așa, mulțumită cutremurelor japoneze, viața-i veselă-n Germania.

În drum spre casă, am mai întâlnit doi tipi care conversau cu smartphone-ul și o femeie în vârstă care conversa cu câinele.

15 octombrie

Sunt la Düsseldorf de-o săptămână. Ce mai faci, cum îți merge în țara aia ostilă? mă întreabă prietenul meu Florin, din Iași. Bine, zic, ce să fac, uită-te la ultimele mele postări pe Facebook, mănânc, beau, mă plimb agale, e cam monoton pe-aici după FILIT, am fost duminică în Altstadt, orașul vechi, o catastrofă, mii de oameni care mănâncă, beau și se plimbă agale. Stai liniștit, zice Florin, și aici, la Iași, oamenii mănâncă, beau și se plimbă agale. Eu în locul tău aș pleca la Berlin, că-i mai în est, poate că acolo lumea umblă puțin mai repede. Nu pot, zic, că joi trebuie să plec la Frankfurt și mi-e teamă că și acolo oamenii mănâncă, beau și se plimbă agale. Păi ai vrut la Jermania, ce să-ți fac, zice Florin.

> **Steinar Lone:** Viața-i grea.
>
> **Jan Cornelius:** Da, Steinar, tu știi ce spui, că și și tu trăiești în exil, în Norvegia, și acolo lumea bea și se plimbă agale.

17 octombrie

Sunt la Târgul de carte de la Frankfurt. Stau la hotelul Tulip Inn, la Offenbach, de acolo fac juma' de oră cu trenul până la Târgul de carte. La târg e cald și stresant și aseară m-am dus să mănânc la un local la Offenbach și înainte de mâncare am cerut o bere. Am vrut să beau și eu o bere. Atât, o bere. Berea aia rece, relaxantă, delirantă, la care mă gândisem toată ziua și pe care-o savurasem în gând de vreo zece ori. Dar n-aveau bere, era un local turcesc, oameni faini, aveau o ciorbă de burtă superbă, aveau *dürüm, börök, köfte,* dar bere ioc. Așa că m-am ridicat de la masă și am zis că mă întorc după aia și m-am dus la localul de alături și pe urmă la ăla de lângă el și pe urmă la ălalalt de lângă el și tot așa, că în zona pietonală din Offenbach sunt foarte multe localuri, dar niciunul nu avea bere, că unu-i turcesc și altu-i arăbesc, *taboulé, tahini, melemen,* da, dar bere ioc, băieți trăsnet ăștia, dar ce nu-mi place deloc la ei e că n-au bere. Și uite așa, din local în local, am ajuns în sfârșit la un chioșc unde eram absolut sigur că n-au nici acolo bere, dar uite că aveau bere într-un dulap-frigider. Am luat deci o bere, făcea un euro douăzeci și l-am rugat pe vânzător să mi-o deschidă și el mi-a zis, *nein, das darf ich nicht,* nu, asta n-am voie, dar pentru că sunteți dumneavoastră, o fac. Dar numai dacă n-o beți aici. *Nicht hier trinken!* Așa că mi-am luat berea și m-am dus cu ea tiptil la întuneric, după o tufă, mai era un boschetar pe-acolo, hai noroc, dar când am dat să trag o dușcă, apare în zare un polițist, nu inventez nimic. Așa că mi-s-a făcut puțin frică și i-am dat berea boschetarului, *danke, mein Freund,* mulțumesc prietene, mi-a spus și dus am fost. Adică m-am întors la turcul meu inițial de după colț și în loc de bere am mâncat acolo o ciorbă de burtă. Și după aia am mai mâncat încă una, a fost *supergeil,* cum zic nemții. Deci pot să spun în final că a fost o seară frumoasă cu mici excepții, ca să zic așa. Și azi l-am întâlnit la târgul de carte pe Mircea Cărtărescu și i-am povestit ce mi s-a întâmplat aseară, și el a suferit alături de mine pentru că-i băiat bun. Și după aia ne-am despărțit și, după vreo oră, Mircea mi-a trimis un mesaj pe Facebook, hai la cafeneaua de lângă standul românesc, dar foarte repede! Și când am ajuns foarte repede acolo, Mircea mă aștepta cu o bere, râzând cu gura pân' la urechi. Mare scriitor omul ăsta, cum face el dintr-o bere un happy-end.

Mircea Cărtărescu: Berea ta era Becks, asta nu apare în povestea scrisă, așa că, văzând la cafenea chiar bere Becks, normal că mi-am adus aminte. Am băut amândoi la botul calului de toată frumusețea!

Jan Cornelius: Da, Becks, mersi, Mircea, data viitoare dau eu o bere, la Istanbul.

Mircea Cărtărescu: Eu următoarea la Abu Dhabi.

20 octombrie

Sunt acum în trenul ICE Frankfurt-Düsseldorf. La gara din Frankfurt a fost, ca întotdeauna, îmbulzeală și haos. Mii de oameni umblând ca bezmeticii de colo-colo, într-o mișcare browniană de molecule, la mare derută. M-am gândit că, uite, așa e omul! Cam așa umblă el toată viața căutân-du-se pe sine însuși, fără să se găsească și așa n-am reușit nici eu să găsesc platforma de pe care-mi pleacă trenul. Pe planul gării scria că trenul pleacă pe linia 7, dar acolo stăteau claie peste grămadă vreo 200 de oameni care aș-teptau trenul spre Garmisch-Partenkirchen, probabil că voiau să asiste la 1 ianuarie la săriturile de schi. Da, suntem de-abia în octombrie, dar cu trenurile Germaniei trebuie să pleci din timp. Mi s-a făcut brusc dor de autogara din Iași, ce frumos a fost astă-vară acolo, când am plecat la Chișinău! Nimeni nu știa când pleacă autobuzul, dar cel puțin aveau acolo un birou de informații care era, bineînțeles, închis.

Aici la Frankfurt biroul de informații e mereu deschis și
luat cu asalt, dar dacă te pui la coadă, ajungi totuși cândva
la rând, dar de-abia după ce-ți pleacă trenul. Da, știu, in-
formațiile curente despre mersul trenurilor se iau azi din
Internet, dar eu acolo n-am acces decât dacă mă cuplez la
wi-fi. Așa că m-am dus la un tip cu uniformă de impiegat,
albastru închis, care s-a uitat în smartphone-ul lui, trenul
dumneavoastră pleacă azi de pe linia 19, cu o jumătate de
oră mai târziu, mi-a spus. Chiar să vă cred? l-am întrebat.
Desigur că nu, mi-a răspuns el, trebuie să mai verificați
asta o dată mai târziu. Mda, m-a fulgerat un gând, e veșnică
pe lume doar schimbarea, vorba lui Shelley, mare vizionar
omul ăsta, știa asta, deși pe vremea lui nici nu exista încă
Deutsche Bahn!

În sfârșit, am plecat. Trenul e aproape gol, asta mă umple
de mândrie căci asta înseamnă că sunt unul dintre puținii
care au reușit să-l depisteze, dat fiind că aiurit cum sunt,
am încurcat linia 19 cu linia 9, de unde el, în final, a plecat,
deși nimeni nu se aștepta la asta. Andreas Scheuer, minis-
trul german al Transporturilor a spus chiar ieri că așa nu se
mai poate continua și că trebuie schimbat urgent sistemul
feroviar nemțesc, dar eu zic că-l vor schimba urgent pe
ministru, după modelul cultural românesc, unde Ministrul
Culturii se schimbă mai des decât lenjeria intimă. În fine,
șed acum în tren și, deși trenul e aproape gol, se întâmplă
multe. De exemplu, înainte, nu era nimeni cu trei rânduri în
fața mea și acum a apărut o pălărie, cred că e cineva sub
ea, dar nu mă ridic să mă uit, mi-e teamă că respectivul m-ar
putea da în judecată. Nu-l privești pe cineva în Germania
direct în față, unde te crezi? E vorba de *Datenschutz*, protec-
ția datelor personale, aici toți se protejează pe rupte, își as-
cund identitatea cât pot, așa că mă fac că mă duc la toaletă,
trec pe lângă pălărie și pac, trag foarte discret cu coada

ochiului. Da, sub pălărie e un tip cu un balaur tatuat pe gât, care a ațipit, dar poate că doar se face că doarme, sper că nu m-a văzut totuși că mă uit la el, altfel mai fac pușcărie. M-am întors la locul meu, nu înainte de-a intra demonstrativ la toaletă și de-a trage apa, de două ori. Mă uit pe geam, plouă. Dar a plouat și când nu m-am uitat pe geam, în Germania plouă non-stop, asta e.

> **Nadia Buchliebe**: Simțiți enorm și vedeți monstruos, precum spunea Caragiale.
>
> **Gabriela Lungu**: Domnule, sunteți formidabil. E un deliciu să vă citesc.
>
> **Florin Irimia**: Ai grijă să nu-ți retragă nemții cetățenia că-i critici, Jan! Deși, în cazul ăsta, cred că ți-ar da-o moldovenii pe-alor, ceea ce-i tot cam pe-acolo.

22 octombrie

Astăzi vreau să scriu un text bun și de aia mi-am copiat câteva sfaturi utile din Internet pentru a scrie un text bun:

1. Evită metaforele, altfel dai cu bățu-n baltă!
2. A exagera este de cel puțin un milion de ori mai rău decât a bagateliza.
3. Exprimă-ți ideile mai mult sau mai puțin exact!
4. O propoziție să nu se termine niciodată cu mai multe semne de exclamare!!!
5. Nu-ți lua niciodată ideile din Internet!!!

> **Carmen Rodikaa**: Comentariile dumneavoastră sunt o sursă inepuizabilă de bună dispoziție!!! De citit dimineața, pentru ca orice zi să înceapă cu un zâmbet!

23 octombrie

Sunt în Piaţa Primăriei, la Düsseldorf. Un tip cu un chipiu albastru face baloane de săpun cu un dispozitiv special, care constă din două beţe şi nişte sfori. Mii de baloane mici şi unele cât casa. Copiii le fugăresc, adulţii îi fotografiază. Adulţii nu fug după baloane, ei nu fug decât după autobuz sau tramvai şi unii dintre ei se duc la sala de sport să fugă şi mai şi plătesc pentru asta. O tipă s-a aşezat lângă un balon şi a vrut să-şi facă un selfie, dar balonul a spus nu mai poc şi a pocnit. A venit o femeie cu un căţel mic, mic, i-a arătat baloanele şi i-a spus: *Guck!* În germană *Guck* înseamnă „Uită-te". Dar căţelul nu s-a uitat, precis că nu ştia nemţeşte fiind un mic pechinez.

24 octombrie

Azi-dimineaţă am fost la frizer. Şi acolo, în timp ce şedeam pe scaunul frizerului şi frizerul mă tundea, mi-am amintit cum anul trecut, pe vremea asta, şedeam pe-o bancă lângă lacul din Grădina Botanică din Iaşi. Era o zi însorită şi ca să ajung la lacul ăla, a trebuit plecând de la pavilionul japonez să cobor nişte trepte imense de beton şi să am neapărat grijă să nu-mi rup picioarele, dat fiind că treptele în România se cam clatină exact atunci când te-aştepţi mai puţin. Şi nu numai treptele, dar asta-i altă poveste. Dar, mă rog, cum o fi, am ajuns jos la lac teafăr şi nevătămat şi m-am aşezat pe-o bancă la umbra unui arţar. Dar poate-o fi fost salcâm, că eu nu prea le am cu botanica, şi m-am uitat la trestia sau la papura de pe mal. Niciodată n-am putut să deosebesc trestia de papură, deşi mi s-a explicat asta de n ori şi m-am uitat şi în Wikipedia, dar, după o vreme, iar am uitat şi în situaţii din astea delicate, când

stau contemplativ pe malul unui lac, am o problemă în caz
că pe-acolo crește trestie sau papură. În fine, stăteam
acolo și mă uitam la trestie sau la papură și la rațele care
zburătăceau pe-acolo, dar poate-or fi fost gâște, nu știu
exact, că erau la distanță și nu prea le am cu zoologia. E
tare frumos aici la Iași, mi-am spus, deși aș zice mai cu-
rând că sunt în țara lui Papură Vodă, apropo de papură. Și
dintr-odată a apărut pe potecă, venind dinspre dreapta, un
omuleț nu mai mare decât un pitic, de fapt nu era el chiar
mic, mic, era mai curând mijlociu, ba chiar un adevărat
uriaș. Un uriaș de la Iași. Dar poate nici nu era de la Iași,
putea fi și de la Botoșani sau de la Piatra Neamț, avea în
tot cazul un accent moldovenesc, dacă nu chiar muntenesc,
habar nu mai am. Bună ziua, i-am spus, dar poate i-am zis
și bună dimineața, nu mai știu exact, că doar a trecut un
an de-atunci, nu? Bună ziua sau bună dimineața, mi-a răs-
puns omul cu un evident accent moldovenesc sau munte-
nesc. Și de aia, când am fost azi la frizer, mi-am amintit
de omul ăsta, pentru că frizerul meu este turc, dar poate-i
arab și când îți dă bună ziua sau bună dimineața pe nem-
țește, *Guten Tag* sau *Guten Morgen*, are un evident accent
turcesc sau arăbesc, n-are importanță.

> **Dan Lungu:** Sau poate nici nu erai la Iași, ci la Ialta, că nu
> prea le ai nici cu geografia, nu?
>
> **Jan Cornelius:** Da, așa este, în ultimul timp m-am gândit
> des și la posibilitatea asta.
>
> **Mircea Cărtărescu:** Foarte bun textul, dacă nu cumva e
> slab, chiar nemaipomenit de slab, deși, dacă stau să
> mă gândesc bine, e bun, chiar foarte bun, briliant.

25 octombrie

Luni seara am o lectură publică la Zürich, împreună cu trei autori elvețieni. În cursul anilor am avut nenumărate lecturi publice în Germania, Austria și Elveția, în biblioteci, școli, săli de spectacol sau pe scene în aer liber. În medie, la o lectură au venit cam la 50 de oameni, uneori mai mulți, alteori mai puțini. Topul absolut l-am atins citind texte umoristice împreună cu celebrul scriitor și critic literar Hellmuth Karasek, un brav soldat Svejk al culturii germane, la care apăreau cam la 400 de oameni și sala era în delir. Toate ca toate, dar cel mai mult mi-a rămas în minte o lectură publică la biblioteca centrală din Siegen, un oraș situat într-o zonă deluroasă, cam la 130 de km de Düsseldorf. La această lectură au venit doar trei persoane: bibliotecarul, un jurnalist și un fotograf. La ora 19 fix am început să citesc texte vesele, fotograful a început vesel să mă fotografieze și toți trei mă ascultau zâmbind veseli, cu gura până la urechi. Însă, după vreo zece minute, o treime din public, adică fotograful, a părăsit discret sala, dat fiind că avea de făcut fotografii la un spectacol paralel. Iar eu, desigur, am continuat să-i citesc publicului rămas, care s-a distrat de minune în continuare, iar jurnalistul mereu își nota câte ceva, plin de zel. După vreo jumătate de oră însă, a plecat și a doua treime a publicului, jurnalistul scuzându-se în șoaptă a părăsit sala, dat fiind că avea loc în paralel un alt eveniment important, despre care trebuia să relateze. Așa că am continuat să-i citesc doar bibliotecarului, care murea tot timpul de râs. *Ha, ha, ha, ich könnte Ihnen bis morgen zuhören!* spunea excitat. Aș putea să vă ascult până mâine! Citiți mai departe, vă rog, citiți! A doua zi a apărut un articol lung în *Siegener Zeitung*, în care s-a relatat pe larg cât de bine s-a distrat tot publicul la reușita mea lectură de la biblioteca centrală. Articolul de ziar, însoțit de fotografia mea în timpul lecturii – publicul nu se vede – îl păstrez și astăzi într-un dosar cu multe alte articole. Bibliotecarul l-a scanat și mi l-a trimis. Sper că la Zürich lectura să fie la fel de reușită, cu un public ceva mai numeros.

28 octombrie

Ieri după-masă m-am dus cu tramvaiul la cinematograful Bambi, rula filmul sud-coreean *Parasite*, un film tare de tot. Și afară ploua cum plouă des aici, la Düsseldorf, și tramvaiul era plin ochi și cândva a urcat o doamnă în vârstă, așa, cam la 85-90 de ani, cu tenişi și o geacă sport. În fața mea ședea un cuplu de americani cam la 50 de ani, i-am auzit conversând cu accent de Texas, și americanul, când a văzut-o pe doamna în vârstă, s-a ridicat și i-a oferit locul. *No, no*, a spus doamna în vârstă rânjind cool și sărind brusc de câteva ori în sus și-n jos ca mingea pentru a-și sublinia forma sportivă, *I am OK*. Și a adăugat zglobie, zâmbindu-le celor doi: *sit down, enjoy! Enjoy!* Apoi și-a ridicat brațele ca pe niște aripi, sugerând că-și va lua în curând zborul, ceea ce a și făcut, coborând la a doua stație. M-am gândit atunci la prietenul meu Michael și la momentul cel mai tragic din viața sa, petrecut joia trecută la Köln. Michael mi-a povestit vineri că joia trecută s-a urcat la Köln, în centru, în autobuz și s-a uitat lung și admirativ la o frumoasă la 30 de ani, care ședea undeva lângă ușă și care semăna leit-poleit cu o fostă iubire a sa din anii hippie. Și tânăra din autobuz, simțindu-se privită, l-a privit la rândul ei pe Michael drept în ochi și i-a zâmbit larg și s-a sculat imediat pentru a-i oferi locul. Asta e, i-am spus lui Michael murind de râs, *shit happens*, trebuia să cobori la prima stație și să-ți continui drumul fugind, ca să vadă tipa cât ești de în formă. Dar și prietena mea Mara a pățit-o, nu la Köln, ci la Sankt Petersburg. Mara are la 60 de ani și a vizitat recent Sankt Petersburgul și când s-a întors de acolo mi-a spus: în Rusia nu ai scăpare. O să vezi ce bătrân ești, dacă te duci în vizită în orașul ăla și o serie de oameni se ridică în picioare ca să-ți ofere locul în metrou. Ha ha, am spus, mafia rusă, acolo nu pun piciorul. Dar azi plec la Zürich, am auzit că elvețienii te lasă-n pace.

> **Mara Thaler**: Wow, am apărut cu nume într-o operă literară! Am crescut cu zece cm. Acum trebuie să-mi schimb și garderoba. *Shit happens!*

29 octombrie

Am avut deci aseară o lectură la Café Justus, la Zürich. Am citit cândva și un text despre surprizele nu prea vesele ale îmbătrânirii. Printre altele, am relatat cum amicul meu Michael de la Köln a încercat să fileze o tipă trăsnet în tramvai, iar aceasta s-a sculat politicoasă să-i ofere locul, vorba aia, *shit happens*. În fine, după lectură, stăm mai mulți la o masă, la un vin, la o bere. Mă întrețin cu oameni din public, vine un tip la mine și zice: *Jan, das war super*, a fost super ce ai citit, dar bancul ăla să nu-l mai spui. Care banc?! Ăla cu tramvaiul, cu tipul ăla care fixează tipa și aia-i oferă locul, e dintr-o povestire de Ephraim Kishon. Kishon a fost un scriitor umoristic evreu, fugit din Ungaria în Israel, de mare succes în spațiul german, în anii '70 și '80. *Wie bitte?!* Poftim, zic, cum adică dintr-o povestire de Kishon, chestia e autentică, bag mâna-n foc că i s-a întâmplat prietenului meu Michael săptămâna trecută. O fi, zice tipul, dar eu sunt actor aici, la Zürich, și am prezentat textul ăsta de Kishon chiar ieri pe scenă. Ce să mai zic, se pare că de la o anumită vârstă încolo oameni din spații geografice complet diferite au experiențe complet identice.

30 octombrie

Sunt încă la Zürich, stau la hotelul Limmathof, plouă într-una și e mereu ceață. La Londra, Oscar Wilde se întreba dacă ceața produce oameni gravi sau dacă oamenii gravi produc ceața. La Zürich, deși plouă fără-ncetare, oamenii sunt toți relaxați, zâmbitori, mulțumiți. Știu și de ce sunt toți atât de mulțumiți, niciunul nu și-a uitat umbrela acasă. Azi mă întorc în Germania, dar am auzit că și acolo e tot cam noiembrie.

La ora 12, cel târziu, a trebuit să fac *check-out*-ul la hotel și pentru că avionul de Düsseldorf pleca abia la ora 16.05 după-amiază, am pus valiza în încăperea de bagaje de lângă recepție și am mai umblat nițel prin oraș cu tramvaiul. Tramvaiul de Zürich e celebru în întreaga lume prin faptul că un bilet de tram, cum îi spun elvețienii tramvaiului, e mai scump decât un bilet de avion până la Buenos Aires, cumpărat în Germania. Am coborât din tramvai în Paradeplatz pentru a bea la Café Sprüngli celebra cafea Sprüngli, apoi m-am întors pe jos la hotel să-mi iau valiza. În sala de bagaje, lângă valiza mea era o valiză tot neagră, cu fermoar, de aceeași mărime cu a mea și bineînțeles că am luat exact valiza străină și trăgând-o după mine am plecat liniștit la aeroport. Ajuns la aeroport, înainte de *check-in*, mi-am dat îngrozit seama de regretabila confuzie, dar era prea târziu ca să mă mai întorc, aș fi pierdut avionul. Așa că am băgat precaut mâna în buzunarul din față al valizei străine și, incredibilă coincidență, am găsit acolo un bilet de avion,

tot la Düsseldorf, tot la ora 16.05. Nu-mi venea să cred! Am
avut efectiv un noroc nebun, mai ales că era acolo și un
buletin de identitate și pe posesor îl chema tot Jan Corne-
lius și, în plus, omul ăsta mai și arăta în poza de buletin
exact ca mine. Așa că, ce s-o mai lungesc, am luat frumușel
avionul care trebuia folosindu-mă de actele străine și la
ora 17 am ajuns la Düsseldorf, fără probleme. Și, să vezi și
să nu crezi, când am despachetat acum jumătate de oră
valiza străină, am găsit haine și cosmetice absolut similare
cu cele împachetate de mine și chiar și cele două cărți din
care am citit la Zürich erau acolo, cu însemnările respective
pe marginea paginii. Ce să mai spun? Pe deoparte am acum
teribile mustrări de conștiință că mi-am însușit acte de
identitate care nu sunt ale mele și o valiză străină, dar pe
de altă parte sunt totuși relativ liniștit fiind total convins
că celălalt Jan Cornelius n-o să remarce în veci că valiza
pe care o are el acum, nici nu-i aparține, de fapt, lui, ci
unei persoane străine.

> **Alta Ifland**: De aici, din California, urmăresc cu sufletul la
> gura aventurile lui Jan Cornelius prin lume. Sincer, am
> avut mari emoții că va pierde avionul.
> **Mariana Gorczyca**: ...păi și dacă-l pierdea, ajungea ca invi-
> tat pe la vreun post de radio, cum s-a întâmplat la Iași.
> **Mara Thaler**: Mi-a plăcut mult! Mi-a amintit de o povestire
> a lui Borges.

2 noiembrie

Ieri a fost soare afară și-am vrut să plec cu bicicleta în
Altstadt, dar când m-am dus în pivniță să-mi iau bicicleta,
am constatat că uitasem cheia de la bicicletă în locuință

și nemaivoind să mă întorc, sunt și superstițios în privința asta, am plecat pe jos. La primul stop, la nici două sute de metri de casă, m-am întâlnit cu vecina mea de la etajul doi, Mercedes, călare pe bicicletă. Știu, sună a joc de cuvinte ieftin dacă spun acum că Mercedes, al cărei nume e identic cu o faimoasă marcă de mașină, era călare pe bicicletă, dar asta e, pe Mercedes o cheamă chiar Mercedes, e o spaniolă din Sevilla și, conform clișeelor uzuale despre spanioli, vorbește ultrarapid, sacadat și tare. *Hola, que tal Jan*, bună, ce mai faci Jan? M-a întrebat Mercedes ultrarapid și tare. Uneori, Mercedes nu-mi spune Jan, ci Juanito, ceea ce mi se pare total idiot, așa că rugat-o de n ori să-mi spună Jan sau, mă rog, Juan, dar în niciun caz Juanito, dar pe Mercedes asta n-o interesează și continuă să-mi spună Juanito. De data asta însă, la modul cu totul surprinzător, a spus *Que tal Jan?* și nu *Que tal Juanito?* Hola, Mercedes i-am spus eu, *voy en Altstadt*. *Altstadt*, înseamnă în germană „orașul vechi" și în spaniolă aș fi putut să spun *la ciudad vieja*, dar am preferat să nu traduc asta, pentru că *Altstadt* este, de fapt, un nume. Nu trebuie tradus chiar absolut totul și cine nu pricepe anumite cuvinte să pună mâna pe dicționar, *capito? Sin bicicleta?* a întrebat Mercedes. Fără bicicletă? OK, întrebarea asta era complet aiurea, că doar se vedea de la o poștă că sunt fără bicicletă, dar, mă rog, asta e, spunem o groază de chestii aiurea când ne lipsesc subiectele de conversație, nu numai în germană sau în spaniolă, ci în toate limbile. *Si claro*, Mercedes, *sin bicicleta*, da, Mercedes, fără bicicletă, i-am răspuns eu ca să nu tac ca mutu'. Apoi a schimbat stopul pe verde, iar Mercedes a început să dea din pedale luând-o din loc. *Nos vemos Juanito*, mi-a strigat peste umăr îndepărtându-se, adică pe curând, Juanito, și când am auzit asta, mi-a venit s-o omor, nu alta!

Cristina Beres-Frant: Cu prenumele Juanito cred că vă dezmiardă și chiar cred că nu trebuie să vă supărați. În rest, vă mulțumim, cu aceste povestioare chiar ne faceți să zâmbim și începem ziua mult mai frumos. O zi bună să aveți, domnule Jan!

Jan Cornelius: Ei, mă dezmiardă, mai o dată să-mi spună Juanito, și o sugrum cu mâinile mele!

3 noiembrie

Să scrii o carte înseamnă să fii fără ocupație, șomer, să nu faci practic nimic. Asta o știu de la Stela, care locuiește în Mallorca, unde a scris un roman și acum scrie alt roman și când lumea de-acolo o întreabă ce face și Stela zice că scrie un roman, oamenii zâmbesc amabili și spun: nu asta era, de fapt, întrebarea, voiam să știm, de fapt, ce lucrați. Și prietenul meu Florin, din Iași scrie, a scris printre altele romanul *Amorțire*. În romanul *Amorțire*, personajul principal este un scriitor și scriitorul ăsta se duce la un moment dat la doctor și doctorul îl întreabă ce ocupație are și scriitorul zice că-i scriitor. Și atunci doctorul trece „fără ocupație" în formular. Tare de tot scena asta, am murit de râs, în germană există pentru tipul ăsta de reacție a mea cuvântul *Schadenfreude*, care în română nu are corespondent exact, dar înseamnă „o plăcută stare de veselie cauzată de nenorocirea altuia", iar englezii, care se bucură și ei, ca tot românul, de necazul altuia, preiau cuvântul german ca să definească această stare. Ce mai faci, Florine, lucrezi sau ești fără ocupație ca eroul tău, i-am scris aseară lui Florin pe Facebook messenger. Râzi tu râzi, dar asta cu fără ocupație îi fază reală, îmi scrie Florin. Am pățit-o eu la testul psihologic pentru școala de șoferi când m-au întrebat ce meserie am. Care test, în Germania nu se face niciun test psihologic, scriu. În România e altfel, chiar și la zece ani de condus, la reînnoirea permisului, în România se fac teste medicale complicate, inclusiv cel psihologic, scrie Florin. Reînnoirea permisului?! Ce-i aia? mă mir eu, în Germania poți circula practic și la 100 de ani cu mașina, fără niciun test, stai să-ți povestesc zic: străbunica unui amic, care are 98 de ani și stă într-un sat din nordul Germaniei, a intrat anul trecut cu mașina în motocicleta polițistului local, parcată lângă biserică. Polițistul o știa bine pe această venerabilă doamnă, încă de mic copil, și tot din copilărie o cunoștea și tatăl polițistului, care fusese tot polițist, străbunica asta era o femeie total OK, n-avea practic niciun cusur, în afară de boala vitezei. Depășea mereu viteza când pleca în trombă la întâlnirea săptămânală a seniorilor de la 80 de ani în sus, într-un club de lângă biserică, unde le cam dădea cu sprițul. Dar polițiștii n-o opriseră niciodată s-o întrebe de sănătate, din respect. De data asta, însă, după accident, au trebuit să-i ceară permisul. Pe care ea însă, din păcate, nu-l avea. Nu dăduse în viața ei niciun examen de conducere, nu făcuse niciun test și nu fusese la nicio școală de șoferi, ea conducea de-o viață intuitiv, carevasăzică. Măi, ce chestie, e adevărat?! se miră Florin. Da, e foarte adevărat, scriu eu. La noi nu se întâmplă din astea, scrie Florin, noi suntem o țară normală, paradoxal e doar că toți nebunii din România au carnet. Și, altfel, ce mai faci? Nimic, ce să fac, zic, absolut nimica, scriu un roman, zic.

Ștefan Agopian: Eu, la meserie, declar ziarist, ca să nu am probleme.

Jan Cornelius: Ziarist e mai bine decât scriitor, dar nu peste tot. Dacă spui, de pildă, în Turcia că ești ziarist, mi-e teamă că aia te-ar putea ține acolo până îți citesc toate articolele. Aș zice mai bine chimist, deși atunci te-ar putea suspecta de chestii și mai grave...

Alta Ifland: Vorbind de Vargas Llosa și Mătușa Iulia, și condeierul: o mare carte, într-adevăr, și un mare scriitor Llosa, dar nici cu un Jan Cornelius nu mi-e rușine. Cu cât citesc mai mult din el, cu atât sunt mai impresionată. Cred că aceste texte sunt printre cele mai comice scrieri în proză pe care le-am citit vreodată. Iar literatura cu umor și inteligență nu e la îndemâna oricui.

4 noiembrie

Suntem în 4 noiembrie, dar e neașteptat de cald. Intrăm la terasa La forchetta de după colț: Carmen, eu și doi prieteni gay, mereu relaxați și veseli, care locuiesc cu noi în bloc. Plouă. A plouat și ieri, și alaltăieri, și răsalaltăieri și va ploua și mâine, și poimâine, când mai ușor, când mai greu, a început să se întunece de la cinci, acuși o să se întunece de la patru, de la trei, de la două, e o ploaie eternă, o beznă eternă, în țara asta. Apare chelnerul, etern indispus, pe care-l știu demult și care mă scoate din sărite, nu numai când plouă, ci de fiecare dată când îl văd. Evident că mă duc la această terasă din masochism.

Eu către chelner: *Es regnet, kann man vielleicht bitte den Schirm öffnen?* Plouă, se poate deschide umbrela, te rog?

Chelnerul (care e sârb și vorbește ca un eschimos germana, într-un ton de general jignit): Tu nu spune se poate umbrela deschide. Trebuie tu spune umbrela eu să deschid. Sau deschizi tu?

Eu (iritat la maxim de elucubrațiile sale lingvistice): *Ja?!*

El (țanțoș): *Ja.* (Deschide umbrela sictirit. Dăm să ne așezăm sub umbrelă.)

Chelnerul (punând un carton pe masă, pe care scrie „Rezervat".) *Hier besetzt.* Aici rezervat. Acolo așezați. (Terasa e goală, ceilalți se așază conversând relaxați la masa vecină.)

Eu (uitându-mă lung la el): Rezervat pentru noi, nu?

El: Nu.

Eu: Știi ce? M-am săturat. Plec acum. N-am chef să te mai văd. (Mă ridic și dau să plec.)

Carmen (care până acum s-a întreținut relaxată cu cei doi gay): Unde te duci?

Eu: Acasă.

Ea: Cum acasă? (Chelnerul pleacă.)

Eu: Idiotul ăsta mă scoate din minți.

(Cei doi vecini se întrețin veseli în continuare și nu realizează nimic din ce se întâmplă.)

Ea: Ce fază de teatru absurd e asta? Calmează-te!

Eu: *Arrivederci!* Plec.

Ea: Hai, măi, ne strici seara.

Eu: Poftim?! Acum iar eu sunt de vină? Mereu eu sunt de vină. Tu gândești ce spui?

Ea: Taci, te rog. Se uită lumea.

Eu: Care lume? Sunt numa' ăstia doi aici.

Ea: Taci, te rog, mai încet!

Eu: Tu l-ai văzut pe ăsta cum se poartă? Ai auzit ce-a spus? (Mă ridic și ies de pe terasă.)

Ea urmându-mă câțiva pași: Hai, măi, tu cu ăsta-ți pui mintea?

Eu: Cum adică? Ăsta-i chelner? Ăsta-i mafiot! Știi ce fac ăștia aici? Spală banii, asta fac! (Cei doi gay se întrețin în continuare relaxați.)

Ea: Termină, se uită lumea! Ai înnebunit?

Eu: Eu am înnebunit?! Ăla mă jignește și tu îi dai dreptate!

(Se aude o tuse din spate, un vecin cu umbrela trece agale pe lângă noi. *Guten Abend!*)

Ea: *Guten Abend!* Măi, ce s-o fi gândit ăsta?
Eu: Lasă-mă, te rog, în pace! Întoarce-te, te rog, la terasă!
Ea: OK.
Și s-a întors la terasa. Acum e tot pe terasă. Se distrează perfect fără mine. Se lasă servită de un mafiot, cu vecinii complici. Nimic nu va mai fi cum a fost.

5 noiembrie

Acum două zile, prietenul meu Florin a postat o poveste pe Facebook, care începe așa: „Unul dintre cele mai fascinante lucruri ale Iașului din copilăria mea comunistă era un magazin de arme vânătorești și unelte de pescuit din centrul orașului, pe Ștefan cel Mare de azi. Nu mai țin minte cum se chema atunci. Lasă că aveau în vitrină puști și undițe cu băț chinezesc, cum numai în visele mele în care nu credeam îmi închipuiam că-mi voi permite vreodată. Dar printre acestea existau mai multe animale împăiate. Un mistreț, un iepure, o bufniță și niște rațe sălbatice, parcă. Aș fi putut să mă holbez ore întregi la ele". Citesc eu uluit asta și imediat îi scriu lui Florin: mișto poveste! Și ca să vezi potriveală, la Reșița, în copilăria mea, cu vreo 20 de ani mai devreme, era un magazin exact la fel și se numea „Vânătorul și pescarul". Și eu mă uitam zilnic fascinat la vitrina aia și aveam senzații absolut identice cu ale tale. Păi, e foarte posibil ca magazinul ăla din Iași să se fi chemat la fel, scrie Florin, că în comunism totul era otova. Păi, stai să-ți spun, scriu eu. Eram în clasa a doua și în magazinul ăla lucra bunicul unei eleve de la școala mea, din clasa întâi, o chema Adriana și bunicul Adrianei era ăla care împăia rațele sălbatice și toate animalele. Și chiar dacă Adriana era cu un an mai mică, mă uitam la fata aia ca la o zeiță, nici nu îndrăzneam să mă apropii de ea în pauză, de-atâta respect și admirație. Dar stai puțin, că treaba cu „Vânătorul și pescarul" are continuare. Când eram student, așa, pe la 20 de ani, lucram în vacanță la Văliug, un lac de acumulare la munte, unde păzeam bărcile, deci n-aveam de lucru pentru că nici dracu nu fură bărci să plece cu ele în spate. Și într-o zi a venit unul Ulici, îi știu și azi numele, era vânător, cică, avea și-o pălărioară verde, a venit cu o pușcă și mi-a zis, hai cu mine pe lac la vânătoare, vrei? Clar că am vrut. Am plecat cu Ulici pe lac, eu dădeam la rame și el se uita pe sus, și la un moment dat au trecut niște lișițe în zbor sau dracu știe ce erau, un fel de rațe sau așa ceva. Și Ulici trage poc, poc, pe lângă urechea mea, omul ăsta era complet bou, era cât pe aci să mă împuște, să-mi tragă în cap. Jur că mi-a vâjâit glonțul strâns pe lângă ureche, mi-a sunat urechea după aia toată ziua. În fine, la urmă Ulici a avut ideea să-mi dea mie, ca recompensă, pasărea aia, rață sau lișiță, ca s-o duc la împăiat. Și mi-a dat-o și eu am dus-o la Reșița, la magazinul copilăriei mele, am plătit vreo zece lei ca să mi-o împăieze și ăla care mi-a împăiat-o a fost bunicul Adrianei. Am luat eu după aia rața gata împăiată, m-am uitat la ea și mi s-a părut sinistră. O rață moartă și atât. Am pus-o în locuința mea din Reșița, unde s-o pun, dar am pus-o bine, să nu se vadă, și pe urmă am uitat complet de ea. I-am povestit asta ieri lui Carmen, a murit de râs. Zice: păi nu era asta pasărea aia zburlită și smotocită din cămara cu compoturi, ascunsă după perdea? Eu o vedeam zilnic, acum știu în sfârșit de unde provenea. Vânătorule!

Radosława Janowska-Lascar: Țin minte magazinul de pe
Ştefan cel Mare (și, pe deasupra, și sfânt) din frageda-mi
tinerețe ieșeană, adică de prin 1992-1993. De visat la
puști însă, nu am visat.
Popescu Anton: *Comme d'habitude*, o poveste încântătoare
marca Jan.
Kathrin Kilzer: Magazinul din Iași îl cunosc din studenție.

6 noiembrie

Uneori sunt sunat pe celular și chemat la poliție ca inter-
pret, am mai povestit eu despre asta. Ieri dimineață, m-au
chemat pentru că un român șparlise o pereche de adidași
ultimul răcnet, avea cam la 30 de ani și ca bun patriot duh-
nea a țuică de prune ca un cazan. N-avea buletin, cică i se
șterpelise alaltăieri. La întrebările polițistului, băiatu' a dat
niște răspunsuri de stă mâța-n coadă: cum te cheamă?
Soarbe Zeama! Cum te strigă? Mămăligă! Cum îți spune?
Linge-blide! Cum te scrie? Pe hârtie! Mi-a fost greu să-i ex-
plic polițistului de ce mor de râs, am încercat eu să traduc
în rimă, dar am dat greș. Și dacă nu mă crezi, întreabă-l pe
polițist și pe tipul în cauză c-au fost amândoi de față.

Remus Ponoran: Cum te-nvie? Cu răchie!
Horia Marinescu: *Si non e vero, e ben trovato!* Ştiu și eu
rima asta, de când eram mic, de la bunicii din Sud,
de la Dunăre...
Iulian Ciocan: Mor de râs!

8 noiembrie

Aseară am fost la Măslina, un restaurant croat din apropiere, la Tertulia, un cerc de conversație în spaniolă. Ne întâlnim acolo lunar, la zece, cinșpe oameni, unii din America de Sud, alții din Spania, alții de aici, din Germania, sau știu eu de unde și punem țara la cale, în spaniolă. Ieri a apărut pentru prima dată și un tip brunet, la 45 de ani, cu bărbuță și mustață, stătea la masă direct lângă mine, vorbea bine spaniola, dar cu accent nemțesc. Mi-am tot spart capul de unde-l cunosc, până am realizat brusc că arată exact ca Johnny Depp. Ah da, *Pirații din Caraibe*! *Que tal, Jack Sparrow!* i-am spus zâmbind complice. Pssst, mi-a făcut el pitindu-se după sticla de bere și uitându-se precaut în jur. Și apoi mi-a mărturisit în șoaptă că el este chiar Johnny Depp. *Yo soy Johnny Depp. Y yo soy Barack Obama, encantado*, și eu sunt Barack Obama, încântat, i-am spus eu și i-am întins mâna. În continuare, Johnny și-a golit berea mărturisindu-mi că îl cheamă, de fapt, Karsten și că uneori efectiv îl dublează pe starul american, fiind înregistrat la o agenție de dubluri. În 2017, când a fost lansat *Pirații din Caraibe/ Răzbunarea lui Salazar*, a umblat prin Berlin îmbrăcat în pirat, însoțit de mulți alți pirați și trecătorii se înghesuiau să facă selfies cu el și îi cereau autografe. Dar apropo de dubluri și identitate, săptămâna trecută am fost la cafeneaua Schwan în Altstadt și o pereche mai în vârstă se întreținea la masa vecină cu voce scăzută, în timp ce eu butonam celularul. E el sau nu e el? El este, îți spun eu. Ba nu-i el. Ba-i el. De cine-o fi vorba, m-am întrebat, când deodată femeia, luându-și inima-n dinți s-a uitat fix la mine și m-a întrebat: sunteți dumneavoastră sau nu sunteți dumneavoastră? Am stat eu și m-am gândit preț de-o secundă, apoi am spus: păi, dacă vorbiți de mine, cred că eu sunt. Vezi, ți-am spus eu că-i el, i-a spus femeia bărbatului și cred că avea dreptate. Sau nu, că sigur nu mai poți fi astăzi de nimic.

> **Mariana Dinca**: Savuros! Așa cum ne-ați obișnuit. O zi frumoasă!

9 noiembrie

Ieri dimineață am avut o lectură aici, la Düsseldorf, la o școală elementară, la clasa a doua. Am citit o poveste de-a mea, în care eroina principală e o găină deșteaptă foc care învață să latre. Că doar nu strică să știi o limbă străină, nu? Ca introducere am întrebat clasa: *Kinder, wie seht ein Huhn aus?* Copii, voi știți cum arată o găină? *Ein Huhn...* ăăăh... o găină... ăăă... este un fel de câine. Atât că în loc de patru picioare are doar două și în loc de blană are pene, a spus Sarah. Și în loc de coada are aripi, a adăugat Daniel. Hi hi hi, a râs clasa, ha, ha, am râs și eu, dar apoi am căzut pe gânduri, au glumit copiii ăstia sau nu? Câini întâlnești pe-aici la tot pomul, dar găini ioc. Așa că mi-am luat inima în dinți și am întrebat: Copii, cine-a văzut o găină adevărată? Eu, eu, eu, au ridicat copiii degetul, căci în Germania nu se ridică mâna, ci degetul, mai toți văzuseră o găină, păcat că numai pe Internet. Doar Hasan văzuse o groază de găini în pene și oase în Turcia, și Omar în Maroc, la bunici, dar astea nu se puneau la socoteală că nu erau din UE. Copii, dar cum face o găină adevărată, știți? am întrebat. *Gack, gack!* A spus Leon, asta a fost corect, căci găinile în germană fac *gack, gack* și nu ca în română, cotcodac. De unde știi, Leon, ca găina face *gack, gack*? Păi celularul lui tata așa sună, a spus Leon. Mai târziu, pe la ora 14, m-am întâlnit cu Ludovic la o cafea, pe terasa unui mall.

Pe Ludovic îl cunosc de când s-a născut, stătea cu mine-n bloc, acum are 19 ani și de-o săptămână bună e major. *Wie geht's Ludovic, alles gut, Jan?* Ce mai faci, Ludovic, bine, și tu, Jan? Uite, eu am fost azi la o școală să citesc. Și i-am povestit lui Ludovic ce-au spus copiii și Ludovic s-a prăpădit de râs. Ehei, copiii de azi, a spus Ludovic, nu mai sunt ce-au fost, și nici găinile, pe timpul meu, găinile mai erau încă găini. Tu ce bei, l-am întrebat pe Ludovic, că eu beau un cappuccino. Poate tu iei un lapte cu biberonul, ca pe timpuri, m-am amuzat eu. Iar faci bancuri proaste, și eu beau tot un cappuccino, a spus Ludovic. Apoi a venit chelnerul și-am comandat de două ori cappuccino, dar după vreo cinci minute chelnerul ne-a adus de două ori caffè latte. Ăsta-i caffè latte, i-am spus chelnerului, ba nu, e cappuccino toată ziua, a zis chelnerul, ăsta-i caffè latte, i-am spus chelnerului, ba nu, e cappuccino toată ziua, a zis chelnerul, ăsta-i caffè latte, i-am spus chelnerului, ba nu, e cappuccino toată ziua, a zis chelnerul. Deci am repetat dialogul ăsta de trei ori la rând, după care am avut o idee super și i-am zis chelnerului, păi dacă ăsta-i cappuccino, atunci adune-ne te rog și câte-un caffè latte. Caffè latte n-avem, a spus chelnerul, unu la zero pentru el. Ah, da, era cât pe-aci să uit decorul, un decor efectiv de zile mari. Deci, eram pe-o terasă, în fața unui mall, pe cer strălucea soarele și la intrarea în mall și în mall străluceau pretutindeni luminile brazilor de Crăciun. Peste tot brazi și numai brazi, împodobiți cu îngerași, ghirlande și globuri colorate, cerbuleți, peștișori și alte minuni. O Doamne, nu pot să cred, i-am spus lui Ludovic, *Deutschland ist ein Irrenhaus*, Germania-i o casă de nebuni! Copiii cred că găinile sunt câini, iar tembelii ăștia împodobesc brazii deja de pe-acum, de la începutul lui octombrie, deși nașterea lui Moș Crăciun se sărbătorește de-abia în 25 decembrie. Ha ha, nașterea lui Moș Crăciun, a râs Ludovic, credeam că atunci s-a născut Iepurașul. Da, lumea de azi e pe dos, *forget it*, hai să mai bem un cappuccino, am spus eu. Apoi am mai băut câte-un caffè latte și, la urmă, Ludovic m-a pozat cu trei brazi de Crăciun și duși am fost.

Alta Ifland: Jan Cornelius, iar m-ai făcut să râd cu lacrimi!

Bogdan R. Varvari: O anecdotă filosofică spune că Platon, întrebat ce este omul, ar fi răspuns: „Un animal biped fără pene". Diogene Cinicul i-a adus o găină jumulită și i-a zis: „Iată un om". După care Platon a fost nevoit să schimbe definiția omului: „Un animal biped, fără pene și cu unghii late".

Radosława Janowska-Lascar: La începutul anilor '90 eram profa de engleză a unei fetițe, la Cracovia. Vorbeam cu ea despre toate animalele posibile. La întrebarea mea, unde trăiesc găinile, fetița a răspuns că într-un incubator. Deci nu numai Germania e pe dos, dragă Jan cu capuccino-ul tău cu tot.

Ioana Scoruș: Jan, tu scrii o carte și nu vrei să recunoști.

Jan Cornelius: Nu recunosc nimic, am dreptul la un avocat.

---

11 noiembrie

Aseară am fost cu prietena mea Mara la un concert de muzică klezmer la Gelsenkirchen. Gelsenkirchen e la 60 de km de Düsseldorf, așa că ne-am dus cu mașina; Mara conducea, eu ședeam relaxat lângă ea, iar luna plină strălucea imensă ca niciodată pe cer și lumina autostrada cu șase piste de numa, numa. Era ora 7 și, fără lună la ora asta, pe 10 noiembrie, ar fi fost întuneric, dar ieri a fost lună plină și la un moment dat Mara și cu mine ne-am întrebat de ce mulți dintre cei care veneau din direcția contrarie ne făceau semn cu farurile. La început, ne-am gândit că e un nou fel de a-ți exprima bucuria când e lună plină, dar după aia Mara și-a dat brusc seama că uitase să aprindă farurile mașinii și a făcut-o. Acum știu de ce polițistul ăla ne-a făcut semn cu mâna, i-am spus Marei. Crezuserăm că o face din prietenie, așa că i-am făcut și noi cu mâna îndepărtându-ne. Mara e foarte distrată, în afară de mine n-am mai văzut pe nimeni atât de împrăștiat ca ea, îi place să vorbească și să povestească și atunci uită complet realitatea. Și mie îmi merge cam la fel, așa că atunci când călătorim împreună, nu e deloc sigur că ajungem la destinație. Dacă aș pleca, de pildă, cu mașina cu Mara spre Polul Nord, aș ajunge cu siguranță în Republica Sud-Africană. Însă aseară am ajuns efectiv la Gelsenkirchen, chiar dacă nu după o oră, cum ar fi trebuit, ci după două ore, pentru că am mai trecut și prin Dortmund, chiar dacă asta include un mic ocol de vreo 80 de km. Dar nu ne-am enervat deloc că am greșit drumul, dimpotrivă, ne-am bucurat, pentru că așa aveam mai mult timp să povestim și autostrada strălucea în lumina lunii asemeni mării într-o poezie de Eminescu. Cât de aproape pare luna, mai s-o atingi cu mâna! am spus eu visător. Da, a spus Mara, e la o distanță de doar 384 400 de km. Mara e dentistă – ea zice că din vocație, eu zic că din sadism – și pune mare preț pe mici amănunte și exactitudine. Fii atentă, am spus eu, GPS-ul ne cere să ieșim de pe Autobahn, dacă ratezi iar ieșirea, o să facem 384 500 de km până la Gelsenkirchen. Și așa am ajuns cu bine la concertul klezmer, chiar dacă numai la partea a doua. Dar așa a fost, de fapt, mult mai bine, pentru că în final am auzit discuții la garderobă cum că prima parte ar fi fost cam nereușită. Așa că mai bine pe autostradă, în lumina lunii. Mara m-a depus în fața casei puțin înainte de miezul nopții – am revenit cu un mic ocol prin Duisburg – iar eu am urcat la etajul trei, am făcut duș și apoi am luat calculatorul de buzunar și am făcut o socoteală foarte simplă: dacă plec spre lună pe jos și merg doar zece km pe zi, parcurg distanța până la lună în circa 105 ani. Dacă plec cu Mara cu mașina, în circa 115. Dar nu-i nimic, așa avem ceva mai mult timp să stăm de vorbă.

Marcel Tolcea: V. Axionov are o poveste frumoasă cu titlul *Jumătatea drumului spre lună*, unde apar asemenea calcule.

Horia Marinescu: Ce îmi place mie la umorul tău, dragă Jan Cornelius, îmi dau seama acum, este perspectiva poetică prin care privești lumea. E un umor tandru, care nu râde acid, ci râde îmbrățișând Omul așa cum e el, cu toate cele. E, de fapt, cel mai vindecător fel de umor (și în fond, de a povesti!) În plus, umorul oferă perdeaua tandră a unei confesiuni care, prin el, nu riscă să devină prea direct sau, Doamne ferește, personal-lacrimogenă. Umorul îi dă echilibrul necesar, așa ca politețea engleză: lăsând o distanță egală între ascultător și povestitor, dar lăsând și toate porțile între cei doi deschise. Problema oricărui povestit este, în definitiv, surmontarea infinitei prăpăstii între oameni: indivizi atât de similari și totuși atât de diferiți. Umorul, aplicat cu tandrețe, e poate cea mai bună soluție.

Ioana Bianca Miulescu: Am râs în S-Bahn și citind ce ai scris am ratat stația! Acum trebuie să aștept celălalt S-Bahn din direcția opusă. Din păcate, la ora aceasta, e ceață la Frankfurt am Main!

12 noiembrie

Acum două luni am vrut să plec cu bicicleta în oraș, dar n-a fost posibil pentru că mi-o furaseră noaptea din fața blocului, deși era atașată cu lanț antifurt. Stupidă senzație când vrei să pleci cu bicicleta pe care n-o mai ai!

În Germania se fură la 300 000 de biciclete pe an, poate mai multe. Am postat atunci vestea asta proastă aici, pe Facebook, și au urmat o grămadă de comentarii pline de înțelegere și compasiune. Alexandra mi-a scris: Am auzit că la Amsterdam bicicletele furate și care nu pot fi vândute imediat mai departe (într-o zi, două) sunt aruncate în canal, pe-acolo, pe lângă statuia lui Spinoza. Primăria scoate anual mii de biciclete din apă că altfel s-ar bloca navigația. Nu ai lăsat-o altundeva decât de obicei? m-a întrebat Dana. Nu, m-am gândit și eu la asta, am răspuns. M-am dus și am căutat-o până și în pivniță, dar n-am găsit-o. Dacă poate funcționa drept minimă consolare: dacă trăiai în Olanda, trebuia să dormi cu bicicleta în casă, mi-a scris Ioana din Utrecht. Și uite-așa stăteam și mă tot întrebam unde ar putea fi totuși afurisita de bicicleta și n-aveam decât un răspuns total nesatisfăcător: la ăla care-a furat-o. Și sâmbăta trecută am fost la talcioc, aici, în Düsseldorf-Bilk, cartierul în care stau. În fiecare sâmbătă, e mare talcioc pe Aachener Straße, ajung acolo în circa zece minute cu bicicleta, dar de data asta m-am dus pe jos și am făcut vreo 20 de minute. Direct lângă intrarea din spate a talciocului, după ce treci prin deschizătura în formă de ușă făcută în gardul de sârmă, pe partea dreaptă, sunt prezenți mereu vreo patru, cinci vânzători de biciclete, cică le cumpără la licitație la grămadă, cincizeci de biciclete la 200-300 de euro. Și ce descopăr eu siderat acolo, printre zeci și zeci de biciclete, ei da, îmi descopăr propria bicicletă, un Batavus cu cadru roșu, made în Olanda, care se reazemă ușor derutat și amețit de oamenii care trec, de alte două biciclete. *Unglaublich, mein Fahrrad!* strig. Incredibil, asta-i bicicleta mea, dă-mi-o imediat înapoi, îi spun revoltat vânzătorului și vânzătorul își duce arătătorul la cap arătându-mi că am o hibă și că dacă-l mai insult o dată, cheamă poliția.

Ja, ja, die Polizei, la policia, police, capito? Apoi se deran-
jează să-mi explice totuși că a cumpărat-o acum trei zile
la o licitație, uite aici bonul. Am rămas mut, *bouche bée*,
mi-a pierit graiul, am tras adânc aer în piept și ca să nu-mi
crească iar tensiunea până-n pragul infarctului, nu mai zic
un cuvânt și pornesc să dau o tură pe aleile pline de lume
ale talciocului. Dau o tură, dau două ture și la un moment
dat ajung din nou la vânzătorul bicicletei mele, care, de
data asta nu mai este acolo. S-o fi dus la toaletă sau știu eu
unde, îmi zic, ducă-se tot învârtindu-se și fără să mai stau
mult pe gânduri, mă apropiu încetișor de bicicleta mea,
simulând interesul nevinovat al cumpărătorului, mă fac că
verific scurt farul, ochiul de pisică, frânele, mai arunc dis-
cret o privire în jur și încetișor mă îndepărtez cu ea de
locul faptei. Nimeni nu mă ia în seamă în vânzoleala aia și,
în doi timpi și trei mișcări, iacătă-mă la ieșire. Deștept bă-
iatul ăla care-a inventat bicicletă, când vrei s-o transporți
dintr-un loc în altul, nu trebuie s-o cari tu gâfâind și opin-
tindu-te, ca pe-o povară inertă, ca pe-un cadavru învelit în
covor dintr-un roman polițist, dimpotrivă, te urci pe ea și
pe-aici ți-e drumul. Și uite-așa nu mi-au trebuit nici zece
minute până am ajuns acasă. Deci pe asta am rezolvat-o,
dar ca să fiu sigur că nu vine ăla să-mi ia bicicleta înapoi,
am dus-o deocamdată în pivniță, acolo n-o vede nimeni.

Daniela Ionescu: Jan, povestești minunat și asta e impor-
tant. Sunt adorabile și extrem de amuzante povestirilor
tale. Și extrem de ingenioase. Sper să le văd cât de des
pe aici. Seară frumoasă!

Adina Scutelnicu: Practic, ți-ai furat propria bicicletă. Poate
așa a apărut și zicala „Și-a furat căciula singur".

Stela Iorga: Un neamț care-și fură bicicleta furată! Asta e
de Jerome K. Jerome!

13 noiembrie

M-am uitat azi dimineață în calendar, suntem în 13 noiembrie și exact acum un an și șapte luni, pe 13 aprilie 2018, urma să fiu operat pe cord deschis. Și stând eu cu o săptămână înainte de operație și întrebându-mă dacă să-i las pe medicii ăia să pună cuțitul pe mine sau nu și imaginându-mi cum chirurgii îmi vor despica longitudinal cu fierăstrăul osul stern pentru a-mi deschide apoi pieptul ca pe-o carte, nu mă prea simțeam în largul meu, ce-i drept, așa că am avut o discuție prealabilă, destul de largă, cu medicul-șef, dr. Marko Kovačević, care să clarifice ce și cum și care s-ar putea reduce la următoarea întrebare: cum stau șansele mele de supraviețuire, de fapt? Și exact asta, și nu altceva l-am și întrebat pe domnul doctor chirurg. Care a început să râdă când mi-a auzit întrebarea îngrijorată spunând: Herr Cornelius, sunteți pacientul nostru ideal, n-aveți nici supragreutate, nici diabet, aveți valori perfecte la sânge, n-aveți nimic cu plămânii, nici cu rinichii, nici cu stomacul, nici cu inima... Nu, pardon, cu inima aveți ceva, s-a corectat chicotind, dar o rezolvăm noi, și îi sclipeau ochii de bucurie, era de-a dreptul fericit să pună cuțitul pe mine, o vedeam clar. Dr. Marko Kovačević este un croat masiv, plin de jovialitate și optimism, cu brațe de Arnold Schwarzenegger și mâini de înotător campion mondial. Deci nu vă faceți probleme, sunteți pacientul nostru ideal, șansele ca totul să fie OK sunt de sută la sută, operația va fi un succes. Mda, i-am spus zâmbind palid, îl știți pe Molière? Da, a zis el, vă referiți la *Bolnavul imaginar*? Nu, am zis eu, la o vorbă înțeleaptă de-a lui Molière, care într-o zi a zis: ce noroc au medicii, toate succesele lor umblă la lumina zilei, iar eșecurile dispar pe veci sub pământ. Am râs amândoi cu poftă, el mai mult, eu mai puțin, apoi cu mâinile sale cât lopețile m-a bătut atât de zdravăn pe spate încât era să aterizez de la etajul trei, unde ne aflam, direct la parter și asta m-a bucurat în mod deosebit, căci avea evident încredere în forțele mele de supraviețuire. Deci eu vă sfătuiesc să vă operați atât timp cât mai sunteți tânăr, o rezolvăm noi, mi-a spus făcându-mi cu ochiul și râzând în gura mare și m-a mângâiat exact acolo unde mă lovise mai înainte. M-am întrebat preț de-o clipă dacă nu-i cumva gay, dar am alungat gândul ăsta rapid, voia doar să mă opereze și-atâta tot. Și faptul că mă considera încă tânăr era oricum dovada absolută că era un om de deplină încredere, care știa ce spune. Deci vă operați sau nu? mi-a pus întrebarea decisivă în final. OK, mă operez, am spus eu într-un târziu, dar cu o condiție: să nu fiu de față când operația are loc. Am mai râs încă o tură amândoi și gata, asta a fost. Despre operația în sine nu pot povesti nimic, se pare că efectiv n-am fost acolo când s-a petrecut.

> **Horia Marinescu**: Am râs. Cu lacrimi. De duioșie.
> **Andi Ștefănescu**: Minunat text! M-a încântat. Cei care știu despre ce-i vorba îl apreciază cu atât mai mult...

14 noiembrie

Ajunge ardeleanu' nădușit la gară după ce alergase prin tot satul ca să prindă trenul. Pe peron, nici țipenie. Întreabă la ghișeu: o plecat de mult trenu' de Cluuuj? De vreo trei minute! No, apăi nici n-am întârziat așa de mult... De bancul ăsta mi-am amintit ieri văzând un om care fugea după autobuz, autobuzul tocmai plecase și omul gonea după el de-i sfârâiau călcâiele și după vreun minut autobuzul a ieșit învingător și omul s-a întors umilit în stație. Mai bine zis negru de furie, nu oricine știe să umble cool cu o înfrângere.

Era un bărbat la 45 de ani, elegant îmbrăcat, cu un pardesiu gri și bluejeans Giorgio Armani sau știu eu ce alt *couturier* italian, dar își pierduse complet, ca să zic așa, calmul englezesc. În stație erau cinci oameni, cu mine, șase și cu protagonistul, șapte, dar protagonistul nu se pune la socoteală, că voia să plece imediat din nou. Și anume cu salvarea. *Habt ihr das gesehen?* Ați văzut asta, ne tot striga nouă, celor care așteptam autobuzul, *der Bus hat mich angefahren, fast überfahren*, a dat autobuzul peste mine, m-a lovit, mai că nu m-a călcat! Cei din stație tăceau mâlc, inclusiv eu, c-așa-i în Germania, oamenii nu prea zic multe când așteaptă autobuzul și omul se străduia din răsputeri să ne anime. Ați văzut, ați văzut cum a vrut să mă calce autobuzul? striga mereu. Și eu mă tot uitam după vreo cameră de filmare, ăștia iar toarnă vreun film cu spioni urmăriți de mafia îmi zic, dar cameră de filmare ioc. Apoi omul a privit patetic în jur, și-acum sun la 112, a spus, zis și făcut. *Hallo, Polizei*, zice, *schnell bitte*, veniți repede, m-a călcat autobuzul, sunt în stația Gerresheimer Krankenhaus. Nu știu ce-o fi zis poliția, dar omu' a închis și-a zis: să vezi cum își pierde șoferul ăsta jobul, nu mai pupă el volan! Procuratura se va ocupa de asta, așa-i trebuie, să se-nvețe minte să mai calce oamenii! Iar noi, cei din stație, n-am zis în continuare nimic, c-așa-i în Germania, o țară rațională, de ce să contrazici omul și să-l indispui și mai mult. Măi, ăsta-i supărat rău, m-am gândit, dacă-l contrazic iese cu meci de box și n-am niciun chef să ajung cu vânătăi pe scenă, căci mă duceam la o lectură publică, să le citesc oamenilor câte ceva dintr-o carte de-a mea. Și uite-așa, î cel mult trei minute a apărut ambulanța în mare viteză, sirena urla de numa, numa, tatüüü-tataaaa, răsunau străzile, o mașină cât o juma' de spital. Au oprit în fața grav-rănitului, ca să zic așa, și doi tipi în uniforme oranj au coborât cu o targă.

Unde-i rănitul? l-au întrebat. Eu sunt rănitul, a zis așa-zisul grav-rănit stând acolo ca bradul, dar să știți că eu n-am zis să vină ambulanța! Eu am chemat doar poliția. *Kein Rettungswagen, nur die Polizei!* Dar ce s-a întâmplat, de fapt? a întrebat unul din cei doi asistenți, dacă nu erau chiar medici, habar n-am. Păi, era să mă calce autobuzul, pur și simplu, m-a atacat frontal, noroc c-am sărit deoparte și a trecut la doar cinci milimetri de mine, cel mult la șase milimetri. Jur, am auzit asta cu urechile mele, cinci milimetri, cel mult la șase milimetri, a zis asta clar și răspicat, schițând o deschizătură infimă între degetul mare și arătător. Păi, da, mie de-aia îmi place în Germania, aici se pune mare preț pe exactitudine, de-aia și fac aici mașinile pe care le fac. Urcați, vă rog, în ambulanță, i-au zis băieții în oranj, aveți nevoie de ajutor? Mă descurc eu cumva și singur, a zis omul și s-a urcat demn în ambulanță și cei doi cu targa s-au urcat cu o față de jucător de poker după el și duși au fost. În secundele următoare a apărut poliția, un bărbat și o femeie, c-așa-i legea în ultimul timp, jumi-juma. Au aruncat cei doi rapid o privire în jur, au telefonat scurt la ăia de la ambulanță și duși au fost. Nu știu unde s-au dus polițiștii exact și nici unde s-a dus ambulanța, dar la o aruncătură de băț de la stația de autobuz sunt Landeskliniken Düsseldorf, clincile landului, un domeniu imens, înconjurat de pădure, unde sunt tratați staționar oameni cu probleme psihice. De la epuizare totală, sindromul Burnout și depresii de toate felurile până la nebuni cu patalama. Pe protagonistul nostru presupun că la secția asta l-au dus. După aia, a venit autobuzul 733 și am ajuns cu el la clădirea în care urma să citesc; în față, era un loc de parcare imens, unde un stâlp metalic avea un panou uriaș cu interdicția parcării. Deasupra panoului se afla o poză de-a mea și a cărții din care urma să citesc sau poate era doar un semn de circulație cu totul nou, care voia să spună că doar eu

aveam voie să parchez acolo sau că doar eu nu aveam voie
să parchez acolo, habar n-am, dar cum venisem cu auto-
buzul, treaba asta nu mă interesa deloc.

15 noiembrie

Aseară am găsit o scrisoare tipărită în cutia poștală de la
intrarea în bloc:

*Stimați vecini, am constatat în repetate rânduri că mo-
tanul nostru Buddy a fost lăsat, în cursul plimbărilor sale
zilnice, să intre în locuințele dumneavoastră. Asta n-ar fi
grav, dar vă rugăm să nu-l mai mângâiați din senin, ci să-i
explicați în prealabil de ce o faceți, pentru a nu-l deruta.
Altfel, vom fi din nou nevoiți să mergem cu el la psiholog și
ale noastre vor fi cheltuielile. Buddy manifestă în ultima
vreme clare simptome de stres, scărpinându-și blana sau
începând a toarce atunci când nu te-aștepți. Cu plăcere
suntem dispuși a ne întâlni cu dumneavoastră pentru a
discuta mai pe larg despre problemele lui Buddy, la o cafea
sau la o bere în Altstadt. Cu toată stima și prietenia, Anna
și Richard.*

Ar mai fi multe de spus, dar, în fine, îmi opresc relatarea
aici, pentru că aud un miorlăit la ușă.

16 noiembrie

Am auzit de-abia acum, din păcate, că acum o lună con-
sultanta artistică a Teatrului German din Timișoara a vrut
să-i ceară lui Molière personal drepturile de autor pentru

o piesă de teatru de-a lui, prin e-mail. Presupun că le-a și căpătat între timp, că Molière ăsta, după câte am auzit, e băiat bun și deloc egoist. Ei, și mi-am luat eu azi, cum am auzit asta, bilet de avion și luni plec la Timișoara s-o cunosc pe această extraordinară doamnă, s-o văd în carne și oase, vorba lui Arghezi, pe care l-ar putea invita, și pe el, odată la Timișoara: „Vreau să te pipăi și să urlu: este!" Și poate mai prind chiar și premiera, și dacă am un pic de noroc, poate vine chiar și Molière la premieră. Și apoi aș vrea s-o conving pe doamna consultant artistic să-l invite odată și pe Shakespeare la Târgul de carte Gaudeamus, la București, asta merge țaca, paca, prin WhatsApp. E drept că Shakespeare nu știe decât engleză, dar din română-n engleză și invers ar putea traduce duamna Dăncilă.

17 noiembrie

O, România! Acum un an, am citit în presă că o profesoară de engleză din Cluj a fost cercetată penal pentru că a predat cuvântul *foot* unor elevi de clasa a III-a. După cum au evoluat lucrurile în țară, presupun că respectiva profesoară a fugit între timp în Anglia, unde acum predă romana: eu *fuck*, tu faci, el face...

21 noiembrie

În estul Europei, în România, poveștile de odinioară, magicul, fac încă parte din realitate. Stau acum la Hotelul Central, în Timișoara, camera 415 și azi-noapte am auzit clar o herghelie de cai galopând după miezul nopții cu un etaj mai sus, timp de vreo două ore, în camera 515. Am sunat la recepție, care i-a strunit cât de cât. Azi-dimineață am urcat la 515 și am așteptat până se deschide ușa și ies caii, dar aceștia se transformaseră în doi oameni, ca și cum nimic n-ar fi fost. Magic!

> **Adina Scutelnicu:** E totuși un caz rar, de obicei oamenii se transformă în dobitoace.

23 noiembrie

Ieri după-masă am decolat la Timișoara cu o întârziere de aproape o oră și uite așa am pierdut la München avionul de legătură, care urma să mă ducă la destinație, la Düsseldorf. Din fericire, am reușit să urc în alt avion, tot de la Lufthansa, care pleca cu doar jumătate de oră mai târziu și mai avea o groază de locuri libere. Așa să tot zbori, am stat acolo singur pe trei locuri, ca boierul, stewardesele erau frumoase trăsnet și mereu surâzătoare și amabile, iar pasagerii erau de-o bună dispoziție generală, de parcă ar fi zburat în rai, și nu în miezul toamnei germane, așa că mai că nu-mi părea rău că zborul ăsta n-avea să dureze decât o oră. Dar când am văzut că după două ore bune de zbor ne aflăm încă deasupra norilor, am apăsat pe butonul de deasupra capului să chem stewardesă, care a apărut cât ai bate din palme, în costumul ei alb-albastru. De ce n-am ajuns încă, am întrebat-o, din cauza ceții? Hi hi, a chicotit ea, *guter Witz*, ce banc bun! Zborul până-n Hawaii durează 21 de ore, dacă nu-i ceață. Poftiți?! Hawaii?! Dacă vezi după plecare c-ai urcat în trenul greșit, cobori la prima stație și schimbi trenul, dar acum ce era să fac? Să sar cu parașuta? Așa că volens, nolens am văzut partea bună a lucrurilor și m-am bucurat să scap, printr-o fericită eroare, de ploioasa

toamnă germană. Deci *Aloha Hawaii*, salut Hawaii, cândva
eram întins ca regele într-un hamac pe plaja din Honolulu
și două hawaience, care semănau leit-poleit cu Scarlett
Johansson și Charlize Theron, îmi făceau grațios vânt cu
uriașe evantaie de bambus. Ca să fiu mai exact, de fapt,
ațipisem în timpul zborului și ăsta, și nu altul mi-a fost
visul. M-au trezit brusc chicotelile celor doi tineri chinezi
care ședeau în dreapta mea, chicoteau non-stop, pare-se
că erau pentru prima dată în Germania și totul li se pă-
rea foarte vesel, au chicotit când unul din ei a vrut să mă-
nânce biscuiții sărați serviți pasagerilor cu tot cu punga
de plastic, apoi au cerut amândoi *Oktoberfest Bier*, bere ca
la Oktoberfest și au râs să moară când au dat să înghită nu
doar berea, ci și capacul sticlei de bere. Chinezii ăștia sunt
cam plecați cu pluta, m-am gândit, dar mi-am dat seama
că făceau doar pe clovnii. Apoi au devenit brusc serioși și
fiecare din ei a scos o carte din bagajul de mână și au în-
ceput să citească. Pentru mine, ăsta a fost momentul cel
mai frustrant și chinuitor al zborului pentru că dacă cineva
citește lângă mine, nu rezist să nu arunc și eu o privire pe
text, să văd despre ce-i oare vorba, însă lungindu-mi gâtul
și uitându-mă peste umărul chinezului de alături, n-am în-
țeles o iotă. La chinezi, literele nu sunt litere, ci infinite la-
birinturi. Prietenul meu Fred din Berlin și nevastă-sa Clara
din Calabria s-au apucat să învețe, cu toate astea, limba
chineză, îi așteaptă muncă, nu glumă. Dar sunt pe deplin
motivați s-o facă, vor să adopte un bebeluș chinez și să-l
și priceapă când începe să vorbească. Când i-am povestit
asta prietenului meu Steinar din Norvegia pe chat, acesta
mi-a spus că la el în țară oamenii sunt de părere că nu
trebuie să adopți un copil chinez, dat fiind că fiecare al
patrulea copil născut astăzi e chinez, deci dacă faci patru
copii, unul va fi automat chinez, dacă ai noroc, poate chiar
primul, presupune Steinar și-și îndeamnă semenii să treacă

la treabă. În rest, nimic nou pe-aici, pe la Düsseldorf, plouă mărunt, ca de-obicei, iar vecinii mei de bloc sunt ca-ntotdeauna, chiar și fără motiv, veseli. Înainte l-am întâlnit, de pildă, pe vecinul meu Horst în casa scărilor, venind ud ciciulete de-afară, *Aloha Hawaii!* i-am spus și el a început să râdă.

28 noiembrie

Ieri, am găsit în cutia poștală o carte poștală cu flori și steluțe, cu următorul mesaj de la mama: *Dragii mei, vă doresc un Crăciun fericit! Mama.* Crăciunul e de-abia peste o lună, dar mama a trimis de pe-acum mesajul de rigoare, căci ei îi place să-și cumpere iarna căruță și vara sanie, dar uneori se mai întâmplă ca mama să încurce lucrurile și poate că a încurcat luna noiembrie cu luna decembrie. Dar asta nu contează, important e că mama nu uită niciodată datele importante, precum Crăciunul și Paștele, plus ziua de naștere a copiilor, nepoților, strănepoților și a tuturor actorilor importanți din filmele vechi și din serialele noi de dragoste de la TV. Deși are 97 de ani, memoria mamei e încă surprinzător de intactă, chiar dacă acum o lună, când am vizitat-o, mi-a povestit episoade din viața ei de elevă la Einbeck, în nordul Germaniei, când, în realitate, ea și-a petrecut anii de școală la Timișoara. Desigur că n-am corectat-o, e trecutul ei, nu al meu, amintirile fiecăruia sunt o treabă strict personală. Ce-ai trăit, la ce vârstă și unde anume știi tu mai bine decât oricare altul, iar vârsta oricum e o chestiune absolut relativă, tinerețea și bătrânețea se întrepătrund și uneori tinerii sunt bătrâni și bătrânii sunt tineri. Apropo de bătrânețe: în căutarea unei rezidențe optimale de seniori pentru mama, care uneori are nevoie de asistență, fratele meu de mamă, Fred, care e cu zece ani mai

mare decât mine, s-a dus să verifice condițiile oferite de
rezidența la care mama urma să locuiască. Fred are o voce
adâncă și umblă cam aplecat, șefa rezidenței l-a plimbat pe
Fred prin clădirea înconjurată de-un parc, i-a arătat con-
dițiile în care locuiesc bătrânii, camerele single spațioase
și liniștite, baia, sala comună de exerciții fizice, restauran-
tul, cafeneaua, sala de lectură și sala unde exersează de
două ori pe săptămână la cor, acompaniat de-un acor-
deonist de 98 de ani numit Josef. Da, mi se pare foarte OK,
a zis Fred, cred că e rezidența potrivită. Și când intenție-
nați să vă mutați aici? l-a întrebat șefa. Păi, nu vreau să
mă mut eu aici, a răspuns Fred, e vorba de mama. Auzind
asta, șefa rezidentei a rămas cam uluită, dar și-a revenit
repede, iar eu, când Fred mi-a povestit întâmplarea, am râs
cu poftă și mi-am amintit de-un banc, care cred că de fapt
nici nu-i banc, ci o întâmplare reală: „La bancă se înfăți-
șează un bătrânel care cere să i se acorde un credit destul
de mare. Puțin jenat, angajatul băncii îl întreabă: ce vârstă
aveți? 85 de ani, răspunde senin bătrânelul. Știți, la această
vârstă aveți nevoie de cineva care să garanteze că veți
achita împrumutul, îi explică funcționarul. A, nici o pro-
blemă, vin cu tata! Blocat, funcționarul exclamă: cu tata?
Imposibil! Dar câți ani are? 110, replică bătrânul. Dar, vă rog,
acordați-mi acest credit. Știți, avem nevoie de bani pentru
nunta bunicului. Din ce în ce mai uimit, angajatul băncii
întreabă: dar câți ani are bunicul dumneavoastră? 140, vine
răspunsul. 140? strigă funcționarul. Și la vârsta asta mai
vrea să se căsătorească? Bătrânelul răspunde făcând cu
ochiul: ei, nu prea vrea el, dar îl împing părinții. Când i-am
povestit mamei, la ultima mea vizită, bancul ăsta, întâi a
râs, apoi mi-a șoptit la ureche: eu una nu mă voi căsători
la sigur, deși Josef acordeonistul îmi cam dă târcoale. Și
mi-a făcut cu ochiul.

1 decembrie

Aseară, am fost invitat cu Carmen la cină, la Christian și Barbara, care locuiesc și ei aici, la Düsseldorf. Barbara e directoarea unei școli primare din cartierul vecin, o cunosc de la repetatele mele lecturi la școala ei, iar Christian e profesor de matematică la Universitatea „Heinrich Heine" și a elaborat tot felul de teorii și formule matematice cu aplicație practică, pe care eu nu le înțeleg deloc, și nici Barbara. Christian, ia explică-ne tu, te rog, formula aia matematică pe care-ai prezentat-o în iunie la Chicago, a zis Barbara mândră, când a lâncezit conversația la masă, iar Christian, care-i un tip supertimid și extrem de tăcut, a tușit jenat spunând, *es ist sehr einfach*, păi e foarte simplu, apoi a luat o foaie de hârtie pe care-a scris tot felul de cifre arăbești și litere grecești, bâlbâind niște explicații matematice pe care ni le-ar fi putut da la fel de bine și în sanscrita veche, timp în care eu dădeam aprobator din cap încrețindu-mi fruntea cu un aer savant, ca să nu se răcească mâncarea. Ca antreu s-a servit file de păstrăv afumat cu salată verde și ca fel doi varză de Bruxelles cu cartofi și nuci. Varza de Bruxelles este o minivarză extrem de sănătoasă și, în caz că-ți mai și place, este bună la gust, dar eu unul prefer varza de Cluj, un rând de carne, un rând de varză, unul de carne și altul de orez, se stropește cu smântână și se continuă rândurile până se termină cu rândul de varză, deasupra se toarnă din nou smântână și se dă la cuptor pentru 30 de minute. De băut am băut vin alb de Moselle, Barbara și Christian au permanent două sticle de vin alb în frigider, una plină și una goală, pentru cei care nu beau. A fost o masă foarte plăcută, la un moment dat atmosfera a devenit ușor monotonă și melancolică, noroc că am răsturnat cu cotul paharul de vin plin ochi și iată că toți s-au înviorat brusc și au fost bucuroși, Carmen a fost bucuroasă că nu stătea ea lângă mine, ci Barbara, Barbara a fost bucuroasă că vinul nu i-a curs pe rochie, ci doar pe fața de masă și pe parchet, Christian a fost bucuros că Barbara se întreabă cu ce ies petele de vin alb și nu-i mai pune lui întrebări, iar eu am fost bucuros că paharul gol mi-a fost imediat umplut din nou de Christian. Fii, te rog, mai atent, mi-a spus Carmen, după aceea am mâncat felul trei, o specialitate germană, care se numește *Rote Grütze*, ceea ce s-ar traduce în română prin jeleu de fragi și căpșuni în sos de vanilie, se servește cu frișcă și se pune înainte de-a fi servit cel puțin două, trei ore la frigider, bine că nu m-a pus nimeni să explic asta, altfel n-aș mai fi avut timp să mănânc. Barbara e extrem de vorbăreață, uneori vorbește chiar mai mult decât mine. Nici nu știu când are timp să tragă aer în piept, se oprește din vorbit doar pentru a în- treba: *stimmt's Christian?* Nu-i așa Christian? *Ja, genau*, da, așa-i, răspunde de fiecare dată Christian, care, evident, a descoperit o formulă matematica prin care se arată ca liniș- tea personală e de neprețuit. Eu unul îl iubesc pe Christian, căci orice aș povesti, râde cu mare poftă și uite-așa mai mă înveselesc și eu. Aseară, am povestit după mâncare un vis pe care l-am avut cu o noapte înainte. Noaptea tre- cută, am relatat, se făcea că urcam niște trepte uriașe și când am ajuns la treapta a patra, aceasta s-a transformat brusc într-o gâscă și s-a ridicat cu mine în văzduh și apoi am traversat călare pe ea Suedia, precum Nils Holgersson. Ți-am spus să fii mai atent, a spus Carmen, nu era treapta a patra, ci a cincea. Ce vis frumos, nu-i așa Christian? a spus Barbara. *Ja, genau*, a spus Christian, un vis genial, iar eu ce să mai spun, n-am mai spus nimic. Și, uite-așa, seara s-a terminat super fain, am mai răsturnat un pahar de vin alb și-am plecat.

Alta Ifland: Superbă povestire! Și eu am avut oaspeți ieri, aici la San Francisco, de *Thanksgiving*, și un musafir a vărsat vin roșu pe peretele alb. Nu știu din ce sunt făcuți pereții aici, dar, după ce l-am șters, nu s-a mai văzut aproape nimic. În România, îmi amintesc că vinul roșu lăsa pete albastre.

3 decembrie

Nepotul meu David are cinci ani și azi a avut o zi-proiect la grădiniță – *Projekttag* – cu tema „Copiii au drepturi". Educatoarele au făcut poze cu copiii în acțiune și le-au afișat pe coridorul de la intrare, lângă garderobă. Fiică-mea Andreea îmi scrie mândră pe WhatsApp că David apare în aproape toate pozele și-mi trimite patru dintre ele ca anexă. Am făcut fotografiile astea cu mobilul, în mare secret, îmi scrie Andreea. De ce în mare secret? întreb. Pentru că, începând de azi, părinții nu mai au voie să facă fotografii la grădiniță, nici cu copiii altora și nici cu copiii proprii, e vorba de un nou regulament de protecție a datelor personale, care intră azi în vigoare. Mda, cu copiii altora mai înțeleg, zic, dar nu cred că nu ai voie să-ți fotografiezi nici propriul copil, ba da, așa este, zice Andreea, căci fotografiind copilul propriu, s-ar putea să fotografiezi și o mână sau un picior din copilul altuia. Ha ha, poanta e bună, zic, jur că nu glumesc, zice Andreea. La sfârșitul zilei-proiect, azi, după-masă, a fost spectacol pe scena grădiniței și educatoarea-șefă le-a zis părinților: cine vrea să-și pozeze sau filmeze copilul cum dansează și cântă, s-o facă acum, că de azi încolo nu mai e voie, părinții trebuie să-și lase celularele la garderobă – și toți au fotografiat și filmat ca apucații.

Ha ha, glumești zic, nu glumesc, zice Andreea, au înnebu-
nit cu toții. Și acum mă duc, trebuie să-l culc pe David, dar,
înainte, îi mă citesc ceva. Ce anume? întreb curios. Nu pot
să-ți spun, zice Andreea – protecția datelor personale. Aici
la urmă cred c-a glumit, cred că-i citește ceva cu Harry
Potter, sper că nu vine nimeni să mă aresteze dacă divulg
asta.

4 decembrie

Ieri am pățit ceva cu totul și cu totul neobișnuit. Mă aflam
pe un drum de țară, la câțiva kilometri de autostradă, când,
dintr-odată, mașina a început să salte și să se bâțâie de
parcă ar fi dansat rock'n'roll și, cum mie îmi place rockul
numai când îl dansează oamenii, am tras imediat pe dreapta,
pe banda de rezervă. Drumul era neted ca-n palmă, nu gro-
pile à la România puteau fi cauza țopăiturilor și coborând
și văzând roata dezumflată din spate, am realizat că aveam
ce nu avusesem încă niciodată în Germania: pană de cau-
ciuc. Am sunat imediat pe smartphone ADAC-ul, asistența
rutieră germană, și mașina galbenă cu omul în galben a
apărut în 30 de minute. Pe omul în galben îl chema, desigur,
Herr Müller, ca pe 99% dintre nemți, hai să nu exagerez,
98,5 %. Cu Herr Müller am dialogat astfel: *guten Tag!* mi-a
spus Herr Müller, *guten Tag*, am spus eu, cum de n-aveți o
roată de rezervă, a spus Herr Müller, ba am, am spus eu,
și atunci de ce n-o schimbați, pentru că nu știu s-o schimb,
glumiți, a spus Herr Müller, orice copil știe să schimbe o
roată, dar eu nu, am spus eu, *sorry*, ba da, știți, ia haideți
să vedeți cum știți, a spus Herr Müller. Și după ce-am scos
roata de rezervă și trusa de scule din portbagaj, Herr Müller
mi-a explicat cum să montez cricul sub mașină și să ridic

roata în aer, slăbindu-i înainte șuruburile cu cheia din trusa de scule și să schimb, în final, roțile între ele. Ceva mai simplu nici că se poate, mi-a spus Herr Müller, ia încercați! Și, într-adevăr, urmându-i atent indicațiile, am reușit să schimb roata în circa zece minute, apoi ne-am dat mâinile și ne-am despărțit, iar eu am pornit cu mașina spre casă. Am reușit! Am reușit să schimb singur roata mașinii! Îmi repetam bucuros, deși la început eram încă puțin nesigur, parcă așteptându-mă să se întâmple ceva rău, dar totul a fost OK, mașina mergea perfect, parcă mai bine ca înainte. Incredibil, mă gândeam, am schimbat roata mașinii cât ai zice pește cu mâinile mele, sunt un adevărat talent! Și după trei ore, când am ajuns acasă, am parcat mașina în garajul subteran, dar n-am urcat după aia, ca de-obicei, cu liftul la apartamentul unde stau, nu, am rămas jos, în garajul subteran și pentru a mă convinge din nou de aptitudinile mele manuale, pe care nu mi le-aș fi bănuit niciodată, am schimbat toate cele patru roți ale mașinii mele între ele. Roata stângă din față am pus-o în spate în dreapta, roata dreaptă din spate am pus-o în față în dreapta și roata dreaptă din față, în spate în stânga. Mi-au trebuit mai puțin de 40 de minute pentru a efectua aceste schimbări, totul a mers strună și mă simțeam, de ce să n-o recunosc, mai mult decât mândru de nebănuitul meu talent de mecanic auto. Drept pentru care am dat o tură cu mașina în jurul blocului și, înainte de-a mă culca, am mai schimbat o dată roțile mașinii între ele, doar așa, să văd dacă merge. Și ieri am petrecut o seară minunată în garajul subteran schimbând nu doar roțile mașinii mele între ele, ci și roțile tuturor celorlalte mașini parcate acolo, fără ca cineva să observe că eu am făcut-o. Repetiția e mama învățăturii și acum am o nouă idee: nu departe de mine e un parking cu 12 etaje și trei niveluri subterane, de Crăciun am o săptămână complet liberă și mă duc acolo să practic în continuare.

5 decembrie

Vine frigul, prieteni, iată cum îi venim de hac: dacă, de pildă, în casă sunt 24 de grade Celsius și afară doar trei grade, putem deschide fereastră ca să lăsăm cele trei grade de afară să intre în locuință, ca să avem înăuntru 27 de grade. Dar, cum treaba nu merge întotdeauna așa cum vrem noi, s-ar putea ca cele trei grade de afară nici să nu intre în casă, ci ca cele 24 de grade din casă să iasă afară. Atunci vom avea 0 grade în casă și 27 de grade afară, așa că ne vom putea lua costumul de baie și merge la ștrand. Iarna friguroasă își are și părțile ei bune, trebuie doar să știm să le descoperim.

7 decembrie

Plouă de două zile cu mici întreruperi, aici, la Düsseldorf, și încă o să mai plouă, zice buletinul meteorologic, e fain la Jermania-n decembrie, dar nu chiar așa de fain. Dar, de fapt, vremea nu-i chiar atât de rea cum pare, e chiar bună. Bună să te bage-n spital. Apropo de spital la Jermania, acum nici doi ani, eram la spital la Krefeld, la Cardiologie, și schimbam mesaje pe Facebook cu prietenul meu Florin din Iași. Cum ești, ce-ți fac doctorii ăia, mă întreabă îngrijorat, am văzut în poza de pe Facebook că spitalul ăla arată cam ca unul de la noi. Normal zic, cum să arate, spitalu-i spital, ce voiai să vezi în poza aia, cascade, păsărele, pomi înfloriți în cameră? În rest, fac bine, au ăștia grijă de mine, mă împung, mă pișcă, mă înțeapă și tot așa. Fii tare, nu-ți pierde răbdarea, zice Florin, și apropo de Cardiologie, nu pune la inimă, vorba lu' tata, știi, ca-n filmul ăla unde-l duce pe unul să-l execute și prietenul său îi spune, nu mai fi atât de prost dispus, încearcă să te gândești la altceva.

Băiat fain Florin asta și are un umor negru de stai în cap.
Acum ești deci la spital, zice, stai peste noapte acolo? Păi
da, zic, n-ai văzut patul în poză? Vreun personaj pe-acolo,
mă întreabă, sau numai nemți corecți și monotoni? Care
nemți, zic, aici ești la Jermania, unde te crezi, sunt și mulți
români pe-aici, zic. Da?! Deci se aude des româna? întreabă
Florin. Nu, dar dispar des bisturiurile, zic. Ha ha, îmi place
că încă faci bancuri, ești singur în cameră sau cu mai mulți?
Singur, plătesc în plus pentru asta că n-am chef de sforăi-
turi noaptea, zic, dar unii sunt și câte doi sau chiar câte
trei în cameră. Ce fain! zice Florin, în România, dacă nu
dai lova, doar opt în cameră prinzi. Uneori și doi în pat. Ce
fain! zic eu, păi doi în pat e super, ia gândește-te, dacă ai
noroc s-ar putea să te combine cu Megan Fox sau Scarlett
Johansson, poate toarnă alea un film în România și se îm-
bolnăvesc. De mâncare îți dau ăia? întreabă Florin. Da, îmi
dau, dar numai dacă îi las să-mi facă injecție. Mai e și o
cafenea aici, la parter, și un restaurant, unde te poți ghif-
tui după plac între mese, dacă plătești. Azi am ieșit în fața
spitalului să fumez o țigară. La fumat, șase oameni, doi
pacienți polonezi, doi nemți și două femei cu poala înflo-
rată vorbind româna, una mai în vârstă și una mai tânără.
Mamă, zice aia tânără, băiatu' ăsta nu m-ascultă, face ce
vrea! I-am zis: păi, băi, tu pe mă-ta o înjuri? M-ai făcut tu
pe mine sau eu pe tine, în pula mea s-o sugi! Ha ha, zice
Florin, păi, cum, ai voie să și fumezi acolo? Da, cât vreau, zic,
dar fumez numa' trei, patru țigări pe zi. Eu aș considera că
m-am lăsat, dacă aș fuma doar atât, zice Florin, la cât îți
dau ăștia stingerea? E ca în armată sau ca-n civilie? Nicio
stingere zic. Dacă vreau, plec seara în oraș și revin dimi-
neața. Boierie, zice Florin, să tot stai la spital. La noi, dacă
ești internat, n-ai voie să ieși, pijamaua e lege. Și nici nu
m-am gândit că poate fi un spital fără portar, zice, e ca și
cum mi-ai fi spus că spitalul nu are doctori. Aici, dacă vine

cineva să mă viziteze la patru dimineața, *no problem*, zic. Doar ușa de la etaj e blocată, ca să nu intre vreun boschetar, dar dacă sună ăla care mă vizitează și spune că vine la mine, îl lasă sora să intre, explic. Să nu te killărească vreun spion, cum vezi prin filme, zice Florin, care-i un mare amator de filme cu killeri. Mai chatuim noi ce chatuim și brusc aud bătăi la ușă, e ora 22, inima mai să nu-mi sară din piept, dacă intră acum killerul, dar intră sora de noapte, mai că n-o îmbrățișez de bucurie, *guten Abend, Herr Cornelius*, aveți nevoie de ceva? *Guten Abend*, da, de un portar la ușă, *bitte!* zic. Și uite că între timp s-a oprit ploaia, viața-i din nou frumoasă!

9 decembrie

Ieri, la Miami, la expoziția de artă Art Basel un artist de origine italiană și-a devorat propria sa operă de artă, o banană expusă acolo, o banană-banană prinsă cu adeziv de perete și evaluată cam la 120 000 de dolari. Artistul a fost săltat de poliție pentru distrugerea unei savuroase opere. Între timp însă, s-au liniștit lucrurile, banana a fost înlocuită de artist cu o altă banană și viața e din nou frumoasă, iar eu stau și mă tot gândesc că o treabă ca asta n-ar fi fost posibilă în anii comunismului în România, pentru că nu prea se găseau banane. Cel mult, pastă de dinți cu gust de banane, dar banane ioc. Dacă Harold Lloyd, de pildă, ar fi făcut în comunism un film mut în România, n-ar fi găsit, nici să-l tai, o singură cojiță de banană pe care să poată aluneca pentru a pica în fund, spre veselia publicului. Și apropo de Lloyd, nici Stan și Bran n-ar fi avut, sărmanii, nici ei, nicio șansă dacă ar fi încercat să-și trântească unul altuia torturi cu frișcă în față, de unde atâtea torturi cu frișcă?

Așa că nu-i decât logic că mai toți în România visau vestul, pentru că în vest, dragi tovarăși și tovarășe, în America, banane și torturi cu frișcă se găseau la discreție. Așa de pildă, în filmul lui Blake Edwards *The Great Race* / „Marea goană" a avut loc cea mai mare bătălie cu torturi cu frișcă a tuturor timpurilor, în care sute de oameni au aruncat dezlănțuiți prin preajmă cu imense torturi proaspete, coapte special doar pentru asta. Cu toate astea, la sfârșitul turnării filmului au mai rămas 300 de torturi nefolosite, pe care echipa de filmare a trebuit să le ingurgiteze ea însăși, împreună cu actorii. Ei da, acolo mi-ar fi plăcut să fiu și eu de față, aș fi mâncat, pe timpul ăla, eu singur un tort cu frișcă, fără nicio problemă de digestie. Nu ca alaltăieri, când, după sărbătorirea zilei de naștere a lui Thomas, m-am văzut silit să pun panicat următoarea întrebare pe Internet, într-un forum dedicat sănătății: am mâncat înainte numai patru felii jumate de tort cu frișcă și acum mi-e rău de mor. Ce aș putea face? Am primit pe loc următorul sfat de la unul, care evident se pricepe: fă-ți un ceai de mușețel și du-te un pic la plimbare. Și dacă încă ți-e rău, bagă-ți degetul în gât, cât intră. Atunci, va ieși afară tot ce nu poți să suporți. Între timp, problema s-a rezolvat și mă duc să mănânc o banană.

10 decembrie

Ce faci la început de decembrie dacă te trezești cu noaptea-n cap și afară-i frig și întuneric și n-ai chef nici măcar să citești? Eu unul am dat *search* pe Google, să văd de unde vine prenumele Hubert pentru că mi-am amintit, fără motiv aparent, de vecinul și prietenul meu Hubert din copilărie, de pe când aveam vreo șase, șapte ani și locuiam la Reșița.

Cu nume întreg, Hubert se numea Hubert Adalbert. Prenumele Hubert, mi-a zis Mister Google, vine din germana veche și constă, de fapt, din două cuvinte, primul e *hugu* și înseamnă „minte, rațiune", și al doilea e *berat* și înseamnă „care strălucește". Habar nu mai am dacă Hubert Adalbert ăsta, pe care toți îl strigau Berti, avea sau nu o minte strălucitoare, tot ce mai știu e că avea nemaipomenitul noroc să aibă un unchi care era șofer de autobuz, iar eu, locuind într-o casă plasată exact la ultima stație de autobuz din oraș, la Stavila, unde începea pădurea, aveam un unic și neclintit țel în viața asta atât de monotonă, un vis îndrăzneț, pentru care eram pregătit să fac totul și pe care-l visam zi și noapte: să ajung cât se poate de sus pe treptele gloriei, ceea ce însemna să am și eu, într-o bună zi, dreptul să șed la volan strunind autobuzul. Asta era rețeta fericirii, și nu alta. Să-ntorci stânga-mprejur ditai namila de fier la ultima stație, cu numai două mâini, asta da nemărginită putere, nici balaurul balaurilor, Sfarmă-Piatră și Strâmbă-Lemne laolaltă nu se puteau pune cu un șofer de autobuz. Și, într-o bună zi, unchiul ăsta al lui Berti a luat în primire un autobuz nou, nouț, căruia trebuia să-i facă mai multe zile la rând rodajul, cutreierând hai-hui orașul cu el, fără niciun pasager la bord. Dar pe Berti și pe mine ne-a luat totuși o dată, numai pe noi doi, și înainte de-a porni motorul, ne-a dat chiar voie să stăm pe rând pe scaunul lui de șofer, cu mâna pe volan, preț de câteva secunde. Asta însemna pentru noi extazul absolut, pe care nu-l pot atinge nici măcar călugării budiști din Himalaya prin starea de levitație, și când le-am povestit asta celorlalți copii, am devenit amândoi pe loc regii cartierului. Săptămâni la rând, toți țâncii din Stavila erau topiți de fericire când le dădeam voie să se apropie de noi și numai cei mai aleși aveau voie să ne atingă cu vârful degetelor. Eu, la începutul clasei a doua, m-am mutat de pe strada aia într-un bloc turn din Moroasa, la etajul trei, care era atât de aproape de cer, că ades nici apa rece sau caldă nu reușeau să se caţere pe ţevi până acolo şi nu mai ştiu ce-o fi făcut Hubert Adalbert Berti la viaţa lui, dacă s-o fi făcut şofer de autobuz sau nu, dar eu, în tot cazul, am schimbat la un moment dat complet macazul. Pe la 13 ani, după ce-am văzut filmul francez *Madame Sans-Gêne*, în care preţ de câteva secunde i-am întrezărit Sophiei Loren prin generosul decolteu jumătate din sânii cât pepenii de zahăr şi chiar şi sfârcurile sânilor sclipind ca fragii sălbatici prin bluza semitransparentă, m-am sfătuit cu prietenul meu Nicu şi am hotărât amândoi să ne facem ginecologi, pentru că ginecologul are zilnic parte de asemenea bucurii şi mai primeşte şi-o grămadă de bani pentru asta. Nicu s-a făcut ginecolog, eu nu. Praf şi pulbere se alege din visele copilăriei. Azi, Nicu locuieşte la Bucureşti şi ieri mi-a trimis un mesaj: după ce-am petrecut toată ziua la spital, îmi scrie, şi de-abia mai mă ţineam pe picioare de intervenţii şi consultaţii, în drum spre casă mi-a ieşit o femeie cu poale-nflorate în cale şi mi-a spus: dacă-mi dai zece lei, îţi arăt pizda. Nici visele împlinite nu ne fac fericiţi, din păcate.

Alina Solomon: Când eram mică, visul meu era să devin vânzătoare de bilete la busul care făcea curse spre Poiana Braşov. Acolo, oamenii stăteau la coadă şi biletele erau mai scumpe decât pe celelalte linii.

Jan Cornelius: Păi, am fi făcut o echipă perfectă! Propun să cumpărăm un autobuz aici, la Düsseldorf, şi să ne realizăm visul.

Alina Solomon: Super idee! Numai că nu am prea văzut la Düsseldorf oameni stând la coadă la bilete.

Şerban Foarţă: Povestea cu ginecologul ispitit, contra a numai zece lei, cu ceea ce fusese mirobolantul vis al pubertăţii sale, ajuns o rutinieră „muncă de jos", cu anii, este o culme greu de egalat, a ironiei sorţii... Aferim!

Jan Cornelius: Acțiuni ginecologice de genul ăsta aveau uneori și o funcție cultural-educativă. La căminele studențești de băieți din Timișoara, de lângă universitate, în anii '70, veneau ades femei cu fuste cu flori strigând sub ferestre „A venit televizorul" și, în anii aceia de restriște, când televiziunea de stat oferea doar imagini stupide cu marele conducător, ele își ridicau poalele oferind studenților un program alternativ, palpitant și nedogmatic. Urmau aplauze și strigăte entuziasmate de „Bravo!" sau comentarii critice: „Mai șterge, fă, ecranul, că imaginea-i cam tulbure".

12 decembrie

Ieri, am cumpărat la târgul de Crăciun, la standul de jucării nostalgice, un mic cangur australian, o minunăție! Dacă-l tragi cu cheia și îi dai drumul pe parchet, se-nvârte țopăind în cerc de numa-numa și mai dă și din coadă. Are și-un marsupiu din care un pui de cangur își scoate căpșorul. Gata, îl cumpăr, am spus încântat văzându-l, iar vânzătoarea a zâmbit și mi-a explicat mândră că avem aici, la Düsseldorf, o manufactură de-a noastră, care produce din astea, mașinuțe, titirezi, maimuțe, crocodili, broscuțe, hopa mitică etc. Ei da, și cangurul ăsta e super-tare, rupere, lucru nemțesc, ce mai! Dar mai fac și nemții greșeli, azi-dimineață m-am uitat sub coada lui și am descoperit acolo o inscripție minusculă și să vezi încurcătura naibii, în loc de *Made în Germany* au scris acolo, din neatenție, *Made în China*.

14 decembrie

Alaltăieri a fost lună plină, chiar am și văzut-o, acum luna a început să descrească. În română, luna „crește și descrește", în germană se zice că luna „se îngrașă și slăbește" (*Der Mond nimmt zu/Der Mond nimmt ab*) și anume lunar, spre deosebire de mine, care de două luni încoace doar mă îngraș. Astrologii afirmă că luna ne influențează sentimentele, instinctele și intuiția. Viața noastră sufletească e, în mare parte, determinată de lună, spun horoscoapele, dar eu fac parte din zodia Peștilor, așa că sunt un tip extrem de intuitiv și intuiesc ca horoscoapele sunt apă de ploaie.

15 decembrie

Eu și Carmen ne-am întâlnit aseară cu Marian și Alina, un cuplu din România care s-au mutat de vreo patru ani lângă Düsseldorf și pe care de vreo trei ani tot vreau să-i cunosc, căci amândoi sunt foarte inteligenți și simpatici, dat fiind că-mi dau *like* la toate postările de pe Facebook. Dar nu s-a potrivit să ne întâlnim niciodată; când eu eram la Düsseldorf, ei erau în vizită în România sau în concediu, undeva, pe-o insulă îndepărtată și viceversa. Dar aseară ne-am dat întâlnire și ne-am și văzut, în sfârșit, la Târgul de Crăciun din orașul vechi, la ora 17.30, la început ne-am văzut doar pe WhatsApp-video-calling, pentru că nu i-am găsit în mulțime, dar după aia ne-am întâlnit la standul de *Glühwein*, adică vin fiert, și-am băut fiecare câte-un pahar de vin cu scorțișoară și cuișoare, apoi, cuprinși de nostalgie, am vrut să mâncăm la standul alăturat un langoș, dar coada la langoși era mai lungă decât coada la butelii de aragaz în anii '70 în România, așa că am renunțat.

Ne-am mai plimbat noi o vreme croindu-ne vajnici drum prin mulțime și după aia ni s-a făcut frig și foame și am zis ia hai să intrăm într-un local și să mâncăm ceva în liniște. În orașul vechi, la Düsseldorf, sunt vreo 300 de localuri și am intrat la cel puțin 150 pe rând, berării, pizzerii, localuri japoneze, spaniole, chinezești, franțuzești, turcești și peste tot ne opreau chelnerii încă din ușă, anunțându-ne că până-n ianuarie nu mai e niciun loc liber, iar eu sunt de-a dreptul supărat pe chelnerul Diego, de la localul spaniol La Copa, cu care sunt bun prieten, dar n-a vrut să-mi dea nici măcar un loc, deși sub o masă mai erau patru locuri libere. Dar se mai întâmplă și minuni, totul e să nu-ți pierzi niciodată speranța, uite acolo, a zis Alina deodată și mi-a arătat prin peretele de sticlă o masă liberă într-un Eis-Café la un colț de stradă; la început, am crezut că masa aia e expusă acolo doar ca obiect de artă modernă sau că-i rezervată de alții până la sfârșitul lui ianuarie, dar ne-am năpustit disperați înăuntru și masa aia era efectiv liberă și am luat loc toți patru, răsuflând ușurați. Fericirea e făcută din astfel de mici momente aparent banale, de a căror neprețuită valoare ne dăm seama de-abia după lungi faze de privațiune și suferința. Un Eis-Café, cum ne spune și numele, este o cafenea unde se servește în principiu cafea și mai ales înghețată, așa că mai toate Eis-Café-urile din Germania sunt în perioada iernii, bineînțeles, închise, că doar trebuie să-ți fileze puternic o lampă sau să fii masochist în lege ca să vii tremurând de-afară, din frig, într-un Eis-Café și să mănânci înghețată. Dar ce nu face omul când vrea să șadă la căldurică, așa că ne-am așezat toți patru la masa aia liberă și Alina, Marian și cu mine am comandat câte-o înghețată triplă, Malaga, Tartuffo și Stracciatella, iar Carmen a comandat un ștrudel cu mere, pe care însă au uitat să i-l aducă, drept care Carmen s-a bucurat foarte tare pentru că tocmai e la dietă. Ștrudelul cu mere era singurul lucru care apărea în meniu, în afară de înghețată. Bine, mai apăreau și tot felul de torturi, dar astea demult se consumaseră și iată că dintr-o dată ne-am simțit cu toții ca pe timpuri, acasă, în România, unde niciodată nu se găsea mai nimica. Am mai stat noi vreo două ore pe-acolo, așa că eu am mai mâncat încă o înghețată dublă, Amarena și Zuppa Inglese, iar Marian, care-i extrem de volubil, mi-a povestit în timpul ăsta cum a fost el tânăr ofițer la Breaza, pe când România era deja în NATO, și un soldat i-a cerut permisiunea să-și aducă la unitatea militară de-acolo calul lui personal de acasă, din Dolj, și să mai are un pic pământul cu el, pe lângă unitatea militară, ceea ce în final a și făcut, cultivând și cartofi, și roșii și toată unitatea militară a mâncat fericită legume proaspete; cu alte cuvinte am petrecut, în final, o seară foarte reușită și veselă. Înainte de plecare, chelnerul ne-a adus nota de plată, pe care iată că apărea brusc și ștrudelul cu mere, semn că totuși aveau o memorie bună. Păi nu ne-ați adus ștrudelul, am protestat, și acum îl puneți la socoteală?! Vai, îmi pare rău, a spus chelnerul și ca să-și repare greșeala ne-a pus ștrudelul la pachet, pe gratis, un fel de *doggy bag* ca la New York, pe care l-am consumat eu foarte încântat chiar acum zece minute, un happy-end à la Hollywood, cu alte cuvinte.

Malta

16 decembrie

Aseară am aterizat pe Malta. Astăzi, o dimineață ca de pe altă lume, cu soare, cer albastru, mirosuri de ierburi mediteraneene și, pretutindeni, marea. Prin fața hotelului se plimbă câteva pisici, iar la recepția hotelului, recepționista se întreține cu o clientă. Visez sau aud cuvinte ungurești, ca pe vremuri la Timișoara? *Nagyon jó*, foarte bine zice, nu mă înșel. *Beszélsz magyarul*, vorbiți ungurește? o întreb pe recepționistă după ce pleacă clienta. *Egy kicsit*, un pic, zice. *Me too, kicsit*, zic. *Where are you from?* o întreb. *From Serbia, Belgrad and you? From Romania, but now Germany. Oh, sorry, Romania was not good*, zice. *But now Romania is good, Serbia is now not good, but OK!* adaugă. *Good but OK?* mă amuz eu. *Yes, OK because I'm now here. Malta is very OK*, zice. *Yes, Malta is very OK*, zic. Pe recepționistă o cheamă Milica și e din Belgrad. Acum sunt în cameră. Afară, sub balcon sunt doi muncitori italieni care se fac că lucrează, râșcâie la niște trepte și râd, mai râșcâie, mai râd, discută și se întreabă ce drac de lucru mai e și e ăsta. Înainte, a ieșit Carmen pe balcon și mi-a spus râzând că unul din ei, văzând-o, i-a zâmbit larg făcându-i semn să coboare. Acum, când am ieșit și eu pe balcon să-i spun *Buongiorno!* s-a întors brusc cu spatele. Așa că ce să fac, mă uit la peisaj, zău că merită!

17 decembrie

Azi am fost singur, singurel pe insula Gozo, situată la 20 de minute de Malta, cu vaporul. La Gozo, în port, am vrut să închiriez o mașină, dar văzând că ăia sunt cam nebuni și că șoferul nu are nici măcar un volan cum trebuie, volanul fiind plasat din greșeală pe dreapta, pe partea însoțitorului, am luat un Hop-On Hop-Off Bus, cobori și urci când vrei în el. Am coborât, desigur, în golful ăla în care a coborât și Ulise și unde l-a luat prizonier o nimfă tot răsfățându-l și neîndurându-se să-i dea drumul șapte ani de zile la rând; ce soarta frumoasă! De-abia a scăpat din mâinile ei, săracul, degeaba îl aștepta Penelopa acasă. M-am plimbat deci plin de speranțe încolo și-ncoace prin golful ăla, doar-doar m-o lua și pe mine vreo nimfă ca prizonier, dar n-am văzut decât un grup de chinezoaice, care făceau selfie-uri mai ceva ca Narcis și nu voiau prizonieri, ce vremuri triste! Apoi am vrut să fumez o țigară, dar am constatat că uitasem țigările pe vapor, așa că am fost dublu de frustrat. Insula Gozo merită totuși vizitată, dacă nu pentru nimfe, pentru arhitectura ei deosebită, biserici, ziduri de cetate etc. vezi Wikipedia pentru amănunte. Pe vapor, la întoarcere, mi-am căutat țigările întâi de trei ori la rând prin toate buzunarele, apoi pe sub banca pe care șezusem și prin jur, nimic, dar după aia am ajuns la hotel și le-am găsit acolo, sub masă, și acum ies pe balcon să fumez prima țigară pe ziua de azi și să mă uit la Gozo din Malta.

18 decembrie

Azi dimineață, când mi-am băut cafeaua, barmanul a încercat să vorbească sârbește cu mine, spunându-mi apoi în engleză că arăt ca un sârb. În Malta, cam 10% din populație sunt sârbi, la ora actuală. Apoi, am urcat în microbuzul care m-a dus la Vittoriosa, un oraș din centrul Maltei, unde ne așteptau un ghid maltez de limba franceză, unul de limba germană și unul de rusă. M-am dus la ghidul de limba germană, care a vrut să mă trimită la ghidul de limba rusă, explicându-mi că arăt ca un rus. În cursul vizitei portului, a apărut un grup vesel și super zgomotos de tineri, care m-au înconjurat entuziaști, rugându-mă să fac o poză cu ei,; i-am întrebat de ce și mi-au spus în franceză ca ei sunt din Georgia și că până acum au întâlnit peste tot numai turiști și că vor să se pozeze, în sfârșit, cu un maltez veritabil. Am ridicat cu toții degetele a victorie și ne-am pozat, ca să aibă, în sfârșit, și ei o amintire cu un maltez pentru acasă. Când i-am povestit asta ghidului de limba germană, acesta mi-a spus că nu se miră deloc pentru că efectiv aș putea fi și maltez, după înfățișare. O fi, dacă spune el, deși cu limba malti, cum se numește limbă vorbită aici, nu prea mă descurc, aceasta constă în mare parte din arabă amestecată cu italiană și engleză, ortografia fiind latină. Printre altele, am văzut la Vittoriosa mai multe pisici și locul unde se afla închisoarea Inchiziției. Un bărbat întemnițat acolo a reușit să sape un tunel subteran, nu ca să evadeze, ci ca să-și ia din oraș amanta și să se întoarcă cu ea în temniță, unde mâncarea și chiria erau gratis, deștepți maltezii ăștia. În orașul Vittoriosa am fost cuprins de o puternică mândrie națională germană descoperind o casă cu o inscripție: *Hier war Goethe*, deci aici a fost Goethe. Mi-am amintit prin asta de vizita mea de anul trecut la Tübingen, unde o celebră casă poartă inscripția *Hier kotzte Goethe*, deci aici a vomat Goethe. În concluzie, lui Goethe i-a mers mai prost la Tübingen decât la Vittoriosa, îl și înțeleg dacă mă gândesc la cât plouă în Germania.

Cristina Hermeziu: Ce madlenă mi-ai provocat, dragă Jan. Acum un an eram în Malta, unde toate drumurile duc la Mdina, după cum îmi spunea taximetristul cu volan pe dreapta. În cetatea Mdina au fost filmate scene din *Games of Thrones*, și taximetristul macedonean, de doi ani pe insulă, o spunea cu mândrie cinefilă mondializată. Toți Balkanii lucrează acolo, sârbi, macedoneni, bulgari. Nu degeaba cetatea, ocupată pe rând de greci, romani, arabi, normanzi, britanici se numea „Orașul de miere". La nici 500 000 de locuitori, Malta are două milioane de turiști pe an. Iar tu, Jan – german, rus, sârb și român pe deasupra –, contezi cât patru dintre ei. Plus un neaoș, maltez. Enjoy!

Octavia Petrișor: Lookul ăsta internațional te-ar ajuta dacă vrei un pașaport fals. Cine știe, că văd că spirit de aventură ai.

19 decembrie

Azi am văzut o groază de cactuși cât casa plimbându-mă pe lângă mare, în afară de asta, rozmarin, măghiran, lavandă, ardei iute, lămâi, cel puțin 20 de pisici, apoi marea, marea, marea și un grup de chinezi veniți cu valize la restaurant, care au mâncat îmbrăcați în cojoace, deși era cald; o fi ăsta vreun obicei strămoșesc în China? Am fost după prânz cu barca și pe insula Comino, la o aruncătură de băț de hotelul în care locuiesc. Insula Comino, după cum s-a constatat la un recensământ recent, care s-a terminat în cel mult două minute, are astăzi trei locuitori în total, vezi Wikipedia. Acum doi ani, avea patru, dar un sfert din populația insulei Comino a decedat între timp, avea 91 de ani și se numea Maria. Nu părăsise niciodată insula.

Cei trei locuitori actuali ai insulei Comino sunt unul polițist, unul bucătar și unul politician. Dacă bucătarul sărează prea tare mâncarea, mi-a povestit cel care conducea barca cu motor, care ne-a transportat în 15 minute pe această insu-liță, polițistul îl bagă la zdup, însă doar pentru scurt timp, pentru că altfel riscă să flămânzească. În ianuarie 2017, politicianul a înființat Partidul Revoluționar din Comino, al cărui singur membru și președinte este până-n prezent, doar el, și plus de asta, a preluat anul trecut, în august, în urma unei lovituri de stat, conducerea armatei pe insulă, el însuși fiind acum și armata. Toate eforturile sale ulterioare de a obține independența insulei Comino față de Malta au eșuat însă până astăzi.

20 decembrie

Where are you going? La Valetta? mă întreabă azi dimi-neață recepționista mea preferată, Milica din Belgrad, care aseară mi-a povestit că a iubit acum cinci ani un ungur și că de aia știe ungurește mult mai bine decât mine, care, deși nu am iubit nicio unguroaică, am trăit în copilărie la Timișoara și știu de pildă cum se zice pe ungurește da: *igen*. *Igen*, îi răspund deci Milicei într-o ungurească perfectă, la La Valetta mă duc. Ai fost deja acolo? o întreb. *Igen*, îmi spune Milica și apoi îmi spune în engleză că e la La Valetta o casă, *a big old house*, și pe casa aia se află o inscripție: Aici a stat Napoleon șapte zile. *Nice*, o dau și eu pe engleză, *very nice. Nice?! It's not nice*, zice Milica, cum adică, ăla stă numa' șapte zile acolo și ăia îi trântesc o placă come-morativă și unu' ca noi poate sta și ani de zile și nimeni n-o să-l pomenească vreodată în nicio inscripție. Mda, aici cam trebuie să-ți dau dreptate, zic, lumea asta nu-i un rai al dreptății, vai nouă! În drum spre La Valetta mă așez în microbuz lângă șofer și vreau să-mi pun centura invers, deci ca-n Germania, iar în spatele meu se întrețin două femei într-o limbă foarte ciudată, care sună exact ca poloneza, dar pe care-o înțeleg totuși, dat fiind că are aproape numai cuvinte nemțești; ascult eu ce ascult și la urmă deduc că ar putea fi chiar și germană, cu influențe malteze și poloneze. *Z nămi w Berline*, la noi la Berlin, zice una, *ist genau wie hier w Malta*, e exact ca aici pe Malta, dacă în loc de marea asta din dreapta ar fi acolo Brandenburger Tor și-n loc de câmpia si dealurile astea din jur ar fi aici centrul Berlinului, ai zice că ești aici la Berlin, nu în Malta. Mai merge autobuzul ce merge și uite c-am ajuns în La Valetta. La Valetta e un oraș magic, am văzut acolo multe monumente istorice, dar și mai multe pisici și cândva am băut o cafea la cafeneaua Capri, în centrul orașului, deasupra mării. Există și-o cafenea cu numele Malta pe aici? am întrebat chelnerul. Nu, mi-a răspuns el, pentru asta trebuie să mergeți la Capri. Casa aia unde-a stat Napoleon n-am găsit-o, dar îi spun lui Milica mâine că m-am uitat foarte atent la ea, pe toate părțile, și c-au scos inscripția aia între timp, ca să se bucure.

Düsseldorf

22 decembrie

Gata, m-am întors din Malta la Düsseldorf, dar există oameni, pisici și locuri care nu se uită.

27 decembrie

Ieri, am fost invitat cu Carmen la Luiza și Mirko, sunt prieten cu ei și cu părinții și copiii lor. Luiza și Mirko au cam la 40 de ani, păcat că nu m-am oprit și eu cu evoluția la vârsta asta, dar asta e. Carmen zice că, de fapt, m-am oprit cu evoluția în adolescență, dar ăsta-i banc. Luiza și Mirko au anual, în a doua zi de Crăciun, un *party open house*, vin o mulțime de prieteni, vecini și cunoscuți, care aduc cu ei alți cunoscuți și vecini, ieri au fost vreo 30 de oameni acolo, unii de aici, din Germania, alții din România, Serbia, Anglia, Hong Kong etc. Așa că a fost superfain, de așa ceva am nevoie ca de oxigen, oameni de peste tot, bine dispuși și deschiși, care, dacă-i întrebi cum le merge, efectiv îți povestesc de ce le merge prost. Luiza și Mirko au pregătit în prealabil tot felul de mâncăruri, iar oaspeții au adus fiecare câte ceva cu ei, cum se obișnuiește, fasole bătută, fripturi, sarmale, ștrudel, salate cu garnituri, prăjituri. Prietena mea Vesna, mama Luizei, a adus-o cu ea pe mama ei de 90 de ani, proaspăt sosită de la Belgrad, care la rândul ei a adus cu ea o supă de pui proaspătă, făcută la Belgrad, cu găluște de griș,

cum mâncam eu pe timpuri în România, ce vremuri dom-
nule! Mama tăia puiul în curte cu un cuțit bine ascuțit,
sângele curgea într-o oală și se făcea apoi din el o mâncare
la tigaie cu ouă și cu ficatul puiului, să-ți lingi degetele, nu
alta! Azi la prânz vine nepoată-mea Isabelle cu părinții ei
la noi la masă, dar ea nu mănâncă nici carne de pui, nici
de nimic altceva. Isabelle face luna asta 13 ani și după o
serie de lecții despre nocivitatea cărnii și un referat pe care
l-a ținut ea la școală despre protecția animalelor, a decis
acum un an că ea și părinții ei vor deveni vegetarieni con-
vinși și că nu vor mai mânca *never ever* carne, și ea a res-
pectat cu sfințenie această decizie, dar părinții ei nu, și
acum părinții ei își mănâncă porția lor zilnică de carne pe
furiș. Fiică-mea Andreea mi-a povestit că săptămâna tre-
cută Isabelle a descoperit un pachet de carne de porc la ei
acasă, în fundul frigiderului, în spatele unui morman de
morcovi și castraveți și când Andreea a vrut să desfacă
pachetul, pe el scria: *Was ist denn los? Macht es Spaß das
Fleisch von getöteten Tieren zu essen und danach krank zu
werden?/* „Ce se întâmplă? Vă face plăcere să mâncați car-
nea animalelor ucise și să vă îmbolnăviți după aia?" În fine,
asta-i situația și azi la ora 13 vine Isabelle cu părinții ei la
noi la masă, și-a comandat o mâncare mult răspândită aici,
Chili con carne, dar fără carne, normal! Iar eu îmi voi lua
astăzi masa ceva mă devreme, la ora 12, felul întâi, supă
de vită și felul doi, șnițel de pui, și anume bine închis în
baie, ca să nu risc nimic. Iar spre seară o voi vizită pe Vesna,
vreau să mă întrețin puțintel cu mama ei și să aflu cum
naiba a reușit să transporte supa aia de pui, că lichide în
avion nu mai e voie de mult să transporți.

28 decembrie

Am descoperit recent un *cartoon* făcut după pictura *Țipă-tul* de Edvard Munch, e vorba de strigătul ăla care adună toată disperarea lumii în el și cel care țipă are o căciulă de Crăciun pe cap și stă urcat pe un cântar și tocmai a descoperit că are o groază de kile în plus. Îi înțeleg perfect șocul pentru că prin toată ghiftuiala de sărbători am și eu probleme exact în domeniul ăsta, alaltăieri am fost nevoit să-mi dau o gaură în plus la curea, iar ieri mi-au sărit doi nasturi de la cămașă, care mi-e strâmtă rău. Ajunge, mi-am zis azi-dimineață și am trecut la măsuri concrete, începând de azi țin dietă la sânge, țin regim zero, renunț la hrană complet, căci vreau să scap până la Revelion de cel puțin două kile și după aia, în cursul lunii ianuarie, de încă patru sau cinci. Azi dimineață n-am băut decât o cafea fără lapte și fără zahăr, iar la ora 1, la prânz, n-am mâncat absolut nimic. Abstinența totală și faptul că-ți poți reprima foamea după plac îți dau o senzație super mișto, dar nici nu vreau să exagerez, așa că, pe la ora 2, am luat o mică gustare, întâi salată de vinete și după aia o jumătate de pui la rotisor cu cartofi prăjiți. Însă după aia, desigur, n-am mai mâncat în continuare nimic-nimic, altfel, dieta zero n-ar mai avea niciun sens. În Germania se cinează devreme, eu mi-am luat azi cina la ora 6, mai bine zis n-am luat-o, adică m-am așezat la masă cu Carmen, ea a mâncat doi morcovi fierți, iar eu din nou absolut nimic, doar sarmalele rămase de la Crăciun, care reîncălzite sunt și mai faine, plus două felii de tort cu multă frișcă ca să mă răsplătesc pentru disciplină și consecvență. Și, desigur, am băut multă apă pentru detoxifiere, în formă de bere la draft. Exact cura asta am mai făcut-o și anul trecut, timp de două săptămâni în cap, dar când m-am urcat după aia pe cântar, aveam cinci kilograme în plus, cred că mi-era cântarul stricat, dar dacă figura asta se repetă și anul ăsta, îmi iau alt cântar, mai ca lumea.

29 decembrie

Azi am făcut o plimbare prin Altstadt cu Carmen, apoi am intrat la Rösterei 4, cafeneaua mea preferată din piața primăriei. Cafeneaua e plină ochi, dar găsim printr-o minune două locuri la o masă cu două tinere, cam la 18, 19 ani, care se întrețin chicotind și râzând, din păcate, cu voce scăzută și nu prea înțeleg ce vorbesc. Carmen îmi spune și ea mereu câte ceva, vezi că imediat iar îți torni cafea pe pantaloni și nu mai ies petele-n veci, șezi, te rog, cu spatele drept, nu mai vorbi așa de tare că deja se uită lumea la noi. Eu tac și-mi ciulesc enervat urechile să pricep în sfârșit despre ce vorbesc cele două vecine, dar cu bruiajul ăsta continuu nu prea am șanse. Pssst, fac iritat, și cele două tac dintr-o dată uitându-se speriate la mine, eu le zâmbesc și spun, *nein, nein*, o nu, nu-i vorba de voi, continuați, vă rog, conversația, dar acum ele vorbesc și mai încet și atât de rapid, că nu mai înțeleg chiar nimica. După două, trei minute, cele două se ridică, spun zâmbind larg „la revedere" și pleacă. Apar ca din pământ două femei și întreabă printr-un gest, dacă locurile sunt libere, da sunt, se așază. Una din femei are la 50 de ani, cealaltă, cam la 20, seamănă între ele ca două picături de apă, sunt evident mamă și fiică. *Are you from Düsseldorf?* mă întreabă cea mai în vârstă, *yes, I am*, zic, *and you? We are from London. Oh, from London,* spun eu, *you want to leave us,* vreți să ne părăsiți, și mimez o față îndurerată. *Brexit is shit,* zice cea tânără și cele două se strâmbă de parcă ar fi mâncat trei lămâi fiecare și toți patru râdem. Ne prezentăm, pe mamă o cheamă Helen și pe fiică, Megan. Cum vă place la Düsseldorf, le întreb, *Düsseldorf is great!* spune Helen. *O yes, it's lovely*, spune Megan, am ajuns azi-dimineață cu avionul și stăm trei zile, până miercuri seară. Păi azi e duminică, zic, dacă stați până miercuri seară, stați patru zile. Megan numără pe degete, Sunday, Monday, Tuesday, Wednesday, am zis trei? Aveți dreptate, sunt patru zile. Și unde locuiți? întreb, locuim într-un hotel pe Kölner Straße, zice Helen, Cologne Street, am venit pe jos, am făcut până aici vreo 20 de minute pe jos. De pe Kölner Straße, dacă n-ați fugit, ați făcut până aici pe jos cel puțin o oră, zic eu. *Yes?!* Atunci o oră, zice Helen. Și vi-a plăcut ce-ați văzut? *Oh, yes, it was lovely*, zice Megan. *Lovely?!* zic, păi nu prea e nimic de văzut pe drumul ăsta, *it's horrible*, ați trecut printr-o zonă industrială. Da, zice Megan, *that's true*, nu prea e nimic de văzut pe drumul ăsta. Ca să fiu sinceră, am fost total dezamăgite, *we were really disappointed*. Puțin mai încolo, ies cu Carmen din cafenea, ai văzut ce femei fine sunt englezoaicele, zic, le-ai auzit tu pe astea să mă contrazică? Ia-ți-le ca exemplu! Nu pot să cred, iar ți-ai pătat pantalonii, zice Carmen.

30 decembrie

De alaltăieri, se permite în Germania vânzarea petardelor și pocnitorilor; explozii izolate se aud deja de pe-acum, iar mâine, când se pornește Marea Bătălie Finală, o să-mi astup urechile cu ceară, precum tovarășii de drum ai lui Ulise, și o să mă încui într-un buncăr antiatomic, unde nu pătrund sunetele. Una dintre întrebările esențiale ale filozofiei actuale este: ce cantitate de gălăgie poate să suporte ființa umană? Filozoful Arthur Schopenhauer a răspuns deja în secolul al XIX-lea la această întrebare: „Cantitatea de zgomot pe care poate să o suporte un om este indirect proporțională cu cantitatea materiei sale cenușii".

1 ianuarie

Gata, am supraviețuit și Revelionului, cu auzul relativ intact, și azi după-masă m-am plimbat prin Düsseldorf. Orașul meu se odihnea istovit după o noapte albă, străzile încă erau straniu de pustii, salubritatea făcuse deja fiecare centimetru de pavaj lună, urmele nopții zgomotoase de Revelion dispăruseră cu desăvârșire. Doar în inima orașului vechi, la marea berărie Uerige, o mulțime de oameni își beau berea rece afară, în frig. Asta o fi ajutând contra mahmurelii, mi-am spus, mâine probabil că vor fi cu toții la ORL-ist, după gerul ăsta. În piața din fața primăriei vechi, unde mișună de obicei turiștii, nu era decât un bătrân cu o găleată mare și un dispozitiv metalic cu care făcea baloane enorme de săpun, din pură plăcere. Adică le făcea pentru cei trei copii care apăruseră acolo, fugărind exaltați baloanele până le trimiteau în eternitate: un mic francez, un arab – i-am identificat după limbă – și nepoțelul meu David, care venise cu mine. Chiotele de bucurie ale copiilor din piața pustie aveau ceva îmbucurător și straniu, precum anul care de-abia începuse.

3 ianuarie

Azi am fost împreună cu Carmen și Mara cu mașina în Olanda, la Venlo, un oraș în care ajungi într-o oră plecând de la Düsseldorf, se află la doar 80 de km distanță. Diferența între Venlo și Düsseldorf este că la Venlo întâlnești mai mulți nemți decât olandezi, pe când la Düsseldorf, în perioada asta, vezi mai mulți olandezi decât nemți pe stradă. Venlo este un oraș excelent organizat, cafeneaua Café Central, de pildă, se găsește efectiv în centru, la cafeneaua Grand Café Bonaparte poți să stai efectiv de vorba cu Napoleon, iar la Rub-A-Dup, un pub englezesc numit astfel după un stil de dans jamaican, în care bărbatul și femeia își freacă ore în șir, excitați, șoldurile unul de celălalt, marele Bob Marley, în persoană, începe efectiv să cânte când intri, dar numai dacă ai fantezie, desigur. Cele mai frumoase și simpatice femei din Venlo se găsesc în vitrina shopului Laih, în formă de manechine de plastic, toate zâmbesc mereu și nu te contrazic niciodată și dacă știi să te porți cu ele, ca un lord, le cucerești din prima și prind rând pe rând viață precum statuia lui Pygmalion. Afară a fost foarte frig, așa că, în timp ce Carmen și Mara inspectau shopurile de cosmetică și parfumeriile, eu am început vizita orașului într-o cafenea-canabis, unde am fumat la modul absolut legal o țigară de hașiș, una de marijuana, apoi încă una de hașiș și încă una de marijuana și tot așa mai departe, până a răsărit soarele și au înflorit toate lalelele Olandei la zero grade; și tot acolo mi-am terminat vizita fumând cât zece hippies în anii '60, după care am plecat înapoi în Germania nemaiavând nevoie nici de mașină, nici de benzină, ci zburând lejer în formă de pasăre peste granița, înapoi la Düsseldorf, unde am mai fumat încă două jointuri înainte de a scrie aceste rânduri. Sunt o pasăre, sunt un înger, sunt un curcubeu, pace vouă!

Tot ieri, când m-am întors din Olanda, am găsit în cutia poștală o scrisoare de la mama. Mama stă la Einbeck, în nordul Germaniei, până acolo sunt aproape 300 de kilometri, așa că n-o pot vizita chiar săptămânal și nici să vorbesc la telefon cu ea nu se poate. Am încercat de câteva ori, dar cum mama aude foarte prost, conversațiile telefonice semănau de fiecare dată cu o piesă de teatru absurd de Ionesco sau Beckett, așa că, de-o vreme încoace, mai bine ne scriem. Ultima scrisoare de la mama am găsit-o deci ieri, în cutia poștală, când m-am întors din Olanda, o scrisoare

de hârtie, cu un timbru de 80 de cenți, cu adresa destina-
tarului, deci a mea, scrisă în mijloc și cea a expeditorului,
deci a mamei, pusă în stânga sus, o scrisoare-scrisoare,
care se deschide cu foarfeca, și nu dând clic cu mouse-ul.

Dragă Jan, scrie mama în germană, *scrisoarea ta a ajuns
cu bine, mă bucur că și tu ai ajuns cu bine acasă, încă mă
doare mâna și mi s-a umflat, m-am tot uitat la ceas, după
ce ai plecat, s-a întunecat foarte devreme, pe la cinci vine
azi vară-ta Connie din Sievershausen pe la mine, fii atent
cum umbli cu mașina, nu tot goni ca disperatul, săptămâna
trecută m-a vizitat Bernd, care și-a ras barba, la mulți ani
și fericire, Isabelle seamănă mai mult cu Norbert, dar Bernd
arată acum mult mai tânăr, stai că bate cineva la ușă.* Și
așa mai departe.

Mama are 97 de ani jumate și gândirea ei este încă foarte
clară, chiar dacă stilul scrisorilor ei nu urmează unei rigori
clasice, ci mai curând unei spontaneități și asociații de idei
avangardiste. Scrisorile mamei au o valoare deosebită nu
doar prin conținut, ci și prin faptul că sunt scrise cu mâna.
Dragi copii, a scrie cu mâna înseamnă a da naștere la litere,
cuvinte și cifre și asta complet fără tastatură, chiar dacă
nu mă credeți, există astăzi, încă, oameni printre noi, care
știu să scrie cu mâna. Și eu știu să scriu cu mâna și îi scriu
mamei tot cu mâna și între mama și mine există o com-
plicitate a comunicării când ne scriem cu mâna, recunosc
imediat scrisul mamei, nu trebuie să fiu grafolog pentru
asta. Dar apropo de grafologi, chiar dacă eu nu am deloc
nevoie de ei, ei sunt totuși de o enormă importanță isto-
rică, de pildă, exact acum 100 de ani, în 3 ianuarie 1920,
ninsese toată noaptea la Moscova și dimineața, în fața
Kremlinului, cineva urinase în zăpadă netedă și neatinsă
scriind cu litere de-o șchioapă: Jos Lenin! Mare scandal,
s-au pornit imediat cercetările și n-a durat mult timp până
s-a descoperit făptașul: chimiștii au constatat analizând

compoziția urinei că aceasta îi aparținea ministrului de Externe al lui Lenin, iar grafologii au constatat că scrisul de mână provenea la sigur de la nevasta lui Lenin, ce să mai zici, nimic, așa că închei și vă fac cu mâna.

> **Bruno Mazzoni**: Fantastic! (scris pe laptop)

4 ianuarie

Am fost aseară la film, la cinemateca Metropol, împreună cu Carmen; pe jos, se fac până la Metropol vreo cincisprezece minute și cu mașina, cincizeci de minute, pentru că trebuie să și parchezi înainte de-a părăsi mașina. Deci Carmen și eu am pornit pe jos, fiecare cu câte-o umbrelă, Carmen și-a deschis umbrela pentru că ploua, dar după scurt timp s-a oprit ploaia și Carmen și-a închis umbrela, iar eu am deschis-o pe-a mea, ca să fie gata deschisă în caz că iar plouă. În fine, am ajuns la cinematograf, unde urma să vină și Mara, dar nu pe jos, ci cu mașina, ea fiind masochistă. La Metropol, rula filmul *Knives out!* („Scoateți cuțitele!"), un film polițist cu o distribuție mortală, Daniel Craig în rol de detectiv, plus Jamie Lee Curtis, Don Johnson, Christopher Plummer și alte vedete, prezentările promiteau un film beton, mare suspens, umor englezesc și amuzament cât cuprinde. Metropol e o cinematecă din anii '70, primul film pe care l-am văzut acolo, a fost *Ultimul tango la Paris* cu Marlon Brando, care în filmul ăsta se-ncuie cu Maria Schneider în cameră ca să întreprindă acolo tot felul de acțiuni în doi, extrem de intime, putem zice. Eu fusesem încuiat până atunci în România, nu în doi, ci cu câteva milioane de oameni, dar acum scăpasem, Doamne ajută, pot spune că

vremea aia n-a avut nimic intim. Am luat deci bilete la
Metropol și am intrat în sală și la un moment dat a început
Knives out!, desigur, fără ca Mara să apară, dar i-am ținut
un loc, închipuindu-mi mereu cum va veni nervoasă și gâ-
fâind pe la mijlocul filmului și mă va pune să-i tot explic
cine-i ăla, și cine-i celălalt, și de ce face ăla aia, și de ce
pleacă aia cu ăla și nu cu altul, și numai din astea, iar eu
dându-i chinuit explicații în șoaptă și pierzând complet firul
filmului. În capul meu rula practic un film horror paralel
cu filmul polițist de pe ecran și, cum nu poți urmări două
filme deodată, am pierdut efectiv firul filmului de pe ecran
și am pus-o pe Carmen să-mi explice ce se întâmplă. Pssst!
a făcut lumea din jur uitându-se furioasă la mine în semi-
întuneric, de parcă eu aș fi fost ăla care vorbea tot timpul,
așa că am făcut și eu pssst! și am arătat-o pe Carmen,
căreia i-a sărit țandăra și s-a mutat în alt rând și atunci a
fost în sfârșit liniște. În fine, ca să trag linie, Mara n-a apă-
rut deloc, cred că ea caută și-acum un loc de parcare prin
zona aia, dar filmul a fost supertare, mâine mă duc să-l
mai văd o dată ca să înțeleg cine-i asasinul, dar, bineînțeles,
singur.

5 ianuarie

Azi-dimineață m-am sculat și m-am dus în bucătărie, și
inevitabilul s-a produs. Carmen era deja acolo și, când m-a
văzut, mi-a zâmbit larg și a ciripit entuziasmată „Bună dimi-
neața, amore!" A fost unul dintre cele mai grele momente
din viața mea, mai mult decât pot duce. I-am spus de atâtea
ori că există limite, că nu-și poate permite orice, i-am zis,
unu cu unu fac doi, ascute-ți urechea bine, ce-i așa de greu
de priceput, *dimineața eu nu sunt aici!* Să nu-mi zâmbești,

să nu ciripești, că iese scandal. Iar te-ai sculat cu fundu-n sus, zice, tu până nu-ți bei cafeluța parcă nu ești în toate mințile. Cafeluța! A zis efectiv *cafeluța*! asta m-a destabilizat complet, aici mi-am pierdut în întregime controlul, mi-am luat cafeaua fără să mai zic o vorbă, am trântit ușa ca să marchez o răspântie și dus am fost, căci luasem brusc decizia definitivă să-mi iau lumea în cap, să plec de-acasă numai eu cu câinele, dar după aia am constatat că nici n-am câine, așa că după ce-am ieșit din bucătărie, am intrat pe Facebook. Aici prăpăd și dezastru pe toate canalele: Flori, sori, păsărele, *hugs*, îmbrățișări, inimioare, sărutări, paradisul curat în România, așa că ce să mai zic? Bună dimineața, oameni frumoși! Vă iubesc pe toți laolaltă! OK, îmi pare rău dacă v-am jignit, dar acum chiar că-mi ajunge!

6 ianuarie

Am fost invitat ieri la ziua lui Tudor, care a împlinit fix 80 de ani, Tudor e încă în mare formă, se simte încă foarte tânăr și așa se și poartă, dar timpul trece și încet, încet, băiatul ăsta începe să iasă din prima tinerețe, dar să lăsăm asta, și eu încep să cam ies din adolescență. Tudor locuiește la Düsseldorf, dar trăiește o mare parte a anului în casa lui din Spania, de lângă Valencia, când singur, când cu nevastă-sa Paula. Ziua lui Tudor s-a sărbătorit într-un imens local chinezesc din Düsseldorf, au fost acolo vreo 20 de invitați așezați la o masă lungă, lungă, cam cât Marele Zid Chinezesc, OK, exagerez, hai să zicem doar cât jumătate din zidul ăsta. Vizavi de mine ședea Milan, care-a fugit din Praga în '68, când au intrat acolo rușii, în stânga lui Milan ședea nevastă-sa Tereza, tot cehoaică, iar în dreapta lui ședea o tipă la 40 de ani, Mia, care știa binișor românește.

În stânga mea a stat Carmen, care s-a mutat apoi în dreapta mea și acum s-a mutat fix în celălalt capăt al mesei, lângă Tudor, nu înainte de a-mi tot repeta „Vorbește mai încet, te rog, că mă doare capul și nu mai gesticula atât, că se clatină masa cu mine". Am mâncat supă de alge, creveți cu susan, homar, orez prăjit cu ou, vită cu bambus, pui Shanghai și alte chestii din astea, mă rog, mâncare chinezească de la un bufet imens, cam cât piața centrală din Pekin, dar hai, să nu mint, doar cam cât jumătate din piața asta, și am băut bere blondă germană. Jan, care-i mâncarea preferată a românilor? m-a întrebat Milan. Sarmalele, i-am spus mestecând o pulpă de rață de Pekin și i-am explicat cum se fac sarmalele, pe care le face o dată pe lună soacră-mea și-mi aduce câte-o găleată, două. Deci sarmalele. Și, în afară de asta? a întrebat Milan. M-am gândit o vreme și-am spus: cred că tot sarmalele. Și dacă stau să mă gândesc bine, bine, cred că ar mai fi, în afară de asta, desigur, și sarmalele. Apoi, am adăugat îngândurat, ah da și poate și salata de vinete, dar să nu uităm totuși și în niciun caz sarmalele, și astea fiind spuse mi-am terminat porția de *chop-suey*. Dar știi ce-mi place cel mai mult și mai mult la voi, la Praga? Berea, am spus, și Milan a dat fericit din cap și eu i-am explicat că am băut la bere cehească în prostie cot la cot cu bravul soldat Svejk în spelunca U Kalicha, zeci de cisterne de bere, dacă nu sute, și că-l cunosc bine și pe Milan Kundera, care stă acum la Paris și cu care sunt prieten la cataramă, chiar dacă el precis n-a auzit niciodată de mine. Și tu unde stai? am întrebat-o pe Mia și Mia mi-a povestit că e de origine din Arad, dar că stă de vreo zece ani la Duisburg și o parte din an, în Sicilia. *Dio mio, pizza siciliana*, a spus Milan entuziasmat, *pomodoro, formaggio caciocavallo*, aș putea să mănânc oricând pizza. Dacă mănânci pizza la prânz în Italia, zic italienii că nu ești în toate mințile, l-a domolit Mia, ei nu mănâncă pizza decât seara. Păi vedeți, am strigat eu plin de entuziasm și terminându-mi banana caramelizată cu miere, sarmalele poți să le mănânci oricând, nimic pe lume nu-i ca sarmalele! Cineva m-a bătut pe spate, când m-am întors, era Carmen, complet istovită după drumul lung străbătut de la celălalt capăt al mesei – vorbește te rog mai încet, a spus, că Tudor stă lângă mine, dar nu înțeleg ce spune.

8 ianuarie

De ani de zile tot vreau să mă apuc de sport, dar mereu mi-am găsit tot felul de scuze, însă anul asta, gata, m-am pus pe treabă. Deja pe 2 ianuarie, de cum s-au deschis magazinele după sărbători, m-am dus țintă la shopul-sport și i-am spus vânzătoarei ce am de gând. Și la ce sport v-ați gândit? m-a întrebat ea. Habar n-am, ce-mi recomandați? am întrebat-o. Jogging, mi-a spus ea fără ezitare, ăsta-i sportul ideal pentru omul modern, te ține mereu în formă și elimină stresul la sigur. Super, am zis eu bucuros, și cam ce-mi trebuie pentru jogging? Tipa mi-a explicat foarte amabilă ce-mi trebuie și, urmându-i atent sfaturile, am achiziționat o serie de articole indispensabile pentru jogging, printre care o pereche de pantofi jogging pentru teren moale, o pereche de pantofi jogging pentru asfalt și două perechi pentru teren accidentat, trei perechi de pantaloni de jogging, două geci jogging high-tech, două căciuli de jogging și două umbrele pe care mi le pot atașa – când una, când alta – de geacă, în caz că plouă și uit căciulile acasă. Veți face progrese rapide la jogging doar reînnoindu-vă cât se poate de des echipamentul, mi-a spus vânzătoarea, vă aștept cu drag peste cel mult o lună, a încheiat ea urându-mi baftă.

Mulțumesc mult, i-am spus și m-am îndreptat spre ieșire, unde, într-un raft pe stânga, lângă un expander, am mai descoperit un cronometru digital prevăzut cu un telefon cât unghia, care măsoară până și sutimile de secundă. În plus, te poți scufundă cu el în orice fel de lac sau în mare, până la o adâncime de 300 m, și dacă ieși prea repede la suprafață, emite un piuit de alarmă. L-am cumpărat pe loc, normal, dacă tot mă apuc de jogging, mi-am zis, e bine să-l am și pe ăsta. Am părăsit deci shopul cu trei sacoșe pline ochi, fugind deja de pe-acum, în avanpremieră, și la primul colț l-am întâlnit pe amicul meu Alfred, un băiat cam aiurit și tembel, care s-a prăpădit de râs când mi-a văzut achizițiile. Cică m-am lăsat fraierit și mi-au băgat ăștia pe gât tot felul de tâmpenii de care nu am nevoie. Ce știi tu, mă, cu ce se mănâncă joggingul, i-am spus, vai de capul tău, și am fugit mai departe. A doua zi, m-am sculat dis-de-dimineață, mi-am băut cafeaua, apoi mi-am îmbrăcat echipamentul de jogging și am stat cu el juma' de oră în fața oglinzii, ca să mă obișnuiesc cu noua situație, arătam super! După aceea, m-am dus cu tramvaiul la librăria din centru, unde am cumpărat cartea *Schimbă-ți viața cu joggingul*, are peste 300 de pagini, și am citit-o cap coadă până la două noaptea. A treia zi, m-am așezat pe canapea și m-am uitat la două DVD-uri despre jogging, după aia am mâncat trei banane pentru potasiul și magneziul pe care-l conțin, care sunt indispensabile la jogging, plus trei batoane proteice pentru mușchii de la picioare. Și ieri m-am dus cu cronometrul în parcul din fața casei ca să-l testez în condiții practice, măsurând următoarele date: un câine lup a reușit să fugărească o tipă care făcea jogging, o dată complet în jurul parcului, în numai 2 minute, 23 de secunde și 4 zecimi, iar un dulău cât casa s-a năpustit turbat asupra unui jogger, motivându-l să se cațere în vârful unui arțar imens, în doar trei secunde și două zecimi. La joggerul ăsta, săracu', m-am tot gândit ieri toată ziua, după care azi-noapte am avut un coșmar; se făcea că, în timp ce alergam relaxat într-o pădure, m-a atacat un ciobănesc german uriaș, cât muntele. Normal c-am intrat în panică și c-am sărit într-o parte, acțiune prin care am căzut din pat, dislocându-mi glezna stângă. Așa că, adio jogging; na și? Sportul ăsta, oricum, nu prea era de mine.

Alta Ifland: Eu zic că dacă ai putea găsi un agent literar inteligent, cartea care va include într-o zi toate aceste vignette ar putea deveni un bestseller internațional, fiindcă cred că la ora actuală nu este cetățean din lume – în afară de cei de prin Amazon sau zone rurale izolate – care să nu le înțeleagă și, deci, să le poată aprecia. Problema e că „agent literar inteligent" e un oximoron, sper să nu mă audă vreunul acum. Dar, cine știe, poate în Germania o fi vreunul.

10 ianuarie

Când mă scol dimineața, întâi și-ntâi beau un pahar de apă și asta am făcut-o și astăzi, și după aia m-am dus în baie să fac duș și să mă spăl pe dinți și m-am tot gândit la această minunată și indispensabilă băutură; și acum tot la apă și la proprietățile ei îmi stă gândul. Nu cred că trebuie să fi urmat vreun opțional de fizică pentru a ști că omniprezentul lichid atinge punctul de fierbere la 100 de grade Celsius și dacă amicul meu Alfred afirmă sus și tare că apa fierbe la 90 de grade, vorbește prostii, căci la 90 de grade, după cum știm cu toții de la orele de geometrie, nu fierbe apa, ci unghiul drept. Apa se poate defini pe scurt ca acel lichid insipid, inodor și incolor, care, când ne spălăm cu el pe față, se înnegrește treptat. De mic copil m-a impresionat apa, când eram puști și am fost prima dată la Marea Neagră, am fost de-a dreptul înnebunit, nu mai văzusem niciodată atâta apă deodată. Și dacă te gândești că nici nu vedeam totul, ci doar partea de la suprafață! Nimic nu-i mai enervant decât să ți se oprească brusc apa caldă când stai sub duș, dar pentru așa ceva se pot lua măsuri de prevedere; englezii, de pildă, congelează apa caldă și, când au nevoie de ea, deschid congelatorul și-o scot de-acolo și folosesc din ea cât le trebuie, iar eu acum mă duc să-mi beau cafeaua, care tot cu apă se face.

11 ianuarie

Aseară am fost la *tertulia*, întâlnirea lunară a cercului de spaniolă, la Langenfeld, în localul croat cu numele nemțesc Passage Stube, la 25 km de unde stau. M-am dus cu mașina, era pe la ora 19, *rush hour*, ora de vârf, mii de mașini pretutindeni; și eu care mă simțisem atât de singur în ultima săptămână, ce prostie! *You never drive alone*, ci bară la bară. Am făcut cam o oră jumate pe 25 de km, data viitoare mă duc pe jos, normal! Apropo de mersul pe jos, la *tertulia* au venit vreo zece oameni de data asta, printre care și prietenul meu Bill, pe care nu-l mai văzusem de vreo jumătate de an și care mi-a povestit că a fost într-un pelerinaj de-a dreptul magic. A mers pe jos și a făcut vreo 300 de km în zece zile, plecând din Porto, Portugalia, anul trecut, în iunie. E vorba de pelerinajul la mormântul Sfântului Iacob, la Santiago de Compostela, Spania. Bill e american din Texas, deci un cowboy exilat în Germania, care le predă nemților spaniola și de aia îl somez în spaniolă la fiecare *tertulia* să-mi arate pistolul și calul. *Donde esta tu pistola y tu caballo, cowboy?* Dar îmi răcesc gura de pomană. Însă aseară,

Bill a venit efectiv călare, dar nu pe cal, ci pe bicicletă, fiind înarmat cu un smartphone de 128 GB, în care erau salvate o groază de poze din timpul pelerinajului, pe care parțial ni le-a arătat, în timp ce noi am băut vin alb și roșu. În mai toate pozele, în afară de peisajul superb, apăreau bărbați și femei, dar mai mult femei, tineri și tinere, dar mai mult tinere, spanioli, dar mai mult spanioloaice, italience, nemțoaice, franțuzoaice etc. toate una și una, zâmbind și râzând bine dispuse, una îl ținea pe Bill de mână, pe alta o ținea Bill de mână, pe alta, de braț sau de după cap, pe alta, de mijloc, cu alta era *cheek to cheek* prostindu-se și scoțând limba și așa mai departe. Pelerinajul la mormântul Sfântului Iacob, pe acest Camino de Santiago, este o experiență spirituală absolut unică, de-a dreptul mistică, îți schimbă viața din temelii, mi-a explicat Bill, poți medita la sensul vieții în singurătate deplină. Vreau să mă întorc acolo neapărat, *voy a volver*, a spus Bill, cel târziu de *Semana Santa*! Da, te înțeleg, i-am spus eu privind gânditor în zare, dar ce te faci, *amigo*, dacă vrea să te acompanieze și nevastă-ta? Și toți au început să râdă. De ce-or fi râzând ăștia, am întrebat uimit, *el vino, amigo, el vino* le-a luat vinul minții, a spus Bill ducându-și arătătorul la ochi și făcându-se că ne zboară la toți pe rând creierii descompuși de băutură. Extraordinar cowboy-ul ăsta, domnule, cred că mă duc să meditez cu el la Santiago.

12 ianuarie

Ieri, am vrut să fac ceva cu totul și cu totul trăsnit, așa că am fost la la Mayersche Buchhandlung, cea mai mare librărie din Düsseldorf, nu că să cumpăr cărți, ci ca să beau o cafea. Am fost acolo cu nepotul meu David, de cinci ani,

nu că să-l duc la cărțile de copii, ci ca să se dea pe tobo-
ganul care se află acolo, între parter și subsol. Însă, intrând
la librărie, David s-a dat nu o dată, ci de cel puțin zece ori
pe tobogan, ceea ce, ca să fiu sincer, m-a supărat cam tare
pentru că e nedrept ca adulții să nu poată folosi și ei to-
boganul. Toboganul e în formă de tub și ca să poți intra în
el, trebuie să ai cel mult 1,30 m, David are norocul să aibă
doar 1,25 m, dar eu, din păcate, am 1,82 m. Am urcat apoi
la etajul trei, cu scările rulante. Ajunși sus, David a făcut
stânga-mprejur și a vrut să coboare din nou la tobogan, dar
l-am prins în ultima clipă de gulerul de la geacă. La etajul
trei se află o cafenea uriașă, cu multe cărți de jur-împrejur
și o tejghea, la care m-am dus cu David. Am comandat un
cappuccino și un fondant cu ciocolată pentru mine, iar
David și-a dorit un suc de mere și un *cheese cake*. *Cheese
cake* e un cuvânt englezesc, nu știu cum se traduce în ro-
mână, dar în germană se traduce prin *cheese cake*, limba
germană e foarte simplă și dacă evoluează astfel in conti-
nuare, va fi acuși identică cu engleza. Am stat și-am așteptat
ca băiatul de la tejghea să-mi prepare cafeaua, uitându-mă
fascinat la luminițele pâlpâitoare ale automatului, timp în
care lui David i s-a făcut din nou, brusc, dor de tobogan,
dar am reușit să-l prind din nou de gulerul de la geacă,
chiar înainte de-a porni în jos cu scările rulante. Ne-am
așezat apoi la singura masă liberă, David, pe un fotoliu, eu,
pe un scaun. Cafeaua avea o aromă minunată, așa ceva
nu se da pe gât ca palinca, ci se savurează, așa că am băut
încetișor doar jumătate de ceașcă, David și-a băut sucul
de mere, apoi și-a savurat din plin *cheese cake*-ul, adică
l-a înghițit cât ai bate din palme. După aceea, i-am dat să
guste din fondantul meu cu ciocolată, care i-a plăcut și mai
mult decât *cheese cake*-ul, așa că am putut să fac și ieri
dietă. Apoi, ne-am zis, hai să facem puțină mișcare, așa că
am lăsat juma' de cafea pe masă și paltoanele pe scaun și

am dat o tură scurtă cu David pe la etajul trei, ca să ne uităm la mesele cu cărți și să ne luăm fiecare câte-o carte cu poze. Eu mi-am luat o carte cu poze despre yoga, iar David și-a ales o carte cu poze despre Wing Chun, ce-o fi asta, m-am întrebat, ăsta-i un sport asiatic de lupta asemănător cu Kung Fu, pe care-l facem noi acum la grădiniță, mi-a explicat David. Apoi, când ne-am întors cu cărțile cu poze la masă, ia cafeaua de unde nu-i, deci m-am dus la tejghea, ah, credeam c-ați plecat, a spus băiatul. Nu plecăm noi fără fular și palton c-afară-i frig, am spus eu simulând tremuratul și băiatul a râs și mi-a mai făcut o cafea pe gratis. Băiat bun ăsta, cu el pot face economii, m-am gândit și i-am dat bacșiș de două cafele și lui David i-am mai cumpărat un fondant cu ciocolată, iar el l-a mâncat cât ai bate din palme, apoi a luat-o la goană în direcția toboganului, iar eu l-am prins de guler, chiar lângă scările rulante, având tot timpul, nu știu de ce, senzația bizară de déjà vu. După aceea, ne-am întors la masă și ne-am uitat la poze, fiecare în cartea lui, iar eu am făcut în minte câteva exerciții de yoga din categoria *Asana*, așa cum indicau pozele. Am absolvit mental rând pe rând pozițiile *Padmasana/* Lotusul, *Chaturanga/*Scândura și *Vrksasana/*Pomul, iar David a executat nu doar în minte, ci și în realitate poziția *Adho Mukha Svanasa/*Câinele care se uită spre podea, intrând în patru labe sub masă. După ce l-am scos cu chiu cu vai de acolo, mi-a mai arătat câteva mișcări de apărare Wing Chun și am pornit relaxați spre ieșire. Pe drum, ne-am oprit la un perete enorm cu bestselleruri, eu am inspectat raftul de sus, iar David, pe cel de jos, unde-a găsit o carte foarte interesantă despre Wing Chun, ce surpriză! Eu m-am uitat și m-am tot uitat cu atenție la cărțile de groază expuse la înălțime, erau acolo cărți despre vampiri, strigoi, monștri mânjiți cu sânge, vârcolaci, *zombies* cu drujbele pornite, mă rog, acțiuni din astea absolut normale. Dar la urmă de tot, am dat acolo de-o carte care n-are ce căuta nici măcar ascunsă într-o librărie, în care pot intra și copiii, o carte horror care deja din titlu produce coșmaruri: *Fünf Tage offline/* „Cinci zile offline". *Oh, my god, what's that!* am strigat în germana modernă, cinci zile fără Internet! E dincolo de orice imaginație, există totuși limite, Dumnezeule mare! Și, panicat, l-am apucat pe David de mână, scoțându-l târâș din librărie, nu înainte de a-l lasă să se dea de vreo zece ori pe tobogan, desigur.

Veronica Lerner: Excelentă scriitură!!!!!

13 ianuarie

În weekendul ăsta a fost David la noi și, după legendara vizită de sâmbătă la librărie, am avut ieri o duminică muzicală, ca să zic așa. Întâi, am vrut să mă duc cu David la un concert de muzică simfonică, dar după aia mi-am amintit că la toate concertele simfonice dirijorul stă mereu cu spatele la public și am renunțat, ca să nu se învețe copilul cu maniere proaste. Am preferat să mă plimb cu băiețelul prin Altstadt, orașul vechi, unde la un colț de stradă, am dat de Pepelu, un chansonier neamț din Köln, cu plete romantice, umblat prin sudul Franței, care l-a interpretat pe Georges Brassens atât de fidel, încât m-a apucat cheful de revoluție și brusc am început să-i înțeleg pe francezi c-o țin de luni de zile tot într-o grevă și că vor să iasă la pensie încă înainte de-a începe să lucreze. Așa le trebuie nemților, să lucreze ei până la 80 de ani dacă numai mașini au în cap și n-au nici un pic de Mediterană! Am cântat deci nițel cu Pepelu, i-am dat două monede de doi euro și apoi ne-am întors acasă, unde eu și David am dat noi înșine un concert rock nostalgic, trecând de la Brassens la Rolling Stones, o treabă simplă ca bună ziua, pentru că eu știu să cânt la *air guitar*/chitara de aer mai bine decât Keith Richards la cea adevărată, iar David este un solist vocal care-l bagă pe Mick Jagger în buzunar la gonitul și săritul pe scenă. Am interpretat *I Can't Get No Satisfaction* cu YouTube dat la maxim în background, până au început vecinii să-și piardă controlul și să delireze mai ceva ca publicul de la Hyde Park, în '69, bătând înnebuniți în tavan și-n podele. Ce să mai zic, *great fun* pe toată linia. Și apropo de Rolling Stones, băieții ăștia arătă tot mai bine și mă fac să mă simt tânăr. Poate apare prin ei acuși moda antibotox și vin ridurile la modă, aș fi în contextul ăsta cel puțin la fel de tânăr ca David.

15 ianuarie

Vreau să schimb poza de profil pe Facebook, fac câteva selfie-uri și mă uit la ele. Așa arăt?! Așa arăt?! Vaaai! Dumnezeule, n-aș fi crezut că arăt așa! Ăsta sunt eu, eu sunt ăsta?! Nu pot să cred, nu pot să cred că eu sunt ăsta! Le șterg repede că mă fac de panaramă cu ele, am ieșit ca-n oglinzile alea deformante din filmele mute. Stai, că mă pun în colțul celălalt, să cadă lumina din față, clic! Vaaai! Nici acum nu iese, în realitate eu nu arăt așa, în realitate eu arăt foarte mișto, arăt super. Super pe dracu! Hai, *slow down*, calmează-te, uite aici alte poze, poze giugiuc, urgie în folderul ăsta, uite aici poza asta din '82, aș putea s-o iau pe asta ca poză de profil. OK, e cam mult de-atunci, mda, dar sigur că mă reprezintă, păcat că numai din spate, dar uite aici o poză foarte recentă, din '95, o poză țâță de mâța.

Vaaai! Sunt 24 de ani de-atunci, băi frate, rămân interzis, sinistru! Nu-s eu ăla să laude ziua de ieri, dar acum 30 de ani aparatele alea normale de făcut poze erau rupere, rămâi că la dentist când te uiți la pozele alea. Bună dimineața, oameni frumoși, ce-am vrut să zic de fapt, voi cum naiba faceți ca să fie bine? Eu am încercat și cu poze normale, nu doar cu selfie-uri, dar tot aia iese.

> **Radosława Janowska-Lascăr**: Dragă Jan, ți-am mai zis: lumea, inclusiv eu, te iubește NU pentru cum arăți! Așa că orice poză pui, tot te iubim (inclusiv eu), n-ai scăpare!
> **Jan Cornelius**: Cum arăt, credeam c-arăt bine!

16 ianuarie

Vin aseară pe la ora 4.30 cu bicicleta în drum spre casă, urcând dealul, mă rog, vorba vine, că la Düsseldorf nu prea sunt nu știu ce dealuri, ba chiar deloc, deci urcând o pantă de, hai să zicem vreo zece grade, poate chiar 11. Și încet-încet începe să se-ntunece și mie nu-mi funcționează lumina la bicicletă, sper să nu vină acum vreun polițist, îmi zic, și să mă-ntrebe de ce nu-mi funcționează lumina, îmi zic, și ridic brațul stâng arătând că vreau s-o iau la stânga și, din direcția contrară, iată că vine un polițist cu motocicleta. Oprește exact lângă mine; acum urmează momentul pedagogic, îmi zic, și polițistul se uită fix la mine și mă opresc și eu și mă uit fix la el. Și uite așa, stăm noi ce stăm și ne tot uităm fix unul la altul, niciunul nu zice nimic, dar deodată polițistul zice: totul OK? Totul super, zic eu, dar mai mult nu zic și nici el nu zice nimic, dar după aia, aveți nevoie de ajutor, zice polițistul. Nu, zic, din fericire nu, și dumneavoastră? Păi, mi-ați făcut semn să mă opresc, zice polițistul, de parcă aș fi eu, și nu el polițistul, ăla care face semnele de oprire. Ah, zic, eu? Eu?! Da, cu mâna. Ah nu, nu v-am făcut semn cu mâna, am arătat cu mâna doar că vreau s-o iau la stânga. Ahaaa, așa deci, zice polițistul, da, zic eu, așa. Și polițistul dă gaz, o zi bună, zice, și-o ia la vale, o zi bună zic și eu, și-o iau la deal, vorba vine.

17 ianuarie

Am fost în vizită la fiică-mea Andreea, stă cu familia la țară, la 30 km de Düsseldorf, casă mare, gradină imensă, cu mulți pomi și-o pajiște mereu verde. Și dacă tot sunt pomi pe-aici, și-a zis Andreea, ia hai să-mi iau și-un câine, dat fiind că un câine înconjurat de pomi se simte ca peștele-n apă, nu ca-n bancul ăla cu câinele-n deșert, care fuge, și fuge, și fuge și la un moment dat zice disperat, dacă nu dau rapid de-un pom, fac pe mine. OK, dar ăsta-i banc, Andreea n-a luat, de fapt, câinele pentru că are pomi, l-a luat pentru copii, pentru Isabelle și David, și mai ales, l-a luat pentru ea însăși. Și câinele asta-i un pudel flocos, negru ca smoala și maro-roșcat pe la extremități și se numește Feli de la Felicia, deci e, de fapt, o cățelușă. Lângă casa Andreei se află o altă casă, în care stă Joanna. Joanna are și ea, ca Andreea, un soț, doi copii și-un câine, care-i tot cățelușă, o corcitură maro-roșcată și neagră la extremități, numită Daisy. Joanna și familia ei au venit acum trei ani din Polonia, dar Daisy e proaspăt venită, a sosit abia acum trei săptămâni în Germania, a adus-o Joanna cu ea când a fost să-și vadă familia de Crăciun, în Polonia. Daisy este, ca să zic așa, un imigrant proaspăt, spre deosebire de Feli, care are cetățenia germană prin naștere și e nemțoaică get-beget, cu acte-n regulă. Daisy a învățat să latre în Polonia și când latră se observă un puternic accent estic, diferit de accentul lui Feli și al câinilor din Germania. Știu exact ce spun, pentru că după ce-am parcat ieri dimineață în fața casei Andreei, a apărut imediat și Joanna cu Daisy în brațe, să mi-o prezinte, uite, Jan, asta-i Daisy, are două luni și am adus-o acum trei săptămâni din Polonia. Vaaai ce câine drăguț, vaaai, ce câine dulce! Formidabil! am spus, și în timpul asta Daisy lătra de mama focului, cu un accent total diferit de cel al lui Feli, care era și ea tot pe-acolo lătrând ascuțit, ciulindu-și agitată urechile și dând înnebunită din coadă. Dar de ce tremură așa, micuța de ea? am întrebat-o pe Joanna, căci Daisy tremura că frunzulița-n vânt în brațele ei, dârdâia de numa-numa. I-e frică de Feli, a spus Joanna cu o mină profund întristată, ha ha, a spus Andreea, glumești, Feli este un câine total pașnic, n-ar face rău nici unei muște. Da, dar când s-au cunoscut acum trei zile, a lovit-o de două ori pe Daisy cu laba, a spus Joanna. Pardon, cu lăbuța, a spus Andreea, și nu a lovit-o, ci a mângâiat-o de bun venit. Halal bun venit, a spus Joanna, hei, ce se întâmplă, am spus eu, e ridicol să vă certați pentru o poveste ca asta, problema-i, în realitate, cu totul alta, eu cred că Daisy tremură pentru că se teme că nu-i dau ăstia aici buletin de Germania. Ha ha, nu-i trebuie, a râs Joanna, Polonia e în UE, așa că are aici până și drept de muncă, apoi s-a dus cu Daisy în brațe acasă, nu înainte de a-i face Andreei cu ochiul. Iar eu m-am așezat pe terasă și am băgat povestea asta în laptop. Tu tot timpul butonezi, ești mai rău decât Isabelle, a spus Andreea, și uite așa povestea s-a terminat cu tonuri critice si s-a dus naibii happy-endul.

18 ianuarie

Astăzi, m-am sculat cu noaptea-n cap și stau de la șase fix bând o cafea după alta tot așteptând să mi se întâmple ceva tare ca să am ceva fain de povestit, dar degeaba. Așa că mă las pradă amintirilor și stau și mă tot gândesc ce frumos a fost acum doi ani, în septembrie, când am zburat cu avionul de la Köln la Iași și în avion am întâlnit-o pe prietena mea Antonia din Barcelona, traducătoare de literatură română în catalană. Și am tot stat de vorbă cu ea și ea cu mine, și după ce-am coborât amândoi din avion, am plecat cu taxiul și când am ajuns în camera mea din casa „Adela" de la Muzeul Literaturii și am vrut să-mi pun laptopul în priză, acțiunea a dat greș pentru că nu mi-am găsit laptopul și mai că n-am luat-o razna. L-oi fi uitat în taxi? m-am întrebat, și după scurt timp am găsit taximetristul care mă dusese de la aeroport în oraș, dar laptopul nu era în taxi și Antonia, pe care-am sunat-o cu mari speranțe, nu știa nici ea unde este. Și apoi s-a pornit o acțiune de căutare ca-n filme, în care s-a angajat tot personalul muzeului și Iașul a fost răscolit temeinic, fără rezultate pozitive. Așa că a doua zi dimineața, i-am pus laptopului cruce și spre prânz am sunat profund deprimat în Germania, la vecina mea Jessica, s-o întreb de un psihiatru bun, pentru că ea se pricepe la psihiatri, și ea mi-a spus că uitasem laptopul, de fapt, acasă. Îl văzuse ea pe biroul meu, când intrase să ude florile, Carmen era în timpul ăsta în Spania, vai ce ne-am bucurat cu toții, dar nu multă vreme. Exact a doua zi, pe la zece jumate, m-a sunat Jessica spunându-mi că în noaptea trecută îmi intraseră hoții în casă furându-mi laptopul. Tare sfârșitul, nu? O adevărată bucurie! Dar după o lună, au prins hoțul și eu am tradus din română-n germană când l-au interogat la poliție și uite așa mi-am recuperat laptopul, care era încă la el, incredibil!

Și acum îmi termin cafeaua și apoi mă duc să-mi pun un bec nou în bucătărie, dacă am noroc, pic de pe scară și iese o povestire tare.

> **Georgiana Mușat**: Îmi amintesc întâmplarea. Între timp, ai pierdut și avionul, tot la Iași. Ce mai urmează?
>
> **Ioana Scoruș**: Uneori, mai că-mi vine să te-ntreb unde ești tu când ți se întâmplă toate astea, adică unde e mintea ta.
>
> **Mădălina Piț**: Textele dumneavoastră sunt delicioase!
>
> **Geta Thais**: Te citesc cu drag. Și atunci când nu se ntâmpla nimic, tot ai ceva de povestit. Așa că mai scrie... că tare ne place.
>
> **Dana Andreea Neagoe Focsa**: Toate textele dumneavoastră sunt minunate!
>
> **Elena Mariana Vermeșan**: Scrie, scrie că vezi că nu numai eu aștept o nouă carte!... Hai, că poți!
>
> **Ema Boldur**: Ați descoperit secretul fericirii: tratează fiecare clipă cu simțul umorului.

20 ianuarie

Ieri, pe la ora prânzului, Dan Lungu a relatat pe Facebook că, fiind cu un prieten pe stradă la București, a întâlnit o doamnă și prietenul a vrut să i-l prezinte pe Dan Lungu doamnei și doamna a spus, îl știu pe domnu', îl predau la a doișpea; doamna era, evident, profesoară de română. Asta-mi amintește de o întâmplare la Târgul de carte de la Frankfurt. Acum câțiva ani, într-o seară, plecând cu Dan, scurt, după ora închiderii de la Târgul de carte din Frankfurt – toți plecaseră deja, doar noi întârziaserăm la standul polonez, la un păhărel de vorbă – mi-am amintit

brusc că a două zi trebuia să-l prezint pe Dan publicului
german, dar că-i uitasem cartea tradusă de mine-n ger-
mană la Düsseldorf. Uite-ți acolo cartea, hai să luăm un
exemplar cu noi și mâine, după prezentare, o punem la loc,
i-am spus lui Dan arătându-i *Sînt o babă comunistă!* pe un
raft al standului românesc. Zis și făcut, Dan a luat cartea
punându-și-o frumușel în geantă, apoi am pășit voioși spre
ieșire, dar n-am apucat să facem decât trei pași c-au apărut
ca din pământ două namile de la *security*, paza târgului.
Guten Abend, aveți asupra dumneavoastră obiecte care
nu va aparțin? ne-au întrebat în germană. *Nein*, nu, am
spus eu clar și răspicat, și mai ales iritat. Deschideți-vă, vă
rugăm, genţile, le-am deschis, în geanta mea nu era decât
un măr și câteva foi de hârtie, plus pixul, dar în geanta
lui Dan era al naibii de vizibilă o carte. *Was ist das*, ce-i
asta? *This is my book*, asta e cartea mea, a spus Dan în
engleză, că germană nu prea știe. Ba nu-i cartea dumnea-
voastră, v-am văzut când ați luat-o de-acolo, avem înregis-
trarea pe camera de supraveghere. *Nein, das ist wirklich
sein Buch*, ba nu, e într-adevăr cartea lui, am spus eu, *er
hat es perönlich geschrieben*, el cu mâinile lui a scris-o și
le-am arătat tipilor poza lui Dan de pe coperta a patra. *Und
jetzt gehen wir, let's go*, am adăugat făcând un pas spre
ieșire, *halt*, nu plecați niciunde, altfel chemăm poliția. *Aber
ich bitte Sie*, dar vă rog domnilor, am spus eu, uitați-vă,
vă rog, bine la omul ăsta, le-am spus, îl vedeți? Și acum
uitați-vă, vă rog, la afișul ăla cât casa, de la standul româ-
nesc, din față, sunt una și aceeași persoană. Nu ne intere-
sează, au spus calmi și siguri de ei tipii de la *security*, cred
că deja ne vedeau cu cătușe. Cu chiu, cu vai am putut să-i
înduplec într-un târziu să-și cheme la fața locului șeful,
deci a venit șeful și l-a comparat pe Dan cel în carne și
oase cu afișul cât casa de la standul românesc și apoi cu
coperta a patra a cărții. Mda, a spus el relativ sceptic,

într-un târziu, un pic seamănă, deși domnul de pe copertă e mai subțirel și n-are nici ochelari, nici început de chelie. I-am tradus asta lui Dan, mda, a spus Dan, tipul ăsta-mi strică efectiv dispoziția, să se uite întâi la el și eu i-am tradus asta șefului astfel: am fost pe timpul pozei mai tânăr, *ich war noch etwas jünger*. S-a mai uitat șeful o vreme suspicios la noi și la poze, a mai stat ce-a mai stat el pe gânduri, OK, puneți cartea de unde ați luat-o și să nu se mai întâmple, la revedere. Zis și făcut, am pus cartea la locul ei și-am plecat cât am putut de repede, savurându-ne din plin libertatea. Cu tine tot din astea mi se întâmplă, mi-a scris Dan ieri, amintindu-și de povestea asta, ei bine, exagerează, nu ni s-au mai întâmplat din astea niciodată, cu excepția numeroaselor cazuri când am fost împreună.

> **Dan Lungu:** Este atât de frumos povestit, încât nici nu mai contează cât e adevărat și cât nu.

21 ianuarie

Prietena mea Ioana Scoruș scrie o nouă carte, din care a publicat azi un scurt fragment pe Facebook, citez din povestirea protagonistei: „Spălam vase cu simțul răspunderii. Mă angajasem la un hotel în Paris și acolo spălam vase... Le spălam cu buretele înmuiat în detergent lichid, le frecam bine, le limpezeam, le puneam la scurs și abia apoi le lustruiam ca pe argintărie, așa cum văzusem că se procedează în filmele de epocă englezești", Vreo oră după ce-a postat asta, Ioana scrie disperată la comentarii: „Oameni buni, e o ficțiune, nu îmi mai scrieți în privat să-mi spuneți cum e cu detergentul de vase și cu spălarea responsabilă a farfuriilor!" Ioana, Ioana, ești o fată de treabă, dar greșești cumplit neurmând sfaturile celor care vor să te ajute! Eu aș modifica în locul tău, totuși, textul, aș pune protagonista să folosească detergentul Pril, e un detergent clasic, e cel mai folosit aici în Germania și nemții știu cum se face curat, crede-mă! În plus, acum au o ofertă specială, aici, la Aldi, pachete combi, două sticle de 750 ml la preț de una! Câte sticle să-ți iau ca să le dai protagonistei tale, să nu se mai chinuie atâta?

22 ianuarie

Sunt în tren, în drum spre Stuttgart. Un tren bizar, a plecat efectiv pe linia și la ora programată! Toți zâmbesc, multe locuri, libere. Chiar au trecut doi tipi surâzători, în uniforme albastre, servind cafea. A venit controloarea zâmbind timid, pe fața ei se citea părerea de rău că sunt, din cauza ei, nevoit să-mi bag mâna în buzunar pentru a scoate biletul. Iertare, dacă nu doriți, nu trebuie să mi-l arătați, părea a spune și mi-a zâmbit fericită când totuși i l-am arătat. Lângă mine, un cuplu tânăr, frumos, cu o fetiță de vreun an, dulce ca o bombonică, care nu țipă, nu dă cu pumnii în pereți, doar gângurește. O cheamă Leyla, sunt convins că părinții i-au ales numele după unul din songurile mele preferate, chitară și voce, Eric Clapton. Afară e o ușoară ceață, din care în orice secundă se pot ivi îngeri. Și totuși, am simțit înainte o senzație de panică. Smartphone-ul meu nu mai era pe masa din fața mea și nici în vreunul din buzunare. Noroc că-l țineam în mână, normal că nu mi-am dat seama, mă concentram să scriu exact textul ăsta pe el.

24 ianuarie

Aseară, am avut spectacol la Stuttgart cu grupa de folk american Four Potatoes, care nu sunt patru, ci șase. Atmosfera a fost super, problema a fost că publicul a fost nedisciplinat și m-a întrerupt mereu cu hohote de râs. Un tip din public m-a întrebat în pauză la modul foarte serios dacă sunt neam cu cardinalul Ratzinger, fostul papă Benedikt al XVI-lea, cică seamăn cu el. Mamă, ce față am făcut! Mi-am băgat repede mâna dreaptă în buzunar ca să nu mi-o sărute și i-am șoptit: da, sunt fiul său ilegitim. Sper să nu spună la nimeni, nu vreau să fac nimănui probleme, ce-a fost a fost, acum e mult soare la Stuttgart.

25 ianuarie

La Düsseldorf, vor fi expuse din februarie până-n iunie operele lui Picasso realizate între anii 1939-1945. Publicul larg este astăzi mai interesat de artă decât niciodată și când oamenii se duc la o expoziție de pictură, o fac din pură pasiune pentru artă sau pentru că i-a prins ploaia. Din fericire, operele expuse nu pot reacționa la comentariile publicului, căci, cum a observat Jules Goncourt deja în secolul al XIX-lea, „Nimeni pe lume n-a auzit atâtea tâmpenii precum tablourile dintr-o expoziție sau dintr-un muzeu". Picasso nu-i simplu de înțeles, el a revoluționat arta picturii acționând ca un demiurg și redând chipul și corpul modelului său într-o formă radical schimbată, influențând prin asta și chirurgia estetică. Dacă privim cu atenție rezultatele unor operații de chirurgie estetică, ne dăm imediat seama că chirurgul în cauză a fost influențat de Picasso. Dar asta nu trebuie să ne mire, căci Picasso este cel mai influent pictor al ultimei sute de ani și, pe lângă asta, și cel mai productiv, pictând peste 15 000 de tablouri, dintre care 16 000 se găsesc în SUA și 14 000 în Germania.

25 ianuarie

Astăzi, înainte de masă, am fost la talciocul din Düsseldorf, Aachner Straße, cu prietenul meu Florin din Timișoara. Acolo, în cortul cu antichități, muzică de jazz, bere și lume pestriță. De jur împrejur, statuete, oglinzi vechi, bijuterii, tacâmuri de argint, scrinuri, tablourile bunicii și din astea. Ce consumi îți comanzi singur la bar. Prima dată, am comandat eu un espresso și-o bere la draft, dar mi-au dat un cappcuccino și-o bere la sticlă. Am luat ce mi-au dat pentru că la bar erau un turc și-un rus care nu știau deloc germană și n-am vrut să-i supăr cu explicații neinteligibile. Nici Florin nu știe deloc germană, așa că a doua oară l-am trimis pe el să comande și a adus exact ce trebuie.

26 ianuarie

Când eram la liceu, la Reșița, acum vreo sută de ani, hai să zic cincizeci, am avut un coleg de bancă cu numele de familie Gheorghe. Iar prenumele lui era tot Gheorghe, deci colegul meu se numea, dacă începem cu prenumele, Gheorghe Gheorghe, în schimb dacă luăm mai întâi numele de familie și de-abia apoi prenumele, nu se mai numea Gheorghe Gheorge, ci invers: Gheorghe Gheorghe. Cred că-i simplu de înțeles, nu? Și, cu toate astea, se produceau uneori ușoare încurcături, de pildă, când a venit, în clasa a XII-a, noul profesor de fizică la noi în clasă și a vrut să se prezinte,

Gheorghe Gheorghe vorbea în gura mare cu mine în ultima bancă, așa că profesorul l-a întrebat: hei, tu, acolo în spate, cum te numești? Gheorghe, a spus Gheorghe. Și mai cum? Gheorghe. OK, am înțeles, și mai cum? Gheorghe. Și așa mai departe până când profesorul de fizică l-a dat afară și pe mine împreună cu el, pentru că râdeam fără întrerupere. Hehe, tempi passati, dar, de fapt, ce-am vrut să spun e că nu l-am mai văzut pe Gheorghe Gheorghe de la bacalaureat și nici nu i-am mai auzit vocea de-atunci, dar aseară cine mă sună la telefon după o sută de ani? Exact, Gheorghe Gheorge. Salut, amice! Ce mai faci? spune Gheorghe fără să se prezinte și întrând direct în miezul problemei, deci adoptând metoda exordium ex abrupto și imitându-l, la modul inconștient, desigur, pe Cicero în Catilinara 1, căci la latină copia mereu de la mine, șuierând disperat: sucește mă, foaia aia, că nu văd bine! Deci, ce mai faci? mă întreabă Gheorghe Gheorghe aseară, eu fac bine, zic, uite, e Florin din Timișoara la mine în vizită, zic, și tu ce mai faci? Măi băiete, tu știi cu cine vorbești? șușotește ex-colegul meu misterios, mizând pe un șoc incredibil. Cum să nu știu, răspund eu ca din pușcă, cu Gheorghe Gheorghe. Alo? adaug după o pauză lungă cât o zi de post, căci Gheorge Gheorghe tace că peștele, nu mai zice nici pâs, nu pot să cred, nu pot să cred, zice, cum naiba mi-ai recunoscut, măi frate, vocea, după atâta amar de vreme?! bâlbâie. Sunt alții care nu mă mai recunosc după trei, patru ani. Păi, cum să nu-ți recunosc vocea, zic, am știut imediat că ești Gheorghe Gheorghe, normal! Că o cunoștință comună mă sunase cu o zi înainte spunându-mi că tocmai îl întâlnise pe Gheorghe Gheorghe la Baden-Baden (unde altundeva!) și că el îi ceruse numărul meu de telefon, nu i-am mai spus, și dacă nu citește postingul asta, Gheorghe Gheorghe se mai află și acum în stare de șoc, se mai întâmplă.

29 ianuarie

Am primit ieri după-masă un WhatsApp de la fiică-mea Andreea, care locuiește la vreo 50 de km de Düsseldorf, fii atent, îmi scrie, hai să-ți povestesc ceva tare de tot! Azi, mă duc să-l iau pe David de la grădiniță și educatoarea vine la mine și-mi zâmbește timid, spunându-mi cam jenată că David și încă un copil au aruncat cu magneți în sus și magneții ăia au rămas lipiți de tavan. *Wow*, mă gândesc eu, cool, tavanul ăla-i extrem de înalt, înseamnă că David are forță, nu glumă. Dar educatoarei nu-i spun decât OK, mersi că mi-ați spus, o să stau eu de vorbă cu el, David stă în timpul ăsta lângă mine, afișând o față vinovată și chinuită. Dar, mă rog, nu-i prea grav, zice după aia educatoarea, tatăl celuilalt copil a luat între timp magneții ăia de pe tavan, n-a fost deloc simplu. Și eu mă tot întreb în timpul asta, îmi scrie Andreea, cine-o fi copilul celălalt, iar eu nu mai mă pot stăpâni și-o întreb: ați putea eventual să-mi spuneți despre care alt copil e vorba? Și educatoarea se uită lung la mine și clatină din cap și zice: îmi pare rău, dar nu pot să vă spun asta, din motive de protecția datelor. Dar pe David am voie să-l întreb sau nici asta nu-i voie? zic eu iritată. Mhhh… știu eu… mda… poate, dar atunci David trebuie să decidă el însuși dacă vrea să vă spună asta sau nu, noi ca grădiniță nu mai avem în cazul ăsta nicio răspundere. Na, ce zici de chestia asta, mă întreabă Andreea vexată, păi, ce să zic, răspund eu vexat, toate ca toate, dar eu un lucru nu pricep nici să mă tai cu cuțitu', cum naiba de-au rămas magneții aia lipiți de tavan, era tavanul ăla magnetic sau cum? Hopa, la asta chiar că nu m-am gândit, zice Andreea, măi să fie, iarăși mi-a scăpat esențialul.

Bogdan Suceava: Cadavrul îngropat în tavan avea măsele de oțel. Elementar, Watson.

Irina Stahl: Cu legile fizicii nu te joci, magneții nu se lipesc de tencuiala tavanului în fiecare zi. Eu dacă aș fi la grădinița aia, aș sta doar cu ochii în tavan de acum înainte.

Veronica Lerner: Mi-ați făcut ziua. Am râs cu lacrimi și când râd așa mi se-nchid ochii și tre' să-i țin cu mâna deschiși ca să pot citi mai departe. Cu o mână, de fapt, pe sub ochelari, ailaltă mână ține telefonul.

30 ianuarie

Prietena mea Denisa, din Craiova, care s-a stabilit de-un veac în Franța, povestește pe Facebook cât se simțea de șicanată în anii '90, trecând prin Austria cu un pașaport românesc. Mă puneau să trag de fiecare dată pe dreapta, la control. Îi invadaseră ai noștri, le mâncaseră toate lebedele, spune Denisa. Însă ultima dată când am traversat Austria cu mașina, în drum spre România, în '99, mi-a sărit țandăra. M-am dus direct la un grănicer instalat într-o gheretă și i-am făcut un speech legat de toate mizeriile de care avusesem parte. M-a ascultat zâmbind, spunându-mi la sfârșit că austriacul era în ghereta de alături: îl luasem la zor pe neamț. De când știi tu germană?! o întreb mirat pe Denisa, păi nu, zice ea, am vorbit în engleză cu el. Aha, atunci știu de ce-a zâmbit neamțul, credea că-l lauzi, spun eu. Ha ha, asta-i bună, zice Denisa. Glumesc eu glumesc, zic eu, dar să știi că nemții încă stau top la engleză, pe când la voi, în Franța, este a *big problem*, zic, francezii nici măcar nu-și dau seama când unul vorbește engleză cu ei, cred că ăla tușește sau strănută și îi urează sănătate. Păi ce, parcă englezii-s mai poligloți, zice Denisa. Dacă-i anunți pe englezi că mai există și alte limbi în afară de engleză în univers, au atacuri de panică, strigă *oh my God!* și trebuie spitalizați urgent. *Oh yes*, zic eu în germana modernă, *I know*, dar cred că noi prea ne facem probleme, fiecare ar trebui să vorbească corect limba lui și cu asta basta, oricum nu-l ascultă nimeni pe celălalt. Știi ce-a zis zilele astea Neil Tennant de la Pet Shop Boys? Eu și Chris Lowe ne-am mutat acum zece ani la Berlin, a zis Neil, așa nu mai trebuie să suportăm *bullshitul* din Marea Britanie. Și cum nu pricepem germana, nu ne mai deranjează nici *bullshitul* vostru. O combinație perfectă, *isn't it?*

31 ianuarie

Azi dimineață pe la opt jumate am luat liftul și am coborât cu el la subsol, în garajul subteran, ca să-mi duc mașina la spălat, dar mașina nu mai era la locul ei. Asta chiar că m-a dat peste cap, e adevărat că mi s-a furat acum trei luni bicicleta din fața casei, dar mașina din garaj, din fericire, încă nu mi s-a furat niciodată. Și nu mi s-a furat, tot din fericire, nici de data asta, pentru că, după cum mi-am amintit brusc, o parcasem aseară venind de la un spectacol de muzică swing pe aleea alăturată pentru a nu mai coborî dimineața-n garaj, mașina mea este o Toyota Auris, culoarea cafelei cu mult lapte și tot felul de zgârieturi. La început, la modul cu totul bizar, n-am găsit însă mașina nici acolo unde-o parcasem în realitate, cum n-o găsisem nici înainte în garaj, dar după aia am căutat-o după sistemul prietenei mele Mara, care nu-și găsește niciodată mașina când o parchează pe undeva prin oraș, la sfârșit de tot, când nu mai există practic nicio speranța, Mara îl sună pe prietenul ei Petre, care stă la Paris și care posedă calități supranaturale. Da, Petre e un adevărat medium, adică vede de la mare distanță unde se află mașina Marei, un VW Golf gri, cu un loc pentru Mara ca șofer și alte patru locuri pentru cărți și CD-uri. Deci Mara, când nu-și găsește Golful, îl sună pe prietenul ei Petre la Paris, care are calități clare de medium, chiar dacă el spune că nu, are puteri absolut magice omul ăsta; când îl sună Mara, Petre nu trebuie decât s-o întrebe de la mare distanță, Mara, în ce loc ți-ai parcat mașina și dacă Mara îi spune, de pildă, am parcat-o în nordul orașului, atunci Petre se concentrează o vreme asupra sinelui, apoi îi spune să se ducă s-o caute în sud și dacă Mara îi spune că a parcat-o pe strada din față, atunci Petre îi spune s-o caute pe strada din spate și acolo Mara o găsește apoi la sigur. Și tot după sistemul ăsta mi-am găsit și eu mașina azi dimineață, dar fără Petre, ci doar concentrându-mă tare, tare și căutând-o la urmă pe strada pe care știam la sigur că n-o parcasem. Vai, ce m-am bucurat, de bucurie era să dau într-un stâlp cu afișe, noroc că n-am schimbat frâna cu ambreiajul.

Dan Brad: Splendid!

2 februarie

Ieri am fost din nou la film cu Carmen și Mara, ne-am dus cu mașina Marei din nou la cinematograful Metropol, unde-am găsit, de data asta, un loc de parcare direct la intrare, și nu ca de obicei, zece străzi mai încolo. Filmul începea la ora 14, am coborât toți trei din mașină la ora 13.45 și ne-am dus hopa-țopa la casă, păcat doar că filmul la care mergeam – *It Must Be Heaven* – nu rula la Metropol, ci la Bambi.

Așa-i când nu te uiți atent la program, a spus Carmen, dar tu de ce nu te uiți, am spus eu, după aia ne-am urcat din nou în mașină și am fost în circa 15 minute la cinema Bambi, unde-am găsit din nou un loc de parcare direct la intrare, așa că am început să-mi fac griji, întrebându-mă oare ce se întâmplă. Dar totul părea OK, la casă erau două cozi paralele pentru că mai rula încă un alt film și am întrebat-o pe o doamnă foarte în vârstă, care era ultima la coada din stânga, la ce film se duce, după care ea l-a întrebat pe soțul ei la ce film se duce, dar nici el nu știa, probabil că dăduseră înainte cu zarul la ce coadă să se așeze sau poate că uitaseră între timp la ce film se duc, se mai întâmplă. La urmă totuși mi-a spus o altă doamnă că pentru *It Must Be Heaven* coada era în dreapta, m-am pus deci acolo la coadă, am luat trei bilete și când am intrat toți trei în sală, reclama tocmai se terminase și începea filmul. Filmul a început cu un efect cu totul și cu totul special, adică la început lumina s-a stins și au urmat două, trei minute de beznă totală, ocazie cu care am constatat că sala era plină ochi, dat fiind că m-am așezat în poala a trei persoane diferite, fiind sigur că alea sunt scaune libere. Dar la un moment dat s-a făcut lumină pe ecran și oarecum și în sală și am descoperit un loc liber în rândul cinci, al doilea scaun de la capătul stâng. Carmen și Mara au găsit două locuri neocupate exact în fața mea și taman în fața Marei ședea o namilă de femeie, cu un spate cât jumătate de ecran și freza cât Turnul Eiffel. Ați putea, vă rog, să vă faceți puțintel mai mititică, i-a șușotit Mara discret doamnei, nicidecum, a șușotit doamna indiscret, așa sunt eu făcută și așa voi rămâne. La atâta consecvență pe termen lung, Mara a simțit brusc că i se face foame, așa că s-a ridicat și s-a dus repede până la barul din *foyer*, de unde s-a întors cu o pungă mare cu popcorn, pe care l-a ronțăit cu mare poftă când la urechea stângă, când la cea dreaptă a doamnei, în funcție de cum trebuia să se aplece ca să vadă cât de cât ecranul. În film s-a vorbit puțin, protagonistul, un palestinian din Nazareth, care se duce un timp la Paris, apoi la New York, căutându-se, de fapt, pe sine, nu spune mai nimic tot timpul, ci doar cască uimit ochii, de parc-ar fi nepotul lui Buster Keaton. Într-una din puținele scene în care deschide gura, palestinianul umblă cu taxiul prin New York și taximetristul negru-negru îl întreabă de unde vine și palestinianul, care poartă ochelari și pălărie și e alb-alb, îi spune taximetristului că e palestinian din Nazareth. O, oo, ooo! un palestinian, n-am văzut niciodată un palestinian, formidabil! Așa arată deci un palestinian din Nazareth! strigă entuziasmat taximetristul, care își închipuia probabil că toți palestinienii sunt dacă nu negri, cel puțin verzi sau maro și că poartă în loc de pălărie un batic à la Arafat, așa că-și sună pe loc nevasta și-i spune ce chestie incredibilă tocmai i se întâmplă, iar palestinianul ce să mai spună, tace că peștele. Ce vreau, de fapt, să spun e că și eu m-am plimbat anul trecut prin Paris, unde-am intrat în vorbă cu o australiancă și australianca m-a întrebat de unde vin și când i-am spus că vin din Germania, s-a mirat că nu sunt blond și când i-am spus că m-am născut în România, s-a mirat că nu sunt rom și când m-am mirat eu că ea nu-i cangur, a plecat țopăind supărată, așa că m-am cam identificat cu palestinianul. În fine, când s-a terminat filmul, am plecat eu, Carmen și Mara de la Bambi, dar nu țopăind precum cangurul, ci cu mașina Marei, care blocase, vai! o intrare într-un garaj, ce fain că n-au ridicat-o.

Mariana Gorczyca: Cum nu pot da note, am reacționat cu inimioară, adică asta mi-a plăcut maxim.

Nicoleta Căciur: Prea bine m/am distrat! Pot să distribui? Să râdă și alții!

3 februarie

Un mesaj WhatsApp de ieri de la fiică-mea Andreea, care stă la 50 km de Düsseldorf: azi am fost cu David (5 ani) la antrenamentul de Wing Chun, un sport asiatic de luptă, un fel de Kung Fu. Isabelle (13 ani, sora lui David) ne-a acompaniat de data asta. Comentariile ei m-au lăsat interzisă: antrenoarea îi pune pe copii să atace torsul adversarului. Isabelle: wow, în ziua de azi băieții sunt încurajați încă de la grădiniță să se arunce la sânii femeilor. Eu: cum adică? Isabelle: păi, n-ai văzut cum s-a repezit David la sânii antrenoarei? De fiecare dată când David urma să execute o nouă figura de Wing Chun, Isabelle îl observa sceptică și, în caz de eșec, reacționa mai asocial decât orice tată asocial, care-și bate fiul cu tot cu antrenor pentru că a pierdut ultimul meci de fotbal: *oh Gott!* Dumnezeule mare, băiatul asta chiar nimic nu pricepe! E complet debil, nu pot să cred! Vai, ce penibil! Mama, și tu mai faci și poze! Stinge imediat mobilul sau plec! Mama, tu chiar fotografiezi cum David se face de panaramă?! Ce trist, mama, ce trist! Dacă până aici se poate ajunge, nu vreau să fiu niciodată mamă! Să-ți pierzi tot ce te-a făcut om, orice mândrie, orice demnitate! Eu i-o arăt lui Isabelle pe o altă mamă, care-și filmează non-stop fiul la antrenament. Comentariu: dacă fiul meu ar fi cel mai jalnic dintre toți, m-aș abține să-l mai și filmez. Între timp, David lupta cu un băiețel mai mic decât el: e clar de ce și l-a ales pe ăsta, cu ceilalți n-are nicio șansă. Mda, și eu stau și mă gândesc fixând ecranul laptopului, să ai 13 ani e efectiv sinistru. Nu numai că ești brusc obligat, precum Isabelle, să porți un aparat dentar fix, de-ți vine să spargi oglinda, dar mai trebuie să și tot crești în înălțime, plus să fii non-stop megacool, ca să nu cumva să creadă ceilalți că ai putea avea, Doamne ferește, vreo urmă de sentiment penibil. Și, colac peste pupăză,

Isabelle a descoperit aseară că trebuie să-și facă tema de casă la politică: „În ce măsură te identifici tu cu statul?" Uite că la asta nu m-am gândit încă, se identifică Isabelle cu statul german sau nu, *that is the question.*

> **Veronica Lerner**: Dragii mei, sunt în sala de așteptare la dentist, iar am râs cu lacrimi, iar am fost obligată să-mi țin ochii deschiși cu mâna pe sub ochelari și secretara a crezut că plâng, mi-a zis că nu mai am mult de aș-teptat. Asta după ce m-a sunat acasă să vin cu o oră mai devreme, că cineva a anulat consultația! Noroc de voi, altfel, ce mă făceam?

4 februarie

Eu sunt un tip foarte punctual, păcat că nu prea observă nimeni asta, căci mai toți întârzie mereu la întâlnire. Ieri, de pildă, m-am întâlnit cu prietenul meu Thomas ca să mâncăm împreună o pizză, la Pizzeria Gargano, l-am așteptat în fața școlii de muzică. Thomas e băiat bun, dar are un mic cusur, mereu întârzie. Ieri, în loc de ora 1, a venit la 1.15, ceea ce la urmă urmelor a fost totuși OK pentru că așa am avut un sfert de oră să mă gândesc pe îndelete la problemele mele, m-am întrebat, de pildă, de ce Thomas mereu întârzie. Cândva, Fred, care e psihanalist, mi-a explicat cum stă treaba cu punctualitatea, tipii care mereu întârzie simt subconștient nevoia să provoace, să arate că sunt independenți și că nu le pasă de nimeni, a spus Fred. Iar eu simt nevoia să dau cu ei de pereți, am spus eu. Dar nici ăia mereu punctuali, ca tine, nu le au pe toate, a zis Fred, pentru că vor să facă mereu totul perfect și asta-i o mare tâmpenie pentru că așa ceva nu e posibil. Și știi de ce nu e posibil? Oamenii ăștia trebuie să se uite mereu la ceas, iar ceasul, cum ne-a arătat deja Diogene în antichitate, există doar pentru a ne arăta când e ora de masă. Dar pe timpul lui Diogene nici nu existau ceasuri, am spus eu, păi, de aia mânca Diogene la ore neregulate și s-a îmbolnăvit de ulcer, a spus Fred adăugând: în afară de nepunctuali și de punctuali mai există și suprapunctualii, ăia care mereu ajung mult prea devreme la destinație. De pildă Carmen, am zis eu. Mâine zburăm în Egipt la ora 10 și ea vrea să se scoale la 5 ca să fie deja la ora 7 la aeroport, m-apucă pandaliile. Și știi ce-a zis Freud, a zis Fred, Freud a zis că suprapunctualii sunt insuportabili, mereu au obsesia că ar putea face o greșeală și de aia tot înghit la calmante, apropo, n-ai cumva un xanax la tine?

Octavia Petrișor: Genial. Textul, nu Freud. Freud e enervant. Supraenervant.PS: să nu mă spuneți, că mi-e frică de el.

Egipt

5 februarie

Demență isterică în anul Corona 2020: am trecut pe la *check-in* pentru Egipt, aeroportul din Düsseldorf. În fața mea, o familie de chinezi, mamă, tată, un băiețel și-o fetiță, au fețe chinezești, vorbesc chineză. Perechea germană din spatele meu șușotind: ce? Ăștia vin cu noi în avion? Spune-i să-ți dea două locuri în altă parte! Chinezii ajung la rând. Angajata de la *check-in*, vrând să-i scoată de la coadă: *are you Chinese?* Sunteți chinezi? Chinezii: *no, we are Vietnamese*, asta e, se mai înșală omul. Ajung la *security check*, am pașaport nou-nouț, trebuie doar să-l scanez. Îl scanez, se deschide automat o ușă, urmează o altă ușă, deasupra căreia, pe un ecran, îmi apare o față de tip aerian, a, da, eu sunt ăla, mi se scanează fața, ușa se deschide. La ușa de lângă ușa mea, o doamnă elegantă, la 60 de ani, în blugi. Și ei îi apare fața pe ecranul de deasupra ușii. Ne întâlnim în spatele ușilor, ea râzând: vai, ce riduri am! Eu: totu-i OK, nu se observă, asta n-o vede decât automatul ăsta indiscret, să știți! Chinezii vietnamezi n-au probleme cu ridurile la ora asta, ei la control au probleme cu toată înfățișarea.

6 februarie

Sunt la Makadi Bay, am făcut o plimbare foarte bizară pe plajă în dimineața asta. Mai întâi, m-a urmărit un câinem lătrând de mama focului, mi-era frică de tremura tricoul pe mine, dar brusc mi-am dat seama că nu eu tremuram, de fapt, ci cele trei pisici imprimate pe tricoul pe care-l purtam, pe ele le urmărea, dar a apărut, din fericire, un paznic, care-a chemat câinele la el și am avut liniște. Mai târziu, m-am aplecat asupra mării, prin smaraldul transparent se vedea un coral cu pești; cele trei pisici s-au aruncat brusc de pe tricou în apă, întorcându-se după scurt timp fiecare cu câte-un pește-n bot. Nici mie nu-mi vine să cred că-i adevărat, dar asta e, uneori realitatea bate fantezia.

La cină, am văzut o pereche suspectă la masă, amândoi tineri, la vârsta luptelor. El, cu mușchii până-n tavan, îmbrăcat cu un tricou și pantaloni de camuflaj, ea, micuță și fragilă, dar cu niște mărgele-cartușe și niște cercei cât grenadele, ba chiar cred că erau grenade. Ce mi-a făcut frică e că vorbeau rusă și că i-am văzut și azi-dimineață, se uitau, chipurile, în altă parte, dar nu exclud că sunt puși de Putin să mă urmărească; de când am fost la Chișinău, mi se întâmplă tot felul de chestii ciudate.

7 februarie

Azi, la micul dejun, am mâncat un ardei. În engleză iute se spune *hot*, ceea ce înseamnă și fierbinte. Acum știu și de ce, ăsta era să fie ultimul meu mic dejun pe Terra, mi-am ars gura, limba, gâtlejul, creierii, părul, urechile, apoi am luat o înghițitură de apă, asta a fost cea mai mare greșeală a vieții mele, arsurile s-au însutit. Am sărit doi metri-n sus de la masă, am fugit în jurul localului cu flăcările în mine și după mine, m-am tăvălit prin nisip, am fugit până la capătul plajei, până la piramide, până la Luxor, Alexandria,

am străbătut în goană Egiptul, pe drum l-am întrecut pe unu'
pe care-l strigau Forrest Gump, *run*, Forrest, *run*, striga
lumea de la marginea drumului, dar eu am fost mai rapid
și l-am luat. M-am întors la hotel, arsurile au dispărut, am
văzut Egiptul într-o oră jumate, dar încă un ardei iute n-aș
mai mânca nici dacă mi s-ar face piramidele cadou cu tot
cu mumiile faraonilor din British Museum, vreau relaxare.

Azi, la prânz, am întârziat puțin la restaurantul-terasă,
așa că mi-a arătat Carmen la ce masă stăm, ea o luase
înainte. Am fost la toaletă și, când am revenit pe masa
noastră, deja erau două beri și două salate, m-am bucurat,
o surpriză plăcută! Am așteptat eu ce-am așteptat, apoi am
băut o bere și am mâncat o salată și, cum Carmen nu s-a
întors, am băut și jumătate din berea ei, admirând marea.
A apărut o pereche de nemți care fuseseră până acum la
bufet, cică aia fusese berea lor, salata lor, pentru că aia era
masa lor, aveau dreptate. Ei n-au găsit situația foarte ve-
selă, mai ales că m-a apucat râsul. Carmen era în colțul
opus, *shit happens*, dar de ce numai mie?

8 februarie

Azi, la micul dejun, dau să ies din sală, când brusc văd la
o masă perechea căreia, ieri la prânz, i-am băut berea și
mâncat salata. Tocmai s-au sculat să plece la bufet, dar,
văzând că mă apropii, schimbă două vorbe între ei și băr-
batul rămâne la masă, cu ochii pe suc și cafele. Îi zâmbesc
amical trecând pe lângă el, dar el deodată se apleacă si
începe să caute ceva pe sub masă. Aș putea acum să-i iau
din greșeală cafeaua, dar mă îndrept generos spre mare.

9 februarie

Sunt într-un autobuz, în drum spre El Gouna, busul e arhiplin, are 50 de locuri, din care 42 de locuri sunt ocupate de o pereche de vânjoși bavarezi, ea are vreo 240 de kilograme, el e mult mai suplu, are doar 200 de kilograme. Au luat micul dejun la o masă vecină, pe terasa hotelului, acum un sfert de oră, și-au burdușit rucsacurile cu merinde pentru drumul, ce-i drept, enorm de lung, durează aproape o oră. Busul a plecat, așa că au început să mănânce. În dreapta e marea, în stânga sunt dune de nisip și în față și-n spate sunt ei ingurgitând munți de mâncare. Un lucru e sigur, eu nu mă urc cu ei pe vapor, pericol de scufundare, n-am chef de acțiuni à la Titanic. Șoferul autobuzului e un arab poreclit Schumacher pentru că, așa cum ne-a explicat el însuși într-o germană bizară, conduce ca nimeni altul, în ciuda faptului că nu are permis de conducere.

> **Daniel Banner**: *Inocenți în străinătate* de Mark Twain.
> Ați putea scrie volumul doi.

Întors de la El Gouna m-am întins pe un șezlong, apoi am băut o cafea la barul de pe plajă. Am vrut la un moment dat să scot mobilul, dar nu mai era în buzunar. Vai! a strigat Carmen. Tu mi l-ai ascuns! am strigat eu, ba nu, a spus ea, am percheziționat-o. Ce căutați, m-a întrebat barmanul, telefonul, am spus eu și l-am văzut că zâmbește, tu mi l-ai ascuns, i-am spus, ba nu, a spus el, l-am percheziționat, nimica. Se uita lumea de pe plajă la noi, ce căutați, m-au întrebat în rusă, franceză, germană, telefonul, care din voi îl are, am spus, noi nu, arătați mâinile, am spus, dezbrăcarea! Oamenii pe aici sunt foarte de treabă, ăia care mai aveau cămăși, rochii sau pantaloni pe ei s-au dezbrăcat cu toții, și-au întors pe dos gențile, nimica. Măi, voi v-ați vorbit, am spus, pe mine nu mă duceți de nas, *capito*? Nimeni nu părăsește plaja până nu-mi apare telefonul. A venit băiatul care deschide și închide umbrelele, ce căutați, un telefon? Da. L-am găsit eu în nisip acu juma' de oră, a spus, l-am predat la recepție. L-am îmbrățișat, ești singurul om cinstit de pe plajă, i-am spus, i-am dat cinci euro, măi, ce s-a bucurat, cred că spera să-l pierd din nou zilnic și când îl găsește să-i dau zece. Și voi, îmbrăcarea, le-am spus celorlalți, mersi pentru colaborare! Bine că l-ai găsit, a spus Carmen după vreo oră, două, dar în caz că povestești asta, să nu exagerezi, că n-o să te mai creadă nimeni! OK, am spus eu, o să povestesc totul exact cum a fost, dar unde mi-e telefonul?

10 februarie

Ieri a fost lună plină, până acum vârcolacii încă nu au mușcat cu poftă din ea, doar au lins un pic de pe margine, de-abia se observă. Așa cum lingeam eu lingura de lemn în copilărie, când mama mă lăsa să amestec crema de tort.

11 februarie

Ieri a fost un vânt de gheață pe aici și am umblat cu pulover și geacă, regretând că nu am luat și schiurile, dar azi s-a oprit vântul și am înotat până la reciful de corali, făcând snorkeling. La început, apa a fost cam scăzută din cauza refluxului, dar după aia a intrat perechea aia de bavarezi de alaltăieri și apa a crescut cu doi metri. Sunt zeci de feluri de pești exotici pe aici, o nebunie, dar și zeci de turiști pe metru pătrat care se-nghesuie ca peștii-n apă, o demență. Niciunde în lume nu-i mai ușor să socializezi cu planeta ca aici în mare făcând snorkeling, dai o dată din mâini și gata, ai contactat un neamț sau un rus, francez, suedez, panamez etc. Am rezolvat în final problema asta scoțând capul din apă și răcnind *shaaaaark!*, adică rechiiiiin! după care am rămas singur, singurel în apă. OK, nu-i adevărat, am rămas numai eu și rechinul și după ce rechinul și-a luat pașnic valea, am înotat la coralul din larg, savurându-mi singurătatea. Eu însă fiind născut în zodia Peștilor, în apă mă simt ca peștele-n apă, singurul lucru care uneori mă deranjează e că sub apă nu pot discuta cu nimeni, nici măcar cu peștii, pentru că ei tac ca peștele. În fine, în apă am văzut o baracudă și mulți alți pești în formă de pește, dar și pești rotunzi, pătrați, cubici, am văzut pești de toate culorile, habar nu am cum se numesc în română, și nici în alte limbi, dar uitați-vă, dacă vreți să știți, în Wikipedia! Când am ieșit din apă la capătul pontonului, după vreo oră, apa, din fericire, crescuse, începuse probabil fluxul sau poate că din motiv că cei doi bavarezi încă se aflau în apă, iată că așa profită și Marea Roșie de cât beau și mănâncă turiștii.

12 februarie

Deși mă aflu acum în Egipt, aseară am fost să mănânc la restaurantul italian Mamma mia. *Mamma mia* în arabă se spune tot *mamma mia*, atât că nu în italiană, ci în arabă. Eu habar nu am de arabă, tot ce știu e că se scrie invers, adică de la dreapta la stânga și că dacă începi să citești o carte, începi cu ultima pagină citind spre prima, eu nu fac asta decât la romanele polițiste, pentru că n-am răbdare s-aștept trei sute de pagini ca să văd care-i asasinul. Și pentru a respecta obiceiurile țării în care sunt oaspete, am extins această procedură și aseară la masă, începându-mi masa la coadă, deci cu un *gelato*, plus două *crème caramel*, timp în care Carmen a mâncat *antipasti*, ea fiind fixată pe Europa. Am continuat cu felul doi, pește și calamari, apoi cu pizza diavolo, iar antreurile le-am consumat de-abia la urmă. Și dacă tot eram pe invers, am băut vin egiptean dintr-o halbă de bere. Iar te-ai apucat de tâmpenii, de ce nu poți să mănânci și tu ca toată lumea, a protestat Carmen iritată și, ca să nu-i stric plăcerea mesei, am mai mâncat o dată normal, în ordinea europeană, începând cu supa și terminând cu două înghețate, mâncarea a fost excelentă. Aș putea să fac cunoștință cu bucătarul? vreau să-l felicit, i-am spus chelnerului la urmă, desigur, a zis el și după scurt timp a apărut cu doi bucătari, probabil pentru că mânca-sem și băusem dublu. Bravo, băieți, le-am spus, apoi ne-am pozat din față, din spate și de lateral și de-abia când a în-ceput să miroasă a ars din bucătărie, cei doi au plecat în goană. Pot spune c-a fost o seară culinară *di grande*, la urmă am mâncat triferment și colebil, tot porție dublă.

13 februarie

Îmi place aici, peisajul e minunat, cel mai frumos e când răsare soarele, la șase dimineața, fără căldură mare și mai ales fără oameni. Pisicile, în schimb, sunt OK; pe aici se preumblă o serie de pisici cam toate cu blană roșietică, cred că de aici se trage și numele Mării Roșii. Azi, la micul dejun, lângă un palmier, o pisică mi s-a lipit moale și caldă de picioare privindu-mă a milă goală, *what's up, cat*, am întrebat-o în engleză, în engleză o rup cam toți pe aici, de ce nu și pisicile. Nicio reacție, nimica, i-am dat un colț de croasant, dar l-a ignorat. I-am înmuiat croasantul în miere, l-a adulmecat, l-a lins și i-a întors spatele. Am pus croa-santul înapoi în farfurie, am răsfoit Internetul, apoi mi-am terminat cafeaua și am mâncat croasantul, pe care, mi-am dat brusc seama, chiar îl linsese pisica. Vai, vai, cum am putut să uit, hai să repar greșeala! Am dat ceasul înapoi cu o juma' de oră, am mâncat din nou croasantul, de data asta în întregime, apoi a venit pisica, miau, miau, n-am ce să-ți dau, i-am spus, deja mi-am mâncat croasantul, *sorry*! Nu-i nimic, a zis pisica, oricum mie nu-mi plac croasanții. Știu, am spus, înainte doar l-ai lins oleacă, o zi bună! O zi bună, a spus pisica, dacă te duci în apă, adu-mi, te rog, un pește!

14 februarie

Ieri, în timp ce soarele apunea, citeam pe balcon Houellebecq, dar nu mă puteam concentra, în balconul de jos se certa o pereche de francezi la 50 de ani, care, de câte ori îi întâlneam pe coridor, se străduiau mereu să mă salute în germană, *Guten Morgen, Guten Tag* etc. *Pour qui tu me prends*, zice ea, drept cine mă iei, mereu întorci capul după tipa aia pe plajă, ești ridicol, ba tu ești ridicolă, spune el. Mă foiesc eu, tușesc, am un acces de tuse, nimic, duelul galic continuă, așa că aștept să ajungă discuția la punctul culminant și îmi dau cu părerea în franceză. Surpriza e mare, aud o bufnitură, ea sau el a căzut de pe scaun. Acum e liniște, de ce trebuie tu să te amesteci, zice Carmen în română, să lase omu' în pace, zic, are și el concediu. Mulțumesc, zice francezul de jos, tot în română, greu cu femeile astea, nu? După accent e din Timișoara.

15 februarie

Azi-dimineață, la răsărit, am făcut jogging pe plaja goală și am observat următoarele: dacă fugi spre soarele care răsare, ai umbra în spate, dar dacă o iei în direcția contrară, ai umbra în față. E mult mai simplu să fugi trăgând umbra

după tine decât să fugi împingând-o, când după juma' de oră
am fugit înapoi la hotel împingându-mi umbra, greutatea
ei s-a dublat practic.

> **Adina Scutelnicu:** Dacă vrei să faci și un pic de forță pe
> lângă alergare, împinge-ți umbra.
> **Petronel Stanciu:** Până și Zenon s-ar fi încurcat în aporia
> asta.

16 februarie

Obsesia numărul unu a românilor nu e nici banul, nici iu-
birea, nici boala sau sănătatea, războiul sau pacea, nu, e
salata de vinete. Am prezentat acum vreo șapte ani o carte
la ambasada romană de la Berlin, în sală erau la o sută de
oameni, vreo 90 de români și zece nemți din Berlin, mă
mir c-au venit și ăia, interesul publicului german pentru
România e relativ limitat, putem zice. În timpul prezentă-
rii, publicul s-a foit, a privit în gol, era în cu totul alte sfere,
iar eu am fost complet derutat de aceste reacții, până când
s-a trecut la bufet, atunci am priceput ce se-ntâmplă, acolo
se afla o tonă de salată de vinete, care s-a evaporat într-un
minut, două. Jumătate din publicul cultural a rămas din
păcate fără salată, dar eu, ca *special guest*, am avut voie să
ling o lingură de lemn cu motive folclorice. De ce povestesc
asta acum? Și în Egipt se pare că-i la fel, aici de trei zile se
termină mereu salata de vinete la bufet, exact când ajung
eu la rând. Ieri l-am luat pe bucătarul Samir deoparte, faci
o salată de vinete excelentă, i-am spus, n-a priceput, *egg-
plant, aubergine*, am zis, nu m-a înțeles, i-am arătat cuvân-
tul pe Internet: باذنجان Aha, a spus el, *do you like it? Oh, yes*,
am spus, ești cel mai genial în punctul salată de vinete,

unde-o găsesc la bufet, te rog arată-mi! A zâmbit fericit, s-a luminat la față, *it's finished*, a zis, dar vino mâine, *tomorrow I make* باذنجان *for you. Tomorrow* e astăzi, deci *today*, deci într-o oră mănânc salată de vinete, le pune băiatu' deoparte pentru mine, nu ca aia de la Berlin cu cultura.

17 februarie

Locul meu preferat e pe o ridicătură lângă piscină, de unde se vede marea și nu te enervează vântul, dar ieri dimineață a apărut acolo, exact lângă șezlongul meu, o pereche ca să zic așa specială, doi care stăteau non-stop nu doar șezlong lângă șezlong, ci și strâns îmbrățișați, alintându-se și cercetându-se, de-a pururea gură-n gură, cu o energie incredibilă. Cum nu mai erau șezlonguri libere, m-am întors pe burtă până mi s-a ars spatele, apoi m-am întors pe spate punându-mi un prosop pe față până la sufocare, după aia am fost la masă, unde-am stat o oră, dar când m-am întors la piscină, ei erau tot acolo, în acțiune. Să tot aibă așa, la vreo 66 de ani, nu împreună, ci fiecare, ăștia precis sunt căsătoriți de-o viață, dar nu între ei, vorba lui Carmen. Da, o fi, de ce nu, se mai distrează lumea, că de aia-i concediu!

18 februarie

Aseară am mâncat *spaghetti aglio e olio*, spaghette cu ulei de măsline și usturoi, m-am uitat la bucătar cum le-a preparat. A pus în tigaie ulei de măsline, l-a încins, apoi un munte de usturoi tocat. Ei, stai mai ușor, i-am spus, și mi-am fluturat brațele de parcă aș zbura, poimâine mă întorc la Jermania, Deutschland, cu avionul! Și n-aș vrea să sară toți cu parașuta după ce decolăm. Mda, usturoiul e minunat, dar numai dacă-l mănânci tu și nimeni altul. Există, desigur, și unii cărora nu le place usturoiul, de pildă Dracula are oroare de usturoi, vai de dințișorii lui, bine că nu sunt bampir! Deci aseară bucătarul a pus un munte de usturoi în tigaie și când am protestat, s-a uitat la mine atât de surprins, încât m-am simțit prost și ca să nu-l rănesc în mândria lui de bucătar, i-am zâmbit adăugând, ce fain, daaa, mai pune, te rog, puțin usturoi, mai pune! A fost o cină de zile mari, am mai mâncat o jumătate de pizză cu brânză și mult usturoi și am băut vin roșu. Acum e dimineață și sunt la plajă, pe malul mării, și mă simt excelent. Carmen a dispărut fără urmă de-aseară, iar în jurul meu e o groază de loc liber, spre deosebire de alte zile. Când intru-n apă, toți ies și când ies, toți intră-n apă, e fantastic, e ca și cum aș fi singur-singurel pe toată plaja.

19 februarie

În dimineața asta, soarele e baricadat de nori deși, negri, dar asta se va schimba în vreo juma' de oră, aici habar n-au cum arată o picătură de ploaie. Soțul egiptean al unei prietene croate ajuns în copilărie, la trei ani, la Berlin și văzând prima dată cum plouă, a început să se dezbrace, crezând că acum va trebui să facă un duș în aer liber. Aseară am fost la un spectacol de dans din buric, tot în aer liber, unde pot spune că dansatoarea s-a dezbrăcat și ea considerabil, cu toate că nu ploua. În aplauzele ritmice ale publicului, a executat mișcări sacadate de șolduri și umeri, scuturându-și partea dorsală cu o frecvență atât de ridicată încât mi-am amintit inevitabil că azi zbor în Germania și că în avion turbulențele prin care ești scuturat precum cocktailul de barman nu sunt niciodată excluse. Simultan, mi-am amintit

și de interesanta expresie „Închide, băi, gura, că intră musca",
lângă mine ședea un austriac cu gura larg căscată, filmând
înnebunit dansatoarea care-și unduia non-stop șoldurile.
Pentru că sunt un tip generos, am făcut și eu o poză și i-am
trimis-o pe WhatsApp prietenului meu Marcel din Timișoara,
ca să vadă și el ceva frumos și să se bucure. Sinistru, a co-
mentat el, când dansează tipele astea, ți-e frică că-și diz-
locă fundul și șoldurile. Aia o fi varianta de Timișoara, i-am
răspuns, mișcările corecte trebuie să fie săltate și simultan
fluide, ce știi tu, străine, arab să fii, ai atunci patru femei
care dansează exact cum trebuie, numai pentru tine, cred
că trec la Islam și mă căsătoresc cu patru femei arabe. Tu
mă?! a scris Marcel adăugând trei emoticoane care râd cu
lacrimi, tu nu te descurci nici cu una. Mda, invidia că eu
sunt în Egipt și el nu îl roade năprasnic.

Security check la aeroportul din Hurghada. În drum spre
security check un tip se năpustește la mine, scoțând țipete
ascuțite, sunt tentat să mă arunc pe burtă, temându-mă
de ce e mai rău, în ultima clipă îmi dau seama că nu-mi
vrea viața, ci doar pașaportul, i-l arăt, dar el continuă să
țipe disperat, înțeleg că vrea și nu știu ce foaie, am două
foi, nu, nu asta, sper că nu trage, arăt foaia cealaltă, sunt
împins mai departe. La *security check*-ul propriu zis stau
vreo trei sferturi de oră, sunt acolo un culoar pentru băr-
bați și unul pentru femei, în fața mea se află cinci bărbați
și fiecare e pus să intre și să iasă de vreo trei ori pe poarta
de control. Direct în fața mea e un bătrânel elvețian de
limbă franceză, are pe puțin 90 de ani, de-abia se ține,
intră, iese pe poartă, se ridică, se apleacă, după cum îi cere
controlul, e uluitor ce rezistență are! La urmă, controlul
descoperă la el o cutiuță de pastile Tic Tac cu mentă și
bătrânelul e luat de-o parte. Eu trec de patru ori prin con-
trol, o dată cu teniși, o dată fără teniși, o dată cu o batistă

de hârtie în buzunarul drept al pantalonilor, o dată fără
batistă, în continuare batista e amănunțit controlată, îm-
păturită și despăturită, apoi mi se confiscă, drept obiect
care periclitează securitatea zborului. Doamne ajută, zic,
am scăpat ieftin, dar iată că după cinci metri urmează al
doilea *security check*, procedura e similară, doar că cel care
mă controlează e deosebit de tandru, omul îmi mângâie
pulpele, coapsele de mai multe ori, foarte apăsat, apoi piep-
tul și fundul și când mă pipăie sub brațe, mă străduiesc să
nu râd, căci mă gâdil. Gata, am scăpat, mi se dă drumul,
la doi metri îl văd pe bătrânelul elvețian cu bagajul des-
chis în colțul de control antiarme și antidroguri, omul co-
respunde evident profilului de mafiot feroce tocmai prin
apariția lui firavă și inofensivă. Controlul chiar flutură o
pereche de chiloți ai omului în aer, iată un posibil corp
delict, nimic ce pare inofensiv, nu este așa, dimpotrivă. Mă
simt absolut sigur, ăsta da *security check*, la ieșire mă aș-
teaptă Carmen de mult trecută de punctul de control, i-a
plăcut ăluia de tine zice rânjind, ce te-a mai dezmierdat, lasă
bancurile proaste zic, sunt la capăt cu nervii! Vrei apă? zice.
Să vezi și să nu crezi, a trecut cu o sticlă mare de apă prin
control, ceea ce-i strict interzis, scrie pe fiecare perete în
toate aeroporturile din lume că nu sunt permise lichide de
niciun fel în avion, asta nu se discută. Am uitat s-o scot și ei
n-au găsit-o, zice Carmen, incredibil. OK, *security check*-ul
e o treabă cam obositoare, dar iată că la urmă vine și răs-
plata pentru toate cele, un pom de Crăciun împodobit ca-n
povești stă în fața shopului *duty free*, așteptându-mă. Mă
fotografiez bucuros cu el și regret că nu toți se pot bucura
ca mine de Crăciunul surpriză din 19 februarie, de pildă
bătrânelul elvețian, care între timp a dispărut fără urmă.

Düsseldorf

20 februarie

Gata, am ajuns la Jermania! Ieri seara, după niște ore frumoase petrecute sub pomul de Crăciun de la aeroportul din Hurgada, am decolat la ora 18.40 și am aterizat la Düsseldorf înainte de ora 23 și după vreo juma' de oră am ajuns acasă. Zborul a fost foarte liniștit, atâta timp cât vecinul de scaun nu și-a mișcat brațul, umărul, genunchiul, limba-n gură sau coșul pieptului respirând, și nu că vreau să mă plâng acum, dar lângă mine a stat Carmen, care a cam respirat tot timpul. Dar asta e, mă rog, locurile în avion sunt limitate și nu puțini sunt cei care vor să șadă în timpul zborului, prevăd că din motive de optimizare a zborului, acuși vor sta cel puțin două, trei persoane pe un scaun, că doar oameni suntem cu toții, de ce să nu ne cunoaștem mai bine. Când ajungi la Jermania, noul pașaport electronic nu mai e controlat acum de-un polițist și dacă pui pașaportul deschis la scanat, atunci se deschide o poartă, dar iată că cei trei din fața mea au pus rând pe rând pașaportul închis la scanat, mare-i grădina ta, Doamne, probabil că își închipuiau că un alt automat va deschide pentru ei pașaportul, ca-n povestea aia cu muieți-s posmagii a lui Creangă. Mă rog, apoi mi-a fost scanată după pașaport și fața și mi-am văzut chipul într-un fel de oglinjoară la înălțimea nasului și imediat a început să-mi bată inima mai repede, fiind convins că-l am în față pe Keith Richards, chitaristul de la Rolling Stones, născut prin Evul Mediu, omul ale cărui riduri au o adâncime mai mare decât Grand Canyon.

Din păcate, am rămas fără autograf, în schimb, am găsit un taxi în fața aeroportului, care ne-a dus acasă în circa 15 minute. Taximetristul, un tânăr marocan, ni s-a plâns de a patra bandă de circulație din centrul orașului, care mai nou este liberă doar pentru mașini electrice și mașini în care șed cel puțin trei persoane. Pe banda asta nu prea mai circulă nimeni, ne-a spus taximetristul, aici mai fiecare șade singur în mașină. Mda, așa-i cu însingurarea modernă, în Maroc, în mașinile de cinci locuri stau, de regulă, cel puțin zece oameni, au un spirit de grup teribil băieții ăștia. În fine, la Düsseldorf plouă mărunt și, ajuns acasă, am ieșit cu umbrela pe terasa să fumez o țigară și pe terasa de vizavi am văzut-o pe doamna Meyer udându-și de zor florile. Cum a fost în Egipt, m-a întrebat, super, am zis eu, vă povestesc mâine, dar de ce mai udați florile, am adăugat, că doar plouă. Plouă, dar nu cum trebuie, a răspuns doamna Meyer, plouă de mântuială și s-a dus energică să mai umple o dată stropitoarea, iar eu am mai tras un fum de țigară și am știut la sigur că acum am ajuns la Jermania.

Azi a pornit carnavalul de stradă la Düsseldorf. După ce-am dat o raită prin oraș, m-am retras profund îngrijorat în refugiul meu și observ de la distanță cu mare îngrijorare ce se petrece. La ora 11.11, femeile au asaltat mascate primăria, preluând puterea, primarul a fost arestat și, după ce s-a răscumpărat cu zece sticle de vin și cinci butoaie cu bere, a dat bir cu fugiții. În tot orașul mii și mii de femei îmbrăcate necuviincios și-au părăsit casele și stăpânii, iar acum beau și se bâțâie desfrânate pe stradă în ritmuri de muzică indecentă. Polițiștii înarmați până-n dinți, cu veste antiglonț, adunați în grupuri de câte patru au pierdut de mult situația de sub control și doar privesc pasiv cum situația se agravează. Zeci de ambulanțe și mașini de pompieri stau gata pregătite să intre în acțiune, căci atacurile la pahar vor continua până dimineața. Mulți bărbați și-au trădat între timp identitatea, mascându-se și ei și alăturându-se rebeliunii în curs. *O tempora! O mores!* S-a lăsat întunericul, se apropie noaptea, simt cum încet, încet mi se lungesc dinții și cum urcă în mine o nestăpânită poftă să le mușc pe iresponsabilele astea demente de gât și să le sug sângele. Fug ca dracul de tămâie de mirosul de usturoi, lumina zilei mă transformă în cenușă, *my name is Dracula.*

21 februarie

Prietena mea Ioana, care este psiholog și psihanalist, povestește azi pe Facebook despre un băiețel de opt ani, care este pacientul ei. Băiețelul, adevărat bărbat în devenire, este foarte trist că părinții îl strigă Bobiță. Amărât rău, povestește Ioana, băiețelul mă roagă să intervin pe lângă părinți să nu-i mai facă așa ceva niciodată. Este atât de grav? îl întreb. Răspunde, transfigurat de seriozitate: când vrei să devii Simona Halep, da.

Mda, grea viața când te cheamă Bobiță, dar asta nu-i nimic, există astăzi prenume de copii de-ți faci efectiv cruce și asta nu doar în România, ci și aici, în Germania. În topul prenumelor de fetițe de stat în cap, în Germania pe primele locuri se află Pepsi Carola și Fanta, care vor fi îndrăgite de cei care nu beau, iar alți părinți și-au numit fetița Ikea, după firma aia unde-ți montezi biblioteca singur, pe asta la sigur o vor demonta copiii la școală. În topul prenumelor penibile de băieți apar sus de tot Faustinus (care precis va fi folosit ca material didactic, când îl vor face pe Goethe la școală), Arsenius (asta va fi bun ca material didactic la chimie), Tarzan (care va țipa de se va cutremura jungla) și

Popo, un prenume care-i gândit cu curul. Să mai adăugăm interesantul prenume de băiețel Waterloo, el efectiv există. Și apropo de Waterloo, cum am zis, ieri, la Düsseldorf e până luni carnaval și mare circ și ca să am liniște, plec mâine la Bruxelles și Waterloo fiind la 15 km de Bruxelles, nu băiețelul, ci câmpul ăla de bătălie, poate dau și de Napoleon pe-acolo, venit în vizită cu părinții.

Bruxelles

22 februarie

Gata, sunt în autobuzul de Bruxelles, programat să plece la 10.30. Surpriză forte, am plecat la 10.30, de parcă n-am fi la Jermania, unde de-o vreme încoace autobuzele pleacă în tradiție balcanică, la trecute fix. Vreo 60 de pasageri din 77 de națiuni diferite, șoferul vorbește sârbă. Lângă mine stă o indoneziană foarte comunicativă la nivelul nonverbal, cu multă dragoste mi-a băgat cotul ei drept între coaste și când, după trei împunsături, am dat semne de neliniște, m-a întrebat: *it's ok? Oh yes, it's fine*, am spus eu zâmbind și arătându-i cotul, probabil că din recunoștință va urma un masaj gratis stil autobuz. Vezi, tu nu m-ai masat când ai stat în avion lângă mine, i-am zis lui Carmen, care chiar s-a întors spre mine privindu-mă mirată și acum se masează pe cele două scaune din față cu Mara, care vine și ea la Bruxelles. Drumul până la Bruxelles durează la trei ore, vom ajunge complet masați. Acum indoneziana chiar vorbește la telefon, presupun în indoneziană. În jurul meu toți vorbesc, fiecare în altă limbă, doar eu tac în trei limbi diferite, când în germană, când în română, dar mai ales în franceză, vreau să fac încălzirea pentru Bruxelles, unde franceza e limba oficială. Nu sunt deloc patrioți belgienii ăștia, ar putea vorbi și ei belgiană. Ce tot butonezi iar acolo, m-a întrebat Mara întorcându-se, scriu despre tine, am spus, de ce, a întrebat ea alarmată, doar nu ți-am făcut nimic! În fine, acum tre' să mă opresc, cotul indonezienei e foarte ascuțit și puternic, nu mai stau decât pe juma' de scaun, dar nu-i grav, pe podea e o mochetă curată. Dar dacă mă uit bine, bine la indoneziană, cred că-i negresă pentru că, de fapt, e neagră.

23 februarie

Frumos la Bruxelles, cel mai mult mi-a plăcut ieri că n-a plouat. Acum sunt încă în cameră, stăm la hotelul Penta, la vreo 20 de minute pe jos de Place Royale. Ieri am făcut o tură pe jos, de vreo trei ore, cu umbrela desfăcută, din precauție. Glumesc, umbrela n-am folosit-o, doar am uitat-o la o cafenea, unde am băut o cafea trăsnet din Costa Rica, avea o aromă de zile mari. Și după ce-o bei, te trezești la viață precum cangurul ăla cumpărat de Crăciun, când îl tragi cu cheița. Monumente superbe pe-aici, dar cel mai superb monument nici nu-i monument, e Manneken Pis, un puștiulache de 61 de cm, care se pișă, pardon, dar exact asta face, de sus, de pe-un zid, într-o fântână, o tot face de vreo 600 de ani. Și nu se picură doar în fântână, ci mai ales pe autorități, reguli, legi, constrângeri, naziști, idioți, ultimele două fiind sinonime. Puștiulică ăsta e păzit de trei polițiști înarmați până-n dinți ca să se poată, pardon, pișa în liniște, iar polițiștilor ăstora nu le e deloc ușor, pentru că tot uitându-se la el cum se picură, le vine și lor și dispar pe rând întorcându-se apoi ușurați. *Maman, îl fait pipi*, strigă un puști din mulțimea de turiști care admiră băiețelul de pe perete, *j'ai envie aussi*, vreau și eu, și uite așa mămica pornește să caute o toaletă cu băiețelul. Da, se întâmplă chestii tari la Bruxelles, acest Manneken Pis e îmbrăcat mereu în alt costum, astăzi avea o pălărie și lângă el era o tobă, ceea ce mi-a amintit de Caragiale cu dialogul eu bat toba, domnule, s-o bați pe pielea lui tătâne-tu, băi loază!

Uneori, lui Manneken Pis i se pune și un *condom* pe păsă-rică, mă întreb cum mai face pipi atunci, poate-i un *condom* cu găuri, din ăla de făcut copii. Există o variantă a lui Manneken Pis la Duisburg, în Germania, și foarte multe variante live, în România, cu oameni adevărați care pardon, se pișă pe roata din spate a mașinii vecinului. OK, și acum mă duc repede să-mi caut puloverul, l-am uitat jos, la micul dejun și după aia fac și eu ca Manneken Pis.

24 februarie

Nimic nu se pierde, puloverul mi l-am găsit ieri, dar umbrela nu mai era la cafenea, o luase altcineva, că doar nu era să se ude dacă plouă. Barmanul negru mi-a făcut cadou o altă umbrelă fără stăpân, care se plictisea uitată de săptămâni în cafenea, cred că se simte bine cu mine, se închide și se deschide plină de viață.

M-am culcat aseară la 11 obosit mort, dar m-am trezit noaptea că mi-era sete și am vrut să beau un pahar cu apă. Paharul și sticla cu apă erau pe masă, masa era undeva în cameră și în cameră era întuneric beznă. Lângă pat erau două comutatoare rotative, cu șmecherie, unul sus, unul jos, mă uitasem bine la ele înainte de-a adormi, dacă-l învârteai o dată pe cel de sus spre stânga, se aprindea un bec lângă pat, dacă-l învârteai de două ori, becul din hol, dacă-l învârteai o dată spre dreapta, becul din baie, de două ori, becul din colțul stâng al camerei, la comutatorul de jos nu m-am mai uitat, mi-a ajuns. Deci m-am trezit noaptea, am învârtit comutatorul spre stânga, s-au aprins două becuri în tavan, am învârtit de două ori, s-au aprins toate becurile, s-a trezit Carmen, am învârtit spre dreapta, s-a pornit aerul condiționat, televizorul, s-au ridicat și coborât

jaluzelele, ai înnebunit, a întrebat Carmen, a bătut cineva
la ușă, era băiatul de la recepție, ce doriți, de ce m-ați che-
mat, voiam doar să sting lumina, am spus, puteți să mă
ajutați, vă rog, s-a uitat lung la mine, a stins el lumina, a
plecat, m-am culcat, am așteptat să se facă lumină afară,
am băut un pahar cu apă, Carmen și Mara se duc în oraș,
iar eu sunt obosit mort, mă duc să mă culc.

25 februarie

Intru la cafeneaua Love lângă Musée Magritte, cu Carmen
și Mara. Mara se duce la toaletă, Carmen se așază la o masă,
eu îmi atârn geaca pe cuier și mă duc la tejghea. *Bonjour,*
trois espressos, s'il vous plaît! OK, șase euro, îmi spune
barmanul cam prost dispus, foarte bine, spun eu, el se uită
mofluz la mine și nu mișcă, *qu'est-ce qu'il y a,* întreb, ce
este? Nu plătiți? întreabă el, ba da, zic, când plec, ba nu,
zice el, acum. Încep să mă enervez, cum adică acum, da,
acum, zice el, ăsta chiar vorbește serios, îmi sare țandăra,
regarde-moi bien, zic, uită-te bine la mine, îți fac eu im-
presia c-o șterg fără să plătesc? El mă privește total indi-
ferent și ridică din umeri, ăsta chiar vorbește serios, așa
nu! Gata, plecăm, îmbracă-te, îi strig lui Carmen și ce-i cu
cafeaua, zice ea, poți s-o uiți, nicio cafea, zic eu, ăsta mă
ia de hoț, hai, mă, termină, iar te montezi pentru orice
rahat, ăsta nu-i rahat, e discriminare curată, o face numai
pentru că sunt străin. Vine Mara numai zâmbet de la toa-
letă, unde-i cafeaua, las că-ți povestesc după aia, zic, gata,
plecăm. Dau să-mi iau geaca de pe cuier, un negru atletic
de la bar, și el barman, moare tot timpul de râs, vine la
mine, îmi pune brațul pe umeri, mă trage amical spre el,
monsieur, c'est comme ça en Belgique, așa-i în Belgia, se
plătește întâi la tejghea, de consumat se consumă după aia.

C'est vrai?! Serios?! Serios! Ăsta n-are ăsta nimic contra dum-
neavoastră, știu eu ce spun, *monsieur, de unde sunteți?*
Din Germania, aha, de la Düsseldorf, am fost acolo, foarte
frumos – și mă bate pe spate. OK, zic eu, dacă-i așa, rămân,
dar numai dacă facem un selfie împreună, zis și făcut, așa
că ne fotografiem împreună în cafeneaua Love, eu sunt alb
și îmbrăcat în negru, iar el e negru și îmbrăcat în alb, e
ora 12.40, 12.21 ar fi și mai potrivit ca să păstrăm simetria,
Carmen și Mara se crucesc ușurate bucurându-se de cafea.

Düsseldorf

27 februarie

Ieri la prânz, pe la ora 12, m-am simțit foarte obosit și m-am întins pentru puțin timp în pat, să ațipesc vreo zece minute, asta poate face minuni. *Power nap* numesc americanii așa ceva, moțăiala care-ți dă putere, la New York am văzut cabine speciale pentru asta, intri și moțăi o vreme contra cost și te simți ca un nou-născut după aia. Eu, din fericire, n-a trebuit să plătesc, am coborât ruloul și dus am fost, și când m-am trezit și m-am uitat pe întuneric la ceas, era ora 3.15. Buimac, am crezut că e ora 3 noaptea și m-am enervat că m-am trezit așa de devreme, zicându-mi că dacă mă enervez în continuare, îmi va pieri somnul complet, ceea ce s-a și întâmplat, așa că în final am ieșit în camera de zi, unde am întâlnit-o pe Carmen. Ce, nici tu nu poți să dormi, m-am mirat, de ce să dorm acum, dorm la noapte, a zis ea și atunci mi-am dat seama că afară e zi și ca să mă trezesc definitiv, m-am îmbrăcat și am plecat de somnambul să dau o raită prin apropiere. Pe Aachener Straße am văzut-o pe Sofia pe trotuarul de vizavi, mi-a făcut entuziasmată cu mâna. Sofia e o fostă colegă de liceu a Andreei, ne înțelegem super. I-am făcut și eu bucuros cu mâna, apoi am mers paralel cu Sofia, zâmbindu-ne până la următorul semafor, unde ea a traversat strada și, când a ajuns lângă mine, mi-am dat seama că Sofia era, de fapt, Julia, cele două seamănă de la distanță, ca mai toți oamenii, și cum eu dormeam încă pe jumătate, semănau tare de tot.

Julia e o bună prietenă, venită din Florida, e cântăreață de
operă și am făcut cu ea două spectacole de literatură și
muzică. Ne-am îmbrățișat, după care Julia m-a anunțat
bucuroasă în engleză că a rămas în sfârșit gravidă și că
acum e gravidă în luna a douăsprezecea. Am fost uluit de
ce se poate întâmpla în ziua de azi, eu știam de perioade
așa de lungi de gestație doar la elefanți, poftim? am între-
bat uluit și când Julia și-a reluat spusele, am înțeles că
Julia e, de fapt, gravidă în săptămâna a douăsprezecea și
m-am liniștit. Băiat sau fetiță? am întrebat-o, *a boy or
a girl?*, și Julia mi-a spus *a boy*, dar după cum receptam
eu la ora aia realitatea, pe jumătate dormind, acum nu mai
sunt sigur, poate că mi-a zis *a girl*, mă rog, o să vedem ce
sex are copilul când se naște. Apoi am intrat la o cafenea,
la complexul comercial Arkade, shopurile erau ca-ntot-
deauna pline, nimeni nu purta mască și m-am gândit în-
grijorat la România, unde bate vântul prin rafturile de la
magazine, după câte-am citit pe Internet. După aia, mi-am
dat brusc seama că vine în forță primăvara, la cafenea, o
pereche de îndrăgostiți se sărutau de mama focului la masa
de lângă mine, cu o sticlă de-un litru de dezinfectant lângă
ei. După fiecare sărut duceau sticla pe rând la gură și își
dezinfectau buzele, dar poate că era doar o sticlă cu apă
și ei trăgeau din când în când câte-o înghițitură. Un tată
cu un bebeluș în cărucior mânca într-un colț o mâncare
asiatică, ceva cu orez, ciuperci și tofu sau carne și în fața
lui era o sticlă cu dezinfectant pe masă, exact lângă far-
furie, și tot la câteva înghițituri, tatăl scotea un ghemuleț
de vată și-și dezinfecta plodul pe mânuțe și pe brațe. În
rest, totul e OK la Düsseldorf, am strănutat acum cinci mi-
nute de două ori, dar sper că-i doar alergia de primăvară și
poate că nici n-am strănutat, dacă mă gândesc bine, poate
doar am tușit. În afară de asta, stau și mă tot întreb cu
cine oare cu cine a rămas Julia gravidă, ea mi-a spus ieri că

tatăl e prietenul ei Thomas, dar poate că mi-a spus totuși că-i Steve sau Robert.

> **Constantin Marin:** Minunate postările dumneavoastră, stimate domn Jan Cornelius! Cred că se încadrează foarte bine într-un fel de *Cronici ale unui somnambul. Peregrinări diverse* pentru noi, cei care vă admirăm stilul și informațiile oferite.

28 februarie

Apropo de Corona: aici, în Germania, nu e deloc panică, totul e cam normal, doar câțiva dementi pe ici, colo, unul dintre ei a fost văzut ieri în acțiune la Aldi, la cumpărături, cu masca de gaze pe față și cu căruciorul plin cât încape și încă vreo 50 de pachete pe deasupra. Emilia, o prietenă a fiicei mele Andreea, era și ea întâmplător acolo și l-a fotografiat pe tip cu smartphone-ul și i-a trimis poza pe WhatsApp Andreei, care a trimis poza tot pe WhatsApp mai departe, la prieteni, care au reacționat diferit. Majoritatea au râs, dar un bun prieten, Martin, care e psihiatru, a sunat imediat disperat la Andreea. Cum tipului de la Aldi nu i se vedea fața, Martin crezuse că în poza aia era Norbert, soțul Andreei, înălțimea și freza erau identice – și că Andreea și Norbert înnebuniseră pur și și simplu de frica virusului și voia să le trimită o ambulanță. Sper că Martin m-a crezut că ăla n-a fost Norbert, dar dacă nu mai auzi de noi, alarmează poliția, își termină Andreea mesajul.

> **Ilie Krasovschi:** Ador postările dumneavoastră!

29 februarie

Ieri dimineață, pe la zece jumate, am fost la cabinetul medical de dermatologie de pe Friedensstraße să iau o rețetă, am așteptat cam un sfert de oră, ceea ce e foarte puțin, căci sala de așteptare era plină, plină, sunt acolo vreo 20 de scaune, toate erau ocupate și încă șapte persoane stăteau în picioare pe hol și în fața recepției, unde așteptam și eu. Corona-n sus, Corona-n jos, lumea nu prea mai iese pe stradă, dar la medic e încă înghesuială. De la prietena mea Adina știu că în România, în sala de așteptare la medic, nu te plictisești nicio clipă, se vorbește pe rupte, unul te întreabă de ce boală suferi, altul își dă cu părerea la boala ta, altul își povestește cu amănunte istoria bolilor sale din pruncie până azi, altul îți prescrie un tratament ideal și, când intri la medic, știi totul despre fiecare dintre cei care așteaptă acolo, George Orwell cu omul său transparent din romanul *1984* e un copil nevinovat. Aici, în Germania, cum vorbitul la celular în sala de așteptare e interzis, toți tac ca peștele, ai impresia că acolo nu așteaptă oameni, ci păpuși de lemn. În fine, ieri, la dermatolog, a fost o liniște de mormânt, doar telefonul de la recepție suna mereu, recepționista îl ridica din când în când și-l punea înapoi în furcă, fără să răspundă. Dar la un moment dat intră un tip jovial, cu mustața în furculiță și obraji rumeni, se înregistrează la recepție. Numele de familie? Schmidt. Și prenumele? îl întreabă recepționista. Mda, se codește omul, apoi se uită zâmbind vinovat în jur, e penibil, dar hai să vă spun, mă cheamă Robert – și începe să râdă. Da, Robert, așa mă cheamă, zice. Nu eu mi-am ales numele ăsta, zice, nu știu ce le-a venit părinților mei, dar așa mi-au zis, eu prefer Robi, da, Robi e mai scurt, pur și simplu Robi. Dar, de fapt, nici Robi nu-mi place, dar, mă rog, toți prietenii așa mă strigă, ce să fac, asta e! Și râde în timp ce explică asta. Nu-i nimic, care-i problema, zice recepționista zâmbind încurajator,

Robert ist ein schöner Name, Robert e un nume frumos. *Meinen Sie?* Credeți? zice el sceptic, știți, eu nu prea cred asta. Ba da, e un prenume foarte OK, zic și eu murind de râs, nu pot să cred ce se întâmplă, iată că în sfârșit se întâmplă ceva tare de tot. Și mie îmi place Robert! se aude brusc vocea pițigăiată a unei bătrâne din sala de așteptare, și mie îmi place, zice un lungan lângă mine, care până acum se uita de parcă i s-au înecat corăbiile. Mda, zice Robert, respectiv Robi, *nix zu machen*, ce să fac, asta e, eu unul m-am obișnuit, apoi se înregistrează la recepție, face o programare și dusu-s-a la fel de ireal cum a venit, gata, asta a fost.

Tot ieri, dar după-masă, am fost la McDonald's, tot aici în cartier, cu bicicleta, fac asta cam o dată pe lună ca să văd ce se mai întâmpla pe-acolo, deci mă tot uitam întrebător în jur, ce să se întâmple, nimic, unul mănâncă un Big Mac, altul, cartofi prăjiți, altul, un Chicken Box, mă rog, chestii din astea foarte faine pentru stimularea colesterolului. Spre deosebire de sala de așteptare la medic, aici toți vorbesc non-stop, de pildă, o negresă la 30 de ani cu codițe din alea multe, multe, venită cu două fetițe, și alea cu codițe din alea multe, vorbește tot timpul la telefon, alții vorbesc chiar și între ei. Trag eu cu urechea la unul, la altul, nimic demn de relatat. Brusc, când mi-am pierdut deja orice speranță că s-ar mai putea întâmpla ceva, trece unul cu o geacă roșie rapid pe lângă mine, cu celularul la ureche, și zice foarte nervos, în româna cea mai curată din lume: mă, tu când vorbești cu mine, nu tragi apa! Atât: mă, tu când vorbești cu mine, nu tragi apa! Foarte interesant, nu?

Éva Edith Vereș: *I love you!* Din ce în ce mai mult, cu fiecare zi care trece! Musai să te citesc și în volum! Sper că nu te supăr tutuind, dar simt deja că suntem prieteni adevărați, nu doar din ăștia de jucărie, de Facebook.

1 martie

Vai, cât semănați, sunteți rude, *seid ihr Verwandte?!* a exclamat uluit prietenul meu Ludovic din Düsseldorf când i-am arătat fotografia aia făcută în Transilvania, Jan Cornelius și Dracula, iar Sanda din Reșița a fost și mai derutată văzându-mă cu acest venerabil domn. Care din ei ești tu? m-a întrebat. Cum care, chiar atât să mă fi schimbat?! A trecut un car de vreme de când am fost cu Sanda la școala primară, dar cred că mai are și azi cicatricea aia, de când am mușcat-o de gât într-o pauză, în clasa a IV-a. Pe 5 martie plec în Polonia, la Poznań, să-mi prezint cartea, asta-i joi, dar înainte de asta, marți și miercuri mă mai duc aici, la Jermania, la stomatolog, să-mi lungesc și ascut dinții, am două programări la Mara, una pentru fiecare canin. Traducătoarea mea în poloneză Radosława mi-a scris ieri: Nu uita să aduci și masca aia de Dracula cu tine! Pe asta chiar că n-o pricep, care mască?!

2 martie

Tot mai puțin oameni călătoresc cu mijloacele de transport în comun de frica virusului Corona, ca urmare tramvaiele și autobuzele sunt aproape goale. Așteptând ieri după-masă tramvaiul în stația Georg-Schulhoff-Platz, eram absolut sigur că sunt singur-singurel în stație, când am auzit brusc o voce agresivă, puternică în spatele meu. Când m-am întors, am văzut o femeie de statură mijlocie, în geacă și blugi, care vorbea singură gesticulând nervos, într-o limbă pe care n-o pricepeam. Am făcut câțiva pași îndepărtându-mă, mai știi cu nebuna asta, m-am gândit, apoi m-am liniștit oarecum văzând că nu se uită la mine, eram convins că are o hibă puternică și că, de fapt, rostește

non-stop cuvinte germane stâlcite, al căror înțeles nu reu-
șeam să-l prind, dar după scurt timp, mi-am dat seama că
vorbea, de fapt, suedeză. Aici, în Germania, mai toate fil-
mele sunt dublate, dar știu bine cum sună suedeza din fil-
mele lui Ingmar Bergman văzute pe timpuri în România,
în original, *Smultronstället, Sommarlek, Skammen*... Brusc,
mi-am dat seama că femeia, de fapt, purta căști minus-
cule și se certa cu cineva vorbind într-un microfon și că
era, în realitate, complet normală, dar poate că totuși nu
era, cine dintre noi e normal în ziua de azi și ce înseamnă
normal, m-am gândit, apoi a venit tramvaiul. Cine dintre
voi e normal să ridice mâna sus, am strigat după ce m-am
urcat în tramvai, noroc că nu era nimeni în tramvai, altfel
ar fi crezut ăia că nu sunt normal. La prima stație însă, a
urcat o negresă cu doi băieței și atunci mi-am amintit pe
loc că înainte cu o zi văzusem o negresă cu două fetițe la
McDonald's, dar nu era aceeași negresă, dar poate că totuși
era, poate că negresa de alaltăieri avea și doi băieței și
într-o zi pleca cu fetițele în oraș, în alta, cu băieții, prac-
ticând creșterea nediscriminatorie. Deci cei trei s-au așezat
cu cinci scaune mai în față și brusc am înregistrat un mi-
ros fin și discret de parfum, nu pot spune dacă venea de
la mamă sau mama îi parfumase pe cei doi băieței sau erau
parfumați toți trei, era imposibil să-mi dau seama de la dis-
tanță aia și nici nu mă puteam duce la ei și aplecându-mă
peste ei să-i miros pe rând, ar fi fost penibil, așa că am mai
adulmecat eu ce-am adulmecat de la distanță, până am re-
cunoscut deodată parfumul, era de fapt un after-shave, exact
ca ăla pe care-l folosesc eu, ca să fiu mai concret marca
Eau d'Issey și ca să fiu și mai concret mirosul ăla fin și dis-
cret venea de la mine, se mai întâmplă să încurcăm oalele.
Când am ajuns în Altstadt, am coborât și m-am dus să beau
o cafea la Rösterei 4, unde dintr-odată am avut impresia
de déjà vu, am avut brusc senzația stăruitoare că acea cafea

pe care-o beam acum e absolut identică cu cafeaua pc care-o băusem ieri, e pur și simplu același *flat white*, mi-am zis, și refuzând să plătesc pentru același *flat white* de două ori, am întins-o discret, fără să mai achit nota, sper doar să nu se fi prins chelnerul că iese scandal.

3 martie

Aseară, mi-a trimis Daniela din Londra pe Facebook o sticlă de vin virtual francez care-mi poartă numele, Jean Cornelius/Vin d'Alsace, vai, ce m-am bucurat! Și am golit tot aseară virtual toată sticla. Avea o aromă virtuală de picai pe jos și vinul mi s-a urcat virtual la cap și azi, când m-am trezit, am luat o aspirină virtuală și acum îmi merge virtual perfect. Ce-i al lor e al lor, fac francezii ăștia niște vinuri, de care sunt foarte mândri, pe drept. De-atâta mândrie au numit regiuni întregi ale Franței după vinurile lor: Bordeaux, Beaujolais, Bourgogne, doar vinul Jean Cornelius e numit după mine, *merci la France!* Acum, fără falsă modestie, am observat o chestie: pe unde mă duc, fac ăștia o băutură care-mi poartă numele, joi mă duc în Polonia să-mi prezint cartea și prompt au scos polonezii berea Cornelius. Radosława, care mi-a tradus cartea, mă așteaptă cu o ladă de bere, *piwo* Cornelius, Hazy Lager, la aeroport, sper că poate s-o care. Eu însă o să beau foarte puțin, mai mult de formă, ca să dau și eu noroc. De la 1 ianuarie am renunțat complet la alcool, nu mai beau decât apă plată și apă minerală și doar la prânz și seara vin, bere, coniac, whisky, votcă, depinde de dispoziție și de ce mănânc. Aici, la Jermania, apa a ajuns o problemă zilele astea, de când cu Corona, stochează nemții la apă, camioane întregi, de-abia apuca ăștia să livreze din nou. Și hârtia igienică a cam dispărut din magazine, de parcă nu s-ar putea refolosi în caz de criză!

Mda, oameni răsfățați pe-aici, prin Vest. Și când mă gân-
desc ce frumos era pe timpul lui Ceaușescu fără hârtie
igienică, aveai, în loc de asta, ziare cu portretul marelui
conducător pe prima pagină și pe toate paginile urmă-
toare, asta da hârtie igienică, ce-ți trebuia mai mult ca să
fii fericit! Dar ca să rămânem la hârtia igienică, azi când
m-am sculat, am dat drumul la radio și am auzit o știre
care m-a pus în fund: la un spital din Düsseldorf au dispă-
rut peste noapte recipientele cu dezinfectant de la intrare,
plus că dintr-un depozit din Neuss, un oraș la o aruncă-
tură de băț, a intrat noaptea o bandă de hoți șutind un
camion întreg plin cu recipiente cu dezinfectant. Obsedați
de curățenie băieții ăstia, o să-și spele mâinile de viru-
suri o sută de ani. Mă întreb cine-or fi obsedații ăstia de
spălatul mâinilor, se fac cercetări. Și acum închei, că tre-
buie să plec, uite că-mi sună telefonul, eu sunt și interpret
de română-germană, mă cheamă poliția, cică au nevoie
urgentă de mine, au prins niște infractori.

4 martie

Am aflat ieri că Târgul de carte de la Leipzig s-a revo-
cat din cauza virusului Corona, asta e, ce să mai spun, mă
bucurasem să întâlnesc acolo mulți scriitori. Consolare:
scriitorii nu-i întâlnim doar la târguri de carte, hai să vă
povestesc cum l-am întâlnit eu pe Peter Bichsel, dar ăsta
cine-o mai fi? Peter Bichsel e un scriitor elvețian de limbă
germană și unul dintre autorii mei preferați și acum câ-
țiva ani i-am spus unei amice din Frankfurt, Maria, când
mi-a spus la telefon că îl citește pe Peter Bichsel: *O ja, ich
kenne Peter Bichsel sehr gut* –o, da, îl știu foarte bine pe
Peter Bichsel și după aia a avut Peter Bichsel o lectură pu-
blică la Frankfurt și Maria s-a dus să-l asculte și la sfârșit

și-a cumpărat o carte de el și când i-a cerut un autograf, i-a spus: îl cunosc foarte bine pe Jan Cornelius, care vă cunoaște foarte bine pe dumneavoastră. Și Peter Bichsel zice: *O ja*, zice, o da, Jan Cornelius! Fain băiat, nu ne-am mai văzut cam de mult! Ce mai face? Face bine, zice Maria. Multe salutări de la mine, zice Peter Bichsel dându-i autograful și zâmbind. Așa că mă trezesc cu un mesaj de la Maria și Maria îmi scrie bucuroasă cam așa: dragă Jan, am vorbit ieri cu Peter Bichsel, care își amintește cu drag de tine și-ți transmite multe salutări! Ce să mai spun, asta m-a bucurat foarte mult, cu atât mai mult cu cât eu nu l-am întâlnit niciodată pe Peter Bichsel, mă referisem, desigur, doar la cărțile lui și-atât. Dar cum o fi, mă folosesc de textul ăsta ca să-l salut și eu.

Azi am răsfoit cartea *Eu, Dracula și John Lennon*, cu care mă duc în Polonia și tot răsfoind cartea, găsesc un bilețel în ea, o notiță din 15 noiembrie, anul trecut, în ziua asta am fost la Timișoara, unde mi-am notat următoarele: azi, la prânz, în pizzeria din Piața Unirii, vine unu' la mine și mă întreabă, cică, dumneavoastră lucrați la spitalul CFR? De ce? întreb. V-am văzut ieri acolo, zice. Da?! mă mir eu. Și ce făceam? Erați medic, zice. Asta scrie pe bilețel. Și acum îmi fac valiza pentru Polonia.

Polonia

5 martie

Gata, sunt la aeroport pentru zborul spre Wrocław, am venit de acasă cu S-Bahn, un tren local, 20 de minute, timp în care s-au petrecut lucruri dramatice. Lângă mine au stat trei roboți sau poate trei extratereștri la 35 de ani, care s-au întreținut tot timpul doar în cifre, au spus doar o singură frază folosind cuvinte englezești: *all are under-motivated but he is over-motivated, we have to stop him.* Toți sunt nemotivați, dar el e supramotivat, trebuie să-l oprim. Erau în mare alarmă, poate că nici nu erau roboți, o fi fost vreun *killer commando*, cred că aveau și arme. În fine, au coborât cu o stație înaintea mea, la Unterrath. Cum în ultimul timp am întâmpinat mereu oaspeți la aeroport, m-am dus după coborâre, din reflex, direct la *Arrival*, sosiri. După vreun sfert de oră, văzând că nu sosește niciun cunoscut sau prieten, am urcat la etajul întâi, la *Departures*. După *security check* m-a urmărit un tip în uniformă, strigând *Stop! Ist das Ihr Feuerzeug?* Asta-i bricheta dumneavoastră? După ce am recunoscut, nu m-a arestat, ci mi-a dat-o. Se petrec lucruri incredibile deci, mai ales că nimeni nu poartă mască, nici eu, deși acum mi-ar trebui una. Sau măcar un cuțit ca să tai fumul din *Smokers' Room*, dacă tot am bricheta, mă duc să fumez acolo.

> **Rodica Ro**: Vă admir, căci nu vă plictisiți niciodată! Și nici pe noi!
> **Ștefan Rothas**: în misiune secretă?

6 martie

Sunt la Legnica, aseară mi-am prezentat cartea, mare inte-
res al publicului pentru literatura română și pentru mine,
Dracula și John Lennon. Am vrut să mă culc în final la ora 11,
dar s-a făcut ora 11.30 până am găsit comutatorul ca să
sting lumina, mda, aici mă aflu în Est. Europa de Est și de
Vest sunt diametral opuse, în hotel la Bruxelles am căutat
comutatorul juma' de oră ca să *aprind* lumina. Camera de
hotel este imensă, ca să ajung din pat până-n baie și înapoi,
îmi trebuie cinci sau chiar zece de minute, depinde de cât
timp mă spăl pe dinți. Vizavi de hotel e o veche fabrică de
bere, care acum, după toate aparențele, produce pisici, am
văzut acolo foarte multe pisici, care se plimba printre ruine,
dacă le pun pe Facebook, m-am făcut om, nu mă mai mișc
de *like*-uri. Aseară, după prezentare, a fost coadă la auto-
grafe, am vorbit cu diferite femei foarte frumoase, pe care,
în Polonia, am observat că le cheamă pe toate cu M la în-
ceput: Maria, Marta, Malgorzata, Barbara, Eva, la ultimele
două M-ul nu se pronunță și nici nu se scrie. Bărbații se
numesc Adam, Jarek și Roman și fac mult sport, dacă nu
sunt prea comozi pentru asta. I-am dat aseară, după pre-
zentare, la urmă de tot, un autograf unui simpatic bătrânel
cu pălărie, care mi-a povestit pe larg, într-o română impe-
cabilă că a plecat în 1948 din România. Păcat că nu mai
știu deloc română, a spus trist, îmi închipui ce vesel era
când a știut-o. OK și acum mă duc să fotografiez pisicile și
după aia plec cu Radka și Sabra la Poznań, al căror prenume
tot cu M începe, atât că se scrie și se pronunță o dată cu
R și o dată cu S.

Mariana Bărbulescu: Mi-nu-nat!

Radosława Janowska-Lascar: Dragă, în loc de a scrie atâtea cuvinte (superbe, de altfel), trebuia să fi golit cele trei sticloanțe de bere Cornelius primite în dar de la poloneze și de la polonezii frumoși și om te făceai! Găseai imediat cel mai scurt drum până la baie!

Mara Thaler: Ha ha, bravo, acum observ că și eu tot cu M încep.

7 martie

Ieri dimineață am plecat cu trenul de la Legnica spre Wrocław, cu Radka și Sabra. La gara din Legnica există două ghișee, unul vinde bilete pentru trenuri rapide, unul, pentru trenuri mai încete, la ghișeul pentru trenuri mai încete coada e mai lungă pentru că femeia de acolo lucrează și ea mai încet. Toți care intră în acea încăpere lasă ușa larg deschisă, iar ea se ridică de fiecare dată de pe scaun și se duce s-o închidă, funcție pe care, așteptând-o pe Radka să ia bilet, am preluat-o eu, așa fiind și eu pentru prima dată în viața mea de folos într-o gară poloneză. Wrocław, unde am ajuns într-o oră, e un oraș foarte frumos, cu o arhitectură splendidă și multe statui, care se deosebesc de locuitorii orașului prin faptul că poartă măști anti-Corona, probabil că aici statuile se molipsesc mai ușor, că doar nu sunt de piatră, ci de fier. De la Wrocław la Poznań am mers două ore jumate cu trenul, într-un compartiment închis, ca pe vremuri, doar nașul lipsea. Eram opt oameni, deși ar fi încăput doar șase, deci călătoria a stimulat contactele umane foarte strânse. Polonezii sunt un popor introvertit și tăcut, așa că nimeni n-a spus nimic, doar un bărbat în vârstă a început brusc să cânte, dar după o strofă s-a oprit căzând pe gânduri. Eu am stat între Radka și Sabra, care amândouă citeau cu multă pasiune, iar eu neavând nimic de citit, am stat cu ele non-stop de vorbă. La Poznań, am fost înștiințat că, venind din Germania și fiind neamț, nu e permis să-mi prezint cartea la târgul de carte, după care mi s-a oferit ca binevenită alternativă să-mi prezint cartea la Universitate, discutând cu studenții, dar după aia am aflat că, venind din Germania și fiind neamț, nu e permis să-mi prezint cartea la Universitate discutând cu studenții, așa că am prezentat-o la un restaurant, unde au venit studenții de la Universitate, cu care am discutat. Nu ne lăsăm noi pe virus! Și acum îmi prezint cartea pe Skype, dintr-o încăpere din imediata apropiere a târgului, pentru ca publicul să mă poată vedea bine și fără ochelari. La începutul transmisiei, îi voi ruga pe toți cei care se uită la mine de la târg să-și pună măștile și să nu atingă ecranul. Dacă n-au măști, să le ia de la statuile din Wrocław.

8 martie

Ieri dimineață, după micul dejun, am citit ziarul în holul hotelului, păcat că era în poloneză, dar câteva cuvinte tot am priceput: Poznań, Alicja, Paulina și tagliatelle. Apoi a venit la mine un tip cu pantaloni de trening, care mi-a povestit pe larg tot felul de chestii, tot în poloneză, și după ce-am ridicat vreo zece minute din umeri, m-a întrebat: *you English? No, German*, am spus eu. *Aha! Germany Stau*, a spus el și-a plecat, a fost deci o conversație scurtă, dar foarte interesantă. Apoi am fost cu Sabra la un centru comercial imens, unde mi-am pierdut căciula și am regăsit-o, deci fericirea există totuși. După-masă, am dat cu Radka un interviu despre carte pe Skype, din holul hotelului, care s-a transmis la târg. Publicul a fost viu și interesat, un polonez din public mi-a spus că el a fost la Reșița; când el intra în oraș, toți reșițenii ieșeau, plecând să lucreze în străinătate, după aia în oraș a fost multă liniște și i-a plăcut. Seara, am fost la restaurant cu Radka, Sabra și Ludmila, editoarea, mâncarea a fost excelentă, dar nu mi-au adus berea, când am întrebat chelnerul de ce nu, mi-a spus cel mai lung cuvânt al limbii poloneze, care durează vreo cinci minute, Sabra mi l-a tradus, în română înseamnă *imediat.* Azi, la prânz, mă întorc la Düsseldorf, în situația actuală o să fie puțini pasageri în avion, probabil că doar eu și stewardesele, cred că nu va veni nici pilotul, na și ce, atunci pilotez eu.

Graziella Grozavu: De fapt, ai merita mai multe *like*-uri, dar scârbele astea de la Facebook nu permit decât un *like* pentru o postare. Tu ne înseninezi diminețile!

David Otilia: Aveți un umor!!!!

Adina Popescu: Jan, asta cu interviurile pe Skype din camera alăturată e pe bune? Chiar nu ai avut voie la târg? Că mă sperie.

9 martie

Ieri m-am întors la Jermania, Radosława m-a așteptat în holul hotelului Mercure din Poznań și m-a însoțit la aeroport, taxiul ne aștepta la intrare. Ia te uită, șoferul citește o carte, i-am spus Radkăi, ce frumos! Da, frumos, a spus Radka și s-a mirat și ea, cu atât mai mult cu cât taximetristul a continuat să citească pe drumul spre aeroport.

Așa-i cu unele cărți, nu poți să te oprești din citit, șoferul se uita mai mult în carte decât la drum, noroc că era duminică și nu erau și alte mașini pe stradă, lumea încă dormea. În fine, bucuros că am scăpat cu viață, i-am făcut cadou omului cartea mea în poloneză, cu autograf, s-o citească pe drumul înapoi în oraș. Așa-i deci în Polonia, taximetriștii sunt foarte culți și citesc în timpul mersului, pe când cei din România sunt în primul rând religioși, cu o mână țin celularul, iar cu cealaltă mână își fac mereu cruce, fiecare țară cu specificul ei. Am zburat la Düsseldorf schimbând avionul la Varșovia. În avionul Poznań-Varșovia, un avion mic, scaunele erau grupate două câte două, eu am stat singur pe două locuri, ceea ce n-a fost deloc ușor: întâi am stat la culoar, apoi m-am decis să mă mut la geam, apoi m-am decis să mă mut înapoi la culoar, apoi la geam, am ajuns efectiv epuizat la Varșovia, după numai o oră. Dar zborul a fost lin și liniștit, iar pasagerii au fost cu toții foarte tăcuți. Sabra mi-a spus că polonezii sunt, în general, mult mai tăcuți și introvertiți decât românii, deci polonezii pe care-i cunosc eu în Germania au fost trimiși pentru prea multă vorbărie în exil. Pe cele două scaune din stânga mea, dincolo de culoar, stătea o mamă cu un bebeluș în brațe, brusc bebelușul a început să tușească, aha, Corona! m-am gândit și am vrut să mă arunc sub scaun, dar după aia am văzut că bebelușul se înecase cu laptele pe care-l sugea dintr-o sticlă cu biberonul, am avut deci noroc. Avionul Varșovia-Düsseldorf a fost mult mai mare decât cel de Poznań-Varșovia și scaunele erau grupate trei câte trei, eu am stat la culoar. Lângă mine era un loc liber și apoi, la geam, stătea un tânăr cu căști pe urechi și cu mască, a fost singurul cu masca în tot avionul, era evident timorat, căci n-a scos-o decât de două ori, o dată ca să-și șteargă cu ea ochelarii și o dată ca să-și sufle cu ea nasul, așa-i dacă-ți uiți batista. În rândul din față și din spatele meu ședeau numai nemți, toți foarte joviali și bine-dispuși, vorbeau și râdeau tot timpul, las' că le-a trecut între timp dacă s-au uitat aseară la televizor, la știrile despre Corona. Eu am găsit înainte un e-mail de ieri, de la Ministerul Sănătății din Polonia, care mă sfătuiește să nu intru în contact cu străinii, cu italienii și cu nemții în special. O să-mi dau silința, deși va fi cam greu să mă tot evit.

Düsseldorf

10 martie

Ce-i nou la Jermania? Ieri după-masă am vrut să plec cu mașina în oraș, apoi m-am gândit cât de greu e să găsești un loc de parcare și am lăsat mașina acasă, am renunțat după aia și la bicicletă ca să nu mi-o fure și am plecat pe jos până la prima cofetărie, unde am băut un espresso fără zahăr și m-am uitat vreme îndelungată la o savarină cu multă frișcă, pe care totuși n-am mâncat-o. Ieșind din cofetărie, am trecut pe lângă o farmacie, pe a cărei ușă scria „Nu întrebați de măști, vă rugăm, că n-avem!" și mi-am amintit cum n-aveau pe vremuri nici carne și nici lapte în România și cred că n-aveau nici măști, dar de măști nu întreba nici dracu'. Apoi am ajuns acasă, unde ca să mai pierd ceva greutate, am mâncat dintr-un covrig pus deoparte special pentru ocazii din astea numai jumătate din gaură și după aia m-am uitat trei sferturi de oră la televizor, căruia, ca să-mi menajez cât de cât nervii, nu i-am dat drumul și la urmă am aterizat mort de oboseală în pat și am dormit fără vise. Dacă mă uit acum pe geam, văd că afară plouă și tot plouă ca-n Bacovia, dacă azi după-masă nu iese soarele, o să schimb macazul: vine prietenul meu Alfred la mine și-o facem lată, deja am pus trei sticle goale de vin alb de Bordeaux la frigider pentru că nu bem nimica.

11 martie

Am fost ieri la K21, Muzeul de Artă Modernă din Düsseldorf. Întâi am băut o cafea la cafeneaua muzeului, apoi mi-am dezbrăcat geaca și am lăsat-o la garderobă, deși mai logic ar fi fost să procedez invers, dar, mă rog, mai face omul câte-o greșeală. Muzeul se află într-o clădire istorică din secolul al XIX-lea, are trei etaje și o mulțime de încăperi. Într-una dintre încăperi am văzut un video foarte interesant al artistei plastice Marina Abramović, care arăta o femeie care se tot pieptăna, actul pieptănatului se reia non-stop și tot uitându-mă la ea, am simțit brusc dorința să mă pieptăn și eu, dar am strâns din dinți și am mers mai departe. Foarte mult mi-a plăcut o sală cu multe scaune roșii și când am aflat că alea nu-s obiecte de artă, ci doar obiecte de șezut, am profitat de ocazie și m-am așezat pe unul dintre ele. În altă sală, am văzut multe cărți vechi puse grămadă una peste alta, lângă ele, o mașină veche de scris și diferite obiecte de uz cotidian, totul într-o lumină obscură. Geanta a trebuit să mi-o las afară pentru că obiectele de pe masă nu erau bătute în cuie și, dat fiind că aveam buzunare la pantaloni, paznicul, o femeie, a intrat cu mine în sală, precis trecuseră mulți vizitatori strângăreți și iubitori de artă modernă pe-acolo și sala aia era pe cale de dispariție. Din când în când, în întuneric se auzeau voci rostind diferite cuvinte și fraze, paznicul mi-a explicat șușotind cu un puternic accent rusesc că vocile alea au o dimensiune ezoterică și supranaturală. Aha, Rasputin! am șușotit eu, ea a dat din cap și apoi mi-a spus că, dacă eu cred în ezoterism, pot să-mi pun acum în gând o dorință, care mi se va împlini. Mi-am dorit să găsesc la concertul din 3 iunie al lui Eric Clapton la Düsseldorf bilete la un preț sub 600 de euro pentru locuri de pe care se vede scena, dar nu cred că asta se va împlini, am dubiile mele cu ezoterismul și dacă treaba cu virusul ia amploare, se va anula și concertul, precis. Ieșind din sala întunecoasă, am văzut deodată pe coridor o bicicletă roșie Batavus, identică cu bicicleta mea, m-am urcat scurt pe ea să văd dacă se șade la fel de bine. *Down, down*, dați-vă imediat jos, a strigat un paznic venind în fugă, probabil pentru că n-aveam cască și mai ales pentru că nici nu era bicicletă, ci o operă de artă. Apoi am intrat într-o încăpere complet goală, pentru mine asta a fost opera de arta modernă perfectă pentru că reda cum nu se poate mai bine neantul, nimicul, îmi închipui câtă muncă l-a costat pe artist până a realizat-o. Și tot stând eu în camera aia goală și admirând-o, mi-a venit brusc o idee, m-am gândit să scriu și eu un roman de cel puțin 500 de pagini, cu un număr de zero cuvinte, chiar dacă mă va costa o groază de muncă, cred că merită osteneala, mă voi îmbogăți cu el, sută la sută, va deveni un bestseller pentru că toți cei care-l vor cumpăra nu vor mai trebui să-și piardă timpul citindu-l. În fine, am mai băut o cafea la plecare, acum fără geacă și, ajuns acasă, m-am dus direct în baie și m-am spălat bine, bine pe mâini, cu dezinfectant anti-Corona, uitându-mă mulțumit în oglinda de deasupra chiuvetei. Ce bine că n-am chelie, mi-am zis, apoi am luat pieptenele și am început să mă pieptăn ca femeia aia din videoul Marinei, bucurându-mă că acum sunt și eu un obiect de artă.

12 martie

În seara asta m-am întâlnit cu fiica lui Toni Erdmann, Ines Conradi în persoană, la Düsseldorf, vai, ce surpriză! *Hallo, wie geht's?* am întrebat-o, ce mai faceți? Și ce mai face Toni Erdmann? Mai umblă cu dinții ăia de Dracula și cu peruca aia de clovn? Mai rar, a spus ea, dar umblă. Cum de nu sunteți în Asia? am întrebat-o, că la sfârșitul filmului doar ați plecat din București la o firmă din Asia, să-i învățați pe ăia cum să-și reducă personalul. Gata, m-am săturat, acum sunt actriță, mi-am schimbat și numele, a spus ea, acum mă cheamă Sandra Hüller. Cred că a spus adevărul, am dat un *search* pe Google și am găsit-o acolo sub numele ăsta.

Întreabă unu' pe Facebook: se închid școlile, dar profii ce-o să facă acum? Și tot el răspunde: probabil că, pe modelul fotbaliștilor, care joacă fără spectatori, și profesorii or să predea fără elevi. Sare un prof până-n tavanul paginii virtuale, poftim, cum adică, ce glume-s astea, ăla care-a postat se scuză. Situația e într-adevăr tragică dacă unii își pierd acum complet simțul umorului, pe care mi-e teamă că nu l-au avut niciodată.

13 martie

Ieri am vrut să mă informez un pic despre starea de spirit din România la ora actuală și am citit tot felul de comentarii și explicații pe Facebook, mare-i grădina ta, Doamne! Dar o treabă m-a dat efectiv gata, m-a pus pe jos, m-a lăsat cu gura căscată: semnele de exclamare! E o demență totală cu semnele astea de exclamare, toți aruncă în stânga și-n dreapta cu ele, de parcă ar fi confetti la balul palatului!!! Gata, am înțeles, pericolul e foarte mare!!! Dar, oameni buni, un pic de decență, vă rog!!! Fraților, se înțelege ce vrei și dacă o spui direct și simplu, gata cu exclamările, basta!!! Că doar nu-i nimeni bou, Doamne iartă-mă!!! Lumea înțelege ce vrei și dac-o spui normal, dacă pui doar un punct la capăt!!! Dau unii cu semnele de exclamare de parcă ar da cu toporul, numai ca să vadă toți cât sunt ei de îngrijorați și cât e situația de gravă!!! Am văzut unu' care punea patru semne de exclamare doar la un simplu enunț statistic!!!!! Patru!!!!! Omu' ăla țipă practic, urlă ca dementu', am avut brusc impresia că tipu' vrea să mă strângă de gât, mi s-a făcut groază!!!!! Stau și mă crucesc și mă tot întreb ce-o fi în capul unora??? Dar asta cu semnele de întrebare, data viitoare. O zi bună!!!!!!!

> **Costin Călărașu:** Domnule Cornelius (de câte ori vă pronunț în gând numele, mă gândesc la personajul din al V-lea element), vă mulțumesc pentru postările dumneavoastră vii, care îmi înseninează de fiecare dată fruntea. Eu sunt un tip mai pretențios, dar la dumneavoastră am găsit umorul neforțat, spontaneitatea de gen Divertis de pe vremuri (anii '90) și bucuria de a comunica. Felicitări și țineți-o tot așa. Nu sunt un degrabă împărțitor de *like*-uri, nu e genul meu, dar considerați că aveți de fiecare dată unul de la mine.

14 martie

Ieri, conform indicațiilor generale, am stat toată ziua închis în casă, a fost o experiență foarte interesantă, pe scurt, s-au întâmplat următoarele: m-am sculat, mi-am dezinfectat mâinile, mi-am băut cafeaua, apoi mi-am dezinfectat mâinile. După aia m-am așezat pe un scaun, am lucrat o vreme pe laptop și la un moment dat m-am ridicat de pe scaun, măi, să fie, azi nu se întâmplă nimic, mi-am zis și m-am dus în camera de zi, unde brusc am întâlnit-o pe Carmen, ce surpriză! Ne-am salutat, dar nu ne-am dat, bine-înțeles, mâna, apoi eu am ieșit pe terasă. Pe terasa de vizavi am văzut-o pe *Frau* Meyer, care, ca întotdeauna, se grăbea să-și ude florile, încă înainte de-a începe ploaia. Jos, în stradă, a trecut făcându-mi cu mâna un vecin, José din Spania, *saludos, que tal*, ce mai faci José, nu lucrezi? Ba da, a spus José, dar mi-a spus șeful că de azi trebuie să lucrez de-acasă. Aha, am zis eu și m-am mirat foarte tare pentru că José e șofer de autobuz, deci conduci autobuzul de-acasă, am spus, incredibilă tehnica asta modernă! Care autobuz, a spus José, de-un an lucrez în domeniul IT, da, lumea se schimbă. După aia m-am dus în bucătărie și-am dat drumul la radio, dar, având nervii foarte slabi, l-am închis repede, apoi m-am așezat în camera de zi pe canapea, am șezut acolo o vreme, am închis ochii, apoi m-am ridicat brusc, deschizându-i din nou: văzută din picioare, camera arăta cu totul altfel decât văzută de pe canapea, foarte interesant! Apoi m-am dus în baie și mi-am dezinfectat mâinile și, când am ieșit din baie, dintr-o dată am întâlnit-o pe Carmen, ce mai faci, am întrebat-o, ce s-a mai întâmplat în ultima vreme? Lasă întrebările absurde, a spus ea, ți-ai dezinfectat mâinile? Da, am spus eu, dar tu ți-ai dezinfectat mâinile? da, a spus ea, a fost deci un schimb de replici scurt, dar foarte relevant, apoi Carmen s-a dus în camera ei, iar eu m-am așezat în fața laptopului. După cinci minute, mi-a sunat mobilul, ce surpriză, era Carmen, ce mai e nou, a întrebat, uite și eu pe-acasă, am spus eu, nu uita să-ți dezinfectezi mâinile, a spus ea, bine că-mi amintești, chiar voiam să te atenționez să-ți dezinfectezi mâinile, am spus eu. Apoi am tras adânc aer în piept, am strâns din dinți și am dat drumul la radio ca să ascult știrile: conferința despre virusul Corona anulată din cauza virusului Corona, a spus prezentatorul, asta da știre! Apoi mi-am dezinfectat mâinile și mi-am îmbrăcat blugii, geaca *outdoor* impermeabilă și tenișii, căci simțeam nevoia urgentă s-o iau din loc, să plec pe meleaguri îndepărtate, așa că am deschis cartea *Ocolul Pământului în 80 de zile* de Jules Verne și am intrat cu tenișii-n carte.

Hello, how are you, lume nouă, m-a salutat protagonistul Phileas Fogg când m-a văzut lângă el la pagina 74, călare pe un elefant în India și, până să apuc să mă feresc, mi-a dat mâna; am sărit afară din carte și m-am dus în baie să-mi dezinfectez mâinile, *shit happens!*

Ioana Scoruș: Jan, tu ești indispensabil pe vreme de Corona.

David Otilia: Minunată zi, minunată scriere!!!

Margareta Schiopu: Ador modul dumneavoastră de a scrie!

Diana Ionescu: Foarte amuzant. Cred că e prima dată când zâmbesc de când stau acasă.

Popescu Anton: Jan, dacă am mai avea câțiva oameni ca tine, cu siguranță că am învinge acest oribil dușman invizibil. Minunat scris!

Alta Ifland: Absolut extraordinar! E un text pe care l-aș propune pentru Premiul Corona (nu glumesc, cred că ar trebui lansate niște premii pentru cum să supraviețuiești pe vreme de molimă).

Alice Popescu: Adorabil! *Good literature also happens!*

Ionescu Aura: Bestial!!!

Maria Mazilu: Excelent scris!!! Molloy. Godot.

15 martie

Ieri am povestit pe Facebook cum îmi dezinfectez obsesiv mâinile și cum nu mai dau cu nimeni mâna, mulți au aplaudat cu ambele mâini, bineînțeles dezinfectate, iar prietena mea Luminița a avut chiar o propunere suplimentară: da, dar ai dezinfectat clanțele cu betadină? mi-a sugerat, te sun mai încolo, să-ți zic cum se face. Bine, sună-mă, am răspuns, dar nu m-a mai sunat, probabil că n-a avut timp pentru că și-a dezinfectat clanțele cu betadină până noaptea târziu. Dar oare ajunge să-mi dezinfectez clanțele? m-am întrebat după aia căzând pe gânduri, cred că e mai bine să le demontez. Zis și făcut, așa că am demontat clanțele și după aia am demontat și ușile, ca să am cât mai puține suprafețe purtătoare de viruși în casă, unii le zic acum virusuri, dar egal, virusurile sunt tot viruși. În stradă nu prea mai ies, așa că mă bucur că am acum mulți prieteni pe Facebook, mai stau cu ei la povești pe Messenger, îi mai blochez, mă mai blochează ei pe mine și uite așa se mai întâmpla câte ceva. Tot ieri, am primit un e-mail foarte interesant de la clubul de fitness, la care merg de vreo patru ani: noi, clubul tău de fitness, luăm foarte în serios răspunderea pe care-o avem față de tine ca membru, așa că am dublat numărul recipientelor de dezinfectanți, de care te rugăm să te folosești mereu în timpul antrenamentului. Dar măsura asta nu ne ajunge și conform recomandărilor Institutului de Virusologie „Robert Koch", am decis, spre binele tău, că pornind de astăzi, să închidem clubul nostru de fitness până pe 13 aprilie. Și acum mă duc să car ușile demontate în pivniță și după aia mă dezinfectez.

16 martie

Nu poți să stai numai și numai în casă, o iei razna, așa că ieri după-masă, am deschis precaut ușa, am scos încetișor capul uitându-mă în stânga și-n dreapta și, nevăzând pe nimeni, am apăsat pe butonul de lift și după ce mi-am dezinfectat degetul cu sprayul dezinfectant, pe care-l am mereu la mine, m-am strecurat în lift și am coborât la parter. Ajuns în hol, am văzut-o pe vecina mea Tania venind de-afară cu două pungi mari, pline, pline, m-am grăbit să-i deschid ușa, dar n-a vrut să intre, mi-a zâmbit doar de-afară făcându-mi semn să mă dau la o parte. M-am dat trei pași înapoi, Tania a intrat, *hallo, Tania*, am spus, *hallo, Jan*, a spus Tania trecând strâns lipită de perete spre lift. *Einkaufen?* ai fost la cumpărături, am întrebat-o ținându-mi bineînțeles mâna la gură, nu, aduc gunoiul, a spus ea întorcându-și capul în direcția contrară. M-am cam mirat, pentru că normal e să duci gunoiul dinăuntru afară și nu invers, dar azi lumea-i cam pe dos și nu mai poți fi de nimic sigur și desigur că n-am pus nicio întrebare adiacentă, ca să evit contactul de lungă durată. După aia, m-am dus în parcul de vizavi trecând strada pe care nu venea nicio mașină, puteai s-o folosești și ca loc de parcare, asta da situație de trafic rutier ideală. Apoi am intrat în parc, nimeni. Excelent, mi-am zis, sunt în siguranță, când deodată am văzut un bărbat și-o femeie, amândoi cam la 30 de ani, care stăteau de vorbă, la aproximativ doi metri distanță unul de altul. Cam aproape, m-am gândit, cam foarte aproape, dar poate sunt doi îndrăgostiți, nu poți să frânezi hormonii, a venit primăvara. Bineînțeles că nu m-am apropiat de ei, am luat-o rapid pe aleea paralelă, aici totul era în ordine, nimeni; brusc, a apărut un câine, un pechinez negru, de care era atașat o femeie. Am fost spre norocul meu total pe fază și am sărit rapid pe peluză, dar asta nu mi-a folosit la nimic, câinele a venit să mă adulmece dând din coadă, urmat de femeia care se apropia amenințător de rapid de mine. În jurul meu, doar teren descoperit, niciun tufiș, niciun gard, nicio groapă, așa că, neavând nicio alternativă, m-am cățărat în castanul de lângă mine, o soluție se găsește întotdeauna, niciodată nu trebuie să-ți pierzi speranța. *Hei, was ist los!* Ce faci aici, caută-ți alt pom! am auzit brusc o voce între crengile de deasupra capului; am tresărit, ridicând privirea, deasupra mea era vecinul meu Gerd, ăla care stă împreună cu Markus la etajul patru, era într-un costum de trening roșu. Vai ce m-am speriat, *hallo, Gerd*, ce dracu' faci tocmai aici, l-am întrebat cu gura căscată, ce dracu' să fac, a spus Gerd, te-am văzut venind și m-am pus în siguranță.

17 martie

Acum trebuie să stăm cu toții în casă și asta și fac de două zile, ieri am fost doar la un muzeu virtual în San Francisco, apoi m-am plimbat printr-o carte, *Cinci săptămâni în balon* de Jules Verne, am traversat deci Africa într-un balon cu hidrogen și m-am simțit super în aer, fără niciun fel de virus Corona prin preajmă. Apoi am închis cartea și m-am dus ca și alaltăieri în parcul de vizavi, unde încă e voie să intri, doar am trecut strada, dar înainte, m-am uitat, desigur, de trei ori în stânga și-n dreapta. Ce fain, mi-am spus, nicio mașină și am mai zăbovit pe-acolo vreo trei, patru minute inspirând adânc aerul curat ca la munte, apoi am trecut strada și mi-am dezinfectat mâinile. Era cald și soare, o adevărată zi de primăvară, îți venea să-ți iei zborul precum pasărea, uitând de orice problemă și intrând într-o stare de impondebari... imponderalibi... impondebili... mă rog, practic pluteam de fericire, aveam impresia că umblu cu pas sprințar prin aer, precum Iuri Gagarin, Dumitru Prunariu sau Neil Armstrong. Și apropo de umblatul prin aer, nu era nimeni pe nicio alee, doar o pereche care umbla în mâini pe-o pajiște și câțiva tipi care întinseseră niște panglici între copaci și se tot plimbau pe ele, măi, să fie, cum s-a schimbat lumea de azi pe mâine, mi-am zis privindu-i. Pe fiecare panglică era o singură persoană și pericolul să-ți iasă cineva pe panglica pe care umblai tu în cale și să te contamineze era practic zero, asta da ingeniozitate, mi-am zis și brusc mi-a venit o idee absolut super, am făcut stânga-mprejur și, trecând din nou strada, am intrat în blocul meu, desigur, nu înainte de-a dezinfecta clanța de la intrare, și-am coborât în pivniță, desigur, nu înainte de-a dezinfecta clanța ușii de la pivniță și în pivniță am luat două scânduri albe, foste rafturi de la Biblioteca „Billy" de la Ikea, pe care o demontasem vara trecută, înlocuind-o cu o bibliotecă mai mare. M-am întors cu scândurile alea două sub braț în parc, nu înainte de-a dezinfecta clanțele și, ajuns în parc, m-am oprit la vreo 20 de metri de aia care umblau pe panglici. Apoi am luat frumușel prima scândură și am potrivit-o în aer la înălțimea genunchiului, am înțepenit-o acolo, am smucit de ea ca s-o verific; deși nu se sprijinea pe nimic, era bine fixată în aer. Apoi, m-am urcat pe ea cu a doua scândură în mână, pe care-am potrivit-o din nou în aer la înălțimea genunchiului și după ce m-am urcat pe ea, am luat prima scândură de sub mine așezând-o deasupra scândurii a doua și tot așa am urcat în aer, până am atins o înălțime de cel puțin cinci, șase metri fără niciun accident, Doamne ajută. *Hallo, alles gut*, le-am strigat apoi de sus în germană ălora care umblau sub mine pe panglici, totul în regulă? Dar ei nici că m-au luat în seamă, poate că nu pricepeau germana, *hello*, le-am strigat atunci în engleză, *how are you, guys, have a look at me, it's really crazy!* Ia uitați-vă aici la nenea, pe unde umblă, dar aia, nimic, își vedeau mai departe de plimbatul lor pe panglică, de parcă numai ei ar fi fost pe lume, așa-s oamenii m-am gândit, fiecare crede că el a făcut rahatul praf, asta-i situația. Pe lângă mine zburau diferite păsări, ciori și papagali, printre altele, e plin de papagali în parcul de lângă mine, zici că ești în America de Sud, nu alta, cândva au scăpat doi dintr-o colivie și după aia s-au înmulțit, nu glumă. În fine, am stat eu ce-am stat prin aer și chiar dacă nu m-a luat nimeni în seamă, a fost trăsnet,

dar la un moment dat mi-a ajuns și am coborât din nou
încet, dar sigur pe-o alee, după aia am luat scândurile sub
braț și gata. Deodată, la orizont apare un tip cu cinci pa-
chete de hârtie igienică a câte zece suluri. Incredibil! Și
sunt sigur că mai avea cel puțin zece pachete de hârtie
igienică acasă, pe când mie acuși hârtia igienică mi se ter-
mină și nu găsesc alta niciunde, incredibil! *Wo gibt's denn
Toilettenpapier*, unde-ai găsit hârtie igienică dom'le, îl în-
treb și când îmi răspunde de la o distanță de vreo cinci
metri, las naibii scândurile alea două pe-o bancă și o iau
la goană în direcția Aldi.

18 martie

Nu-i de glumă, s-a anunțat la radio că autobuzele din
Düsseldorf-Bilk, unde stau, vor veni doar o dată la două
ore, ceea ce m-a bucurat, căci până acum nu veneau de-
loc, dar, mă rog, de plecat oricum nu se mai pleacă nicăieri.
Oamenii stau vrând, nevrând toată ziua închiși în casă,
pariez că după cel mult nouă luni, atât numărul nașteri-
lor cât și al divorțurilor va crește vertiginos, fiecare cum
poate. Conversațiile în cadrul cuplului nostru se reduc acum
la doar câteva fraze esențiale supraviețuirii, stinge, te rog,
radioul ăla și televizorul că altfel mă arunc de pe terasă,
îi spun din când în când lui Carmen. Apropo de terasă,
pentru că nu prea se întâmplă multe când stai toată ziua
închis în casă, am decis ieri să fac cu Carmen exerciții de
recunoaștere a florilor de pe terasă; ea le cunoaște bine,
eu le mai încurc uneori, cunosc la sigur doar trandafirii,
mai ales după gust, pentru că din ei se face dulceață și
apoi cactușii, pe care-i recunosc cu ochii închiși dacă pun
mâna pe ei. Deci ieri ne-am dus pe terasă și în soarele

după-amiezii am făcut o mică lecție de botanică, ca proaspăt elev am mai făcut mici greșeli, încurcând, de pildă, margaretele cu mușețelul, ceea ce mi se pare foarte normal, ambele încep cu M, au flori albe și din ambele se face un ceai foarte vestit. Ceaiul de margarete e foarte vestit prin faptul că, în afară de mine, nu-l știe nimeni. Și acum mă duc să-mi fac o cafea, *a coffee to go*, o fac în bucătărie și mă duc cu ea în cameră.

> **Rodica Draghincescu:** te rog să ne povestești zi de zi, mor de râs, mai bine așa decât de Corona.
> **Mariana Gorczyca:** *Ich liebe dich! (Carmen, kein Problem!)*

19 martie

În ultimele zile, în Europa comunicația s-a mutat tot mai mult în domeniul online, în Germania, adunările publice sunt încă permise, dar numai dacă mulțimea care se formează nu depășește o singură persoană și chiar și asta e deja prea mult. Școlile și grădinițele s-au închis, drept care copiii trebuie să rămână acasă, unde descoperă brusc că pe lângă învățători și profesori mai au și părinți, asta da surpriză! Lecțiile de la școală au loc acum pe cale virtuală. Prietenul meu Dan povestește că fiului său Filip, din clasa a VII-a, îi place foarte mult să meargă online la școală, la fel și colegilor săi de clasă. Ciudat e doar când ne strigă doamna pe WhatsApp „Liniște în clasă, copii!" a comentat ieri Filip și tot ieri doamna l-a pus la punct pe Radu, dacă mai ești o dată obraznic, te pun offline! Și eu am redus considerabil întâlnirile directe cu Carmen, noroc că avem o locuință mare, eu stau la mine în cameră, ea, la ea, dar în fiecare dimineață la ora 7 facem o conferință video, să vedem când, cine foloseşte baia, apoi eu printez programul şi-l afişez pe uşă, ca să evităm aglomeraţia. Doi simultan pe aceeaşi toaletă nu merge, iar baia din spate se deschide doar în cazurile de urgenţă. Azi m-am trezit deja la şase şi am fost la baie în afara programului, aşa că am plătit amendă, cinci foi de hârtie igienică dublă, fiecare are hârtia să igienică proprie, cu criza asta. Legătura video de la ora 7 a fost proastă, de văzut o vedeam bine pe Carmen, dar n-o auzeam, aşa că după vreo trei minute m-am dus şi am bătut la ea la uşă, fără s-o deschid, desigur. Lasă-mă, te rog în pace, a spus ea, nu vezi că vorbesc pe Skype cu tine? Ba văd, i-am zis, dar nu te aud, asta-i problema. N-am ce să-ţi fac, mai încearcă să mă suni o dată. M-am dus la mine în cameră şi am mai sunat-o o dată, acum o auzeam bine, dar n-o vedeam, acum te aud bine, dar nu te văd, i-am zis, eu te aud şi te văd bine, a zis ea, am impresia că nu ştii să umbli cu laptopul. Asta chiar a fost culmea, mi-am ieşit din pepeni şi am închis laptopul, apoi m-am ridicat nervos în picioare şi m-am dus pe terasă. După o vreme, a apărut şi ea, dar nici nu voiam s-o văd, aşa că m-am întors din nou la laptop, i-am dat drumul şi am sunat-o.

Adrian Alui Gheorghe: Dragă Jan Cornelius, vei scoate cel mai viu, frumos, spumos jurnal din vremea coronavirusului!

Ioana Alexandra: Cu cât staţi mai mult acasă, cu atât creşte cantitatea de umor pe unitatea de timp virtuală!!!

Claudia Senescu: Ce bun e umorul de calitate, ca o gură de cafea proaspătă.

Ioan Mihai Cochinescu: Jan Cornelius, eu şi soţia mea suntem fanii tăi, *forever*. Aşa ceva!

20 martie

La Düsseldorf, deocamdată mai e voie să ieși din casă ca să te aerisești un pic, singur sau cu partenerul cu care stai în casă; niciodată n-am văzut atâția oameni plimbându-se singuri. Ieri după-masă, umblând prin parcul de vizavi, am trecut pe lângă o femeie la 40 de ani, așezată singură pe-o bancă, care vorbea la telefon, *ich habe Beweise*, a spus, am dovezi dragă, *jawohl*, da, le-am găsit în celularul lui, da, sigur! Ce mai cauți aici, i-am zis, hai, pleacă, *hau ab*! Du-te, mă, la Amelia, la Roma, hai, valea, i-am zis, dar uite că n-a plecat, tot acasă a rămas, așa-s bărbații.

Mda, cam greu cu călătoritul și mișcarea în zilele astea, eu ieri am făcut și o mică poezie pe tema asta: Tot în casă, tot în casă, /Îmi vine să sar de pe terasă. Apoi i-am trimis poezia asta lui Alex pe chat, la ce etaj stai, m-a întrebat Alex, la trei, păi atunci hai mai bine să sari de la noi, a zis. Alex stă la parter, așa că asta ar fi o alternativă foarte OK, atât că el locuiește în Normandia, cam greu să treci acum granița Germania-Franța, poate doar dacă ai hârtie igienică în portbagaj, să ungi poliția de la frontieră. Dar în Germania nu se mai găsește hârtie igienică nici să dai cu tunul, au cumpărat-o toată francezii, veneau cu mașina, umpleau mașina până la refuz cu hârtie igienică și dă-i gaz înapoi în Franța. Cred că de aia au și închis nemții granița acum trei zile, ce-au reparat Adenauer și de Gaulle au distrus ăstia cu hârtia igienică. Președintele Olandei, Mark Rutte, a spus ieri într-un supermarket adresându-se disperatei sale națiuni, citez: „Cetățeni, n-aveți de ce vă teme, avem atâta hârtie igienică încât, începând de azi, ne putem căca cu toții cel puțin zece ani fără nicio problemă!" Ce națiune fericită, olandezii ăstia! Eu am fost cu adevărat fericit doar pe vremuri, în comunism, n-aveam nici atunci hârtie igienică, dar în schimb aveam ziare, de pildă *Scânteia*, asta da hârtie igienică, ce desfătare supremă s-o folosești, mai ales că pe fiecare pagină era portretul lu' nea Nicu. Dar hai să ne concentrăm pe ce ne doare astăzi, lumea se pregătește de atacul virusului, au zis ieri la știri că pe chestia asta în America s-a înzecit numărul armelor vândute, da, înzecit, cowboy-ii vor să împuște evident virusul, *to shoot down that fucking bastard.* Iar în Germania s-a dublat numărul prezervativelor vândute. *Fuck*, e clar ce-au de gând să facă nemții cu virusul.

> **Oliver Balica**: Absolut fabulos! Îmi faceți ziua mult mai frumoasă!
>
> **Dora Morodan**: Vă citesc cu atâta plăcere! Deși nu vă cunosc, să știți că intrați zilnic în casa mea, în această perioadă de izolare.
>
> **Irina Kiss**: Tare de tot!
>
> **Florescu Ioana**: Mulțumesc din suflet pentru gândurile dumneavoastră trăsnite!

21 martie

Afară-i timp frumos, e primăvară cu cer albastru, înalt, nu ca tavanul ăsta din cameră, dar, mă rog, eu oricum am de lucru în dimineața asta, tre' să șterg mesajele de pe Facebook și de pe WhatsApp, cu explicații și sfaturi, apoi trebuie să nu ies în stradă, să-mi dezinfectez mâinile, să păstrez o distanță de cel puțin un metru jumate față de ceilalți și mai ales să nu ies în stradă. Și să nu iau în niciun caz ibuprofen, de-o săptămână încoace am primit vreo 20 de mesaje pe tema asta, cu o sută de linkuri. Ba nu, ibuprofen pot să iau liniștit, mi-a scris ieri Christian pe Messenger, au zis și alaltăieri la știri ca ibuprofenul e OK, Christian e prof de matematică la universitate și știe ce spune. Mersi, Christian, *danke schön*, i-am scris și după aia am stat și m-am tot gândit, Christian ăsta-i băiat deștept, dar de fapt ce-am eu cu ibuprofenul, în viața mea n-am luat ibuprofen și mai înainte i-am trimis un WhatsApp lui Carmen, la ea în cameră – ea, la ea în cameră, eu, la mine, *social distancing*. Da, ibuprofenul e total OK, mi-a confirmat Carmen, unul pe zi e foarte OK, de unde știi asta, o întreb, de la Christian. OK, atunci totu-i în regulă, zic, avem ibuprofen în casă? avem, și tu ce mai faci, o întreb, uite, și eu prin casă, zice, și tu? Eu, nimic, zic, chiar mă gândeam să iau un ibuprofen. OK, zice, e în sertarul din spate, în dulapul alb, dezinfectează mânerele înainte de-a deschide, te sun pe Skype mai încolo și să nu ieși sub nicio formă din casă! Nu, bineînțeles, zic, nu ies nici să mă tai, mă duc doar să fac niște cumpărături și niște hârtie igienică, dar asta oricum nu se găsește, fă-mi o listă cu ce să cumpăr, dezinfecteaz-o și pune-o pe masa din bucătărie. Cum?! Ce?! Ai înnebunit?! zice, stai, mă, în camera ta, cumpărăturile le fac eu, dacă nu ies din casă, o iau razna. Dar ce se întâmplă, adaugă speriată, aud că tușești, tu chiar ai tușit acum sau halucinez? zice înnebunită, da, m-am înecat cu cafeaua zic, mi-am ars gura. Doamne ajută, zice ea, și sper că-ți curge nasul! De ce să-mi curgă, zic, păi dacă tușești uscat și nu-ți curge nasul, înseamnă că... aaa, știu, o întrerup, am primit ieri vreo 20 de linkuri pe tema asta, stai liniștită, a fost o tuse umedă, cafeaua a fost foarte udă. OK, aici discuția se termină, după aia mă uit în telefon ca să fiu la curent cu știrile, poți să iei chiar și două ibuprofenuri pe zi, îmi scrie Christian pe WhatsApp, vai ce bine, uite-n sfârșit o veste bună!

Mariana Bărbulescu: Ești o binecuvântare, Jan! Așa se creează dependențele – acum, dependența de zâmbet!

Robert Babiak: Jan, după ce trece nebunia asta, strângi frumos toate postările și le publici într-o carte. Să poată citi și nepoții strănepoților noștri în vecii vecilor prin ce am trecut noi în anul de pomină douăzeci-douăzeci.

Cleopatra Lorintiu: Excelent jurnal de izolare. O să fie o carte excepțională! Ce vă faceți dacă vin la lansare toți cei care vă citesc și se amuză?

Jan Cornelius: Mulțumesc, dacă vin toți la lansarea jurnalului de izolare, gata cu izolarea!

Vasile Crișan: Ești irezistibil, Jan Cornelius! Cred că ne-am văzut în sala 30 pe când eram mai tineri și la trup curați. *Ave, ahoe!*

22 martie

La Düsseldorf, azi, s-a mai putut ieși totuși scurt din casă, de unul singur, în zonele neaglomerate, în parcuri, păstrând distanța de cel puțin 1,5 m față de toți ceilalți. La Düsseldorf, azi, a fost la modul incredibil soare, așa că am fost să fac scurt o tură pe-afară, în parcul de vizavi, un cer albastru, albastru spre alb, un albastru pastel, iarba verde, verde, umbrele pomilor lungi dungi întunecate, ici colo câte-un om, doi, un copil, doi, câte-un câine – totul foarte liniștit, idilic, pete de lumină și umbră, am avut brusc impresia că fac parte dintr-un tablou, poate *La Grande Jatte* de Seurat, în care personajele au prins să se miște, încet, liniștit sau doar stau încremenite contemplând lumea, merg agale prin iarbă, în fața mea, pe-o alee, două femei pe-o bancă, parcă ar fi surori, la cel puțin trei metri distanță de ele o altă femeie, în picioare, mică de statură, cu o poșetă gri, cele trei stau de la distanță de vorbă, vine o a patra femeie cu un ogar în lesă, face un ocol de vreo trei metri prin iarbă în jurul celor trei, apoi se oprește și se întoarce spre ele de la distanță, din cauza dumneavoastră a trebuit să fac un ocol de trei metri prin iarbă, zice, deci cred că ar fi mai bine, dacă v-ați muta acum dumneavoastră trei în iarbă, pentru că eu când mă întorc imediat tot pe-aici cu câinele, vreau să merg pe alee.

Apoi eu îmi continui drumul prin iarbă, în fața mea, mult prea aproape, apare un pom, fac un ocol cam de trei metri în jurul pomului, îmi continui drumul pe alee, îmi întorc capul, din cauza dumneavoastră a trebuit să fac un ocol de trei metri pe alee, îi zic pomului, deci cred că ar fi mai bine dacă v-ați muta acum dumneavoastră pe alee, că eu, când mă întorc imediat tot pe-aici, vreau să merg prin iarbă, și pomul ce să zică, pomul stă mișcându-și când o creangă, când alta, dar nu zice absolut nimic.

> **Gabriela Trandafir**: Frumos! Ca întotdeauna.
> **Florina Grigore**: O schimbare subtilă de registru. Ca într-o poezie de Sorescu, șăgalnic, tandru, delicat.

23 martie

Ieri dimineață, mă scol, afară, soare, îmi iau cafeaua în bucătărie și ies cu ea pe terasă, terasa mea e spre Est, ceea ce-i perfect dimineața. Pe balconul de vizavi, Werner și Petra, *guten Morgen, Werner, guten Morgen, Petra, hallo Jan, alles OK, ja*. Werner și Petra fac de cinci zile *home office* și amândoi fumează din când în când pe terasă și când apare fiul lor Robin, 16 ani, care-i acum și el toată ziulica

acasă, ascund țigările și dispar. Și Robin fumează din când
în când pe terasă și când apar Werner și Petra își ascunde
și el țigara și se evaporă, asta da simetrie și coordonare,
conflictul între generații astăzi practic nici nu mai există.
Părinți și copii trăiesc, mai ales de niște zile încoace, într-o
armonie perfectă, toți sunt de aceeași părere, prietena mea
Dana mi-a relatat următoarele: stai în casă, stai, naibii, în
casă, îi spun mereu lu' tata la telefon, care are 90 de ani și
tot vrea să umble pe-afară, stai în casă, stai naibii în casă,
îmi tot spune mie fi-meu Andrei, n-ai ce să cauți afară, stai
în casă, în casă, tati, stai în casă, îi tot zice nepotu-meu Leo
lu' fi-meu, că azi n-am grădiniță. Soacră-mea face 87 de
ani în mai și principala ei caracteristică este că-i place să
facă sarmale, o oală mare cât casa, pe care-o aduce mereu
cu tramvaiul, dar cu camionul ar fi mai potrivit. Eh, acum
am mai îmbătrânit și eu, zice, nu mai pot să vin pe jos când
aduc sarmalele, dar ce să-i faci, asta-i viața, soacră-mea stă
în nordul orașului și noi, în centru, la o distanță de zece km.
Spune-i, te rog, lu' maică-ta că acum gata cu sarmalele,
i-am zis lu' Carmen, nu e de joacă! Nu pot să-i fac asta, e
maică-mea, mama, mămica, spune-i tu, așa-i mult mai bine.
Ba, nu-i bine deloc, zic, n-am cum să-i spun eu, trebuie o
pregătire specială pentru așa ceva, eu nu-s nici psiholog,
nici psihiatru, i-aș provoca o traumă ireparabilă, îi spui tu
că-i maică-ta. OK, îi spun, dar o să mă urască toată viața,
zice Carmen, păi, dacă mai vine în continuare cu sarmalele,
gata pe veci cu ura, zic, ce-i ăsta, umor? zice Carmen, nu,
zic eu, e Corona. OK, Werner și Petra și-au ascuns țigările și
au dispărut, Robin e pe balcon și fumează, trăgând vigilent
cu ochiul în cameră, ce zi frumoasă! Soarele strălucește,
păsările ciripesc, sub terasă, printre pomi, apar patru puști
și se joacă cu mingea, stai puțin, ce dracu' caută ăștia acum
afară, măi, voi ce dracu' căutați acum afară, hai, valea, strig,

dar numai în gând, că altfel se ofuscă părinții, total incon-
știenți ăștia, domnule! Ei na, și eu acum, să lăsăm copiii
să fie copii, copiii nu-s periclitați de virus, ei doar se joacă
puțin și și-l pasează unul altuia precum mingea și după aia
se duc și-l pasează părinților și bunicilor, care nu prea mai
pasează după aia la nimeni nimic. Sună telefonul, intru în
casă, la telefon, soacră-mea, cum merge, zice, bine, zic, știi
ce m-am gândit, zice, conflictele trebuie rezolvate, hai să
uităm totul, am făcut ieri o oală mare de sarmale, nu mai
vin la voi cu tramvaiul, vin cu autobuzul.

> **Radosława Janowska-Lascar**: O traduc și pe asta în polonă,
> să știi, Jane.

24 martie

Toți trebuie să tot stăm în casă și tot stând în casă, mi-am
dat seama că sporturile practicate afară, *outdoor sports*,
se pot practica și înăuntru ca *indoor sports*, se poate schia
nu doar în Alpi, ci și în camera proprie, din vârful canapelei
până pe covor. *Not macht erfinderisch*, cum se zice pe-aici,
nevoia învață pe om. Eu am ieșit în dimineața asta cu mult
soare pe terasă ca să observ păsările, *birdwatching* se nu-
mește asta, am stat și m-am tot uitat pe sus când cu ochiul
liber, când cu binoclul, când cu ochelarii, care însă mai
mult m-au încurcat, dat fiind că erau ai lui Carmen, eu
neavând nevoie de ochelari. La păsări mă pricep binișor,
sunt un fel de ornitolog, dar prietenul meu Peter Porsche e
și mai bun decât mine, și-a făcut chiar și doctoratul în or-
nitologie, el practicând de mulți ani ca otorinolaringolog,
are un cabinet de otorinolaringologie, pe scurt un cabinet

ORL unde se ocupă în principal de păsări și de laringele omului, îngrijorător mi se pare că la el, în sala de așteptare, n-am văzut niciodată nicio pasăre. Prietenul meu Werner din Baden-Baden, în schimb, e complet pe dinafară la capitolul păsări, m-a întrebat chiar ieri care e deosebirea între vrabie și vultur, când între vrabie și vultur nu este de fapt nicio deosebire, ele fiind identice din trei motive: ambele specii au cioc, ambele specii au aripi, dar cel mai mult și mai mult se aseamănă prin faptul că Werner nu le deosebește. Eu, în dimineața asta, am văzut în interval de-o oră, cât am stat pe terasă să observ păsările, 24 de păsări; unele dintre ele au fost atât de interesante încât am vrut să le fotografiez, dar până mă întorceam cu aparatul foto instant din cameră, erau dispărute. Așa că am fotografiat în loc de păsări o furnică, care mi s-a urcat la un moment dat pe piciorul stâng, dar n-o postez, mai bine postez niște versuri de Tudor Arghezi, marele poet român, căruia i s-a urcat și lui odată o furnică pe picior:

> O furnică mică, mică,
> Dar înfiptă, va să zică,
> Ieri, la prânz, mi s-a urcat
> De pe vișinul uscat
> Pe picioare, pentru căci
> Mi le-a luat drept niște crăci.

OK, sună telefonul! Carmen mă-ntreabă ce fac, uite și eu pe terasă, zic, și tu, uite și eu prin casă, super, zic, știi ce, am o idee, sunt avid de ceva total nou, hai să schimbăm locurile!

Rodica Dinescu Trofin: Cred că râsul său, chiar numai un zâmbet e binevenit în izolarea noastră mai mult bântuită de spaime și griji decât de glume.

25 martie

Nu trebuie să te urci neapărat într-un avion ca să ajungi
hăt departe, merge și altfel, Mary Poppins, de pildă, a folo-
sit pentru voiajele ei aeriene o umbrelă, iar Nils Holgerson
a încălecat, în același scop, o gașcă sălbatică și apoi să nu-i
uităm pe ăia care-au încălecat pe-o șa și ne-au spus po-
vestea așa. Deja în copilărie m-au fascinat acești eroi ai
deplasării alternative, pe care mă tot străduim să-i imit,
cu rezultate nu chiar așa de bune. Sărind de pe masa din
bucătărie cu umbrela, în loc să plutesc prin aer, am aterizat
pe podea, scrântindu-mi piciorul, iar gâștele sălbatice cu
care am vrut să decolez nici nu prea existau în România.
Un vecin mi-a spus că aș putea să decolez și călare pe-o
vrabie, o prinzi punând-i sare pe coadă, m-a sfătuit, ce pă-
cat că vrăbiile mălai visau și nu se lăsau sărate. Ajuns la
maturitate însă, am făcut o mare descoperire, pentru zbo-
rurile mele strict personale îmi folosesc patul. Trebuie doar
să aprind lampa de citit, să deschid o carte și voiajul începe,
nu trebuie să-mi fac în prealabil valiza, nu există frica de
zbor, în afară de asta, călătoresc desculț și am tot patul doar
pentru mine, condiții de lux, ce mai! Plus că ghizii mei de
pe alte meleaguri sunt oameni de suflet, plini de talent și
spirit, făcând parte dintre prietenii mei cei mai apropiați;
când am nevoie de ei, sunt mereu lângă mine, iar când
n-am, nu sunt aici. Am fost, de pildă, în Africa cu Karen
Blixen, în Irlanda, cu Heinrich Böll, în sudul Franței, cu
Peter Mayle, la Veneția, cu Thomas Mann, la București, cu
Mircea Cărtărescu, la New York, cu Paul Auster, în Columbia,
cu Garcia Marquez, în Lilliput, cu Swift și chiar și în viitor,
cu Huxley și acum, pentru că tot globu-i în carantină, stau
ca toată lumea în casă și călătoresc în jurul camerei unui
tip din secolul al XVIII-lea, Xavier de Maistre, a scris ăsta
o carte *Voyage autour de ma chambre*, după ce s-a duelat

cu nu știu ce ofiţer și l-au băgat la zdup. La sfârșitul călă-
toriilor mele cu patul, aterizarea e mereu super lină, doar
ieri am adormit în timpul zborului, prăbușindu-mă ca o
cometă de cameră pe podea, dar astea-s riscurile meseriei
de zburător. În rest, patu-i foarte OK, îl recomand cu mare
căldură, nu numai pentru zburat, vorba lui Groucho Marx,
un om care știe ce spune, căci a stat ani și ani de zile în
pat, ca noi toți de altfel: „Orice activitate pe care n-o poți
exercita în pat mai bine las-o!"

> **Cătălina Butoi:** Maestre, vă citesc cu plăcere pentru că
> aveți umor și o atitudine echilibrată și pozitivă în orice
> situație. Continuați să ne scrieți în fiecare zi cu ta-
> lentul dumneavoastră, de așa ceva avem cu adevărat
> nevoie!

26 martie

Deci stau de mai multe zile închis în casă, pe terasă am
fost înainte, la baie am fost deja de șapte ori să-mi dezin-
fectez mâinile, pe hol și în bucătărie am fost, în dormitor,
în camera de zi am fost, dar niciunde nu se întâmplă ni-
mica, la Aldi n-are rost să mă duc că nu mai au demult
hârtie igienică, ce să fac, ce să fac, îmi zic eu ieri după-masă
închis în casă, vreau să fac ceva util, ceva ce să se vadă,
ceva palpabil, m-am săturat de speculații metafizice, ia să
am apuc eu să calc, n-am călcat în viața mea, dar mai bine
mai târziu decât niciodată. Iau deci fierul de călcat, îl pun
în priză, îi dau drumul, dar brusc drăcovenia asta scoate
un șuierat și-un vuiet foarte suspect, ca avionul când de-
colează. Bing! îmi face brusc telefonul și iată un WhatsApp
de la Carmen, trimis de hăt departe, de la ea din cameră.

De ce ai dat drumul la aspirator, mă întreabă, care aspirator, vreau să calc, zic, nu pot să cred, zice, atunci ia, te rog mult, fierul de călcat, nu aspiratorul, aha, dar unde-i? În debara, dar unde-i debaraua, știi ce, du-te tu acum la tine-n cameră, apoi vin eu și-ți pun fierul de călcat pe masă și după aia vii tu înapoi și te apuci de lucru. Mă duc deci la mine-n cameră și încep să mă gândesc la toate cele, când bing! îmi intră un nou WhatsApp, poți să te apuci de lucru, ți-am pus fierul de călcat în priză. Și ce să calc, întreb, să nu-mi spui să-mi calc blugii sau șosetele, sau tricoul, ar fi ridicol, astea mă zgârie dacă-s călcate, nu le mai pot îmbrăca, să-mi calc geaca? Ce, ai înnebunit? o distrugi, lasă-mă să calc eu, oricum voiam să fac un pic de mișcare, și ce vrei să calci? întreb, nu știu, văd eu. O rochie, o bluză, ca să nu umblu așa de râsul lumii prin casă. Ah da, lumea, zic, normal, toți au să te admire cu țoalele proaspăt călcate, dar închide, te rog, ușa ca să nu mă asurzească aplauzele. Știi ce, adaug, dacă vrei, pot să-ți fac și o poză cum calci, ca să ai o amintire frumoasă, stai la distanță, zice, nicio poză, respectă regulile, să nu te apropii la mai mult de doi metri de mine. OK, zic, atunci, în timp ce tu calci, îmi fac mie un selfie și-l pun pe Facebook. Zis și făcut, am făcut după aia un selfie, dar, din păcate, nu pot să-l postez că n-a ieșit bine, cam asta s-a întâmplat ieri, gata; și acum ce să fac, ce să fac, mă duc să dau cu aspiratorul.

Mariana Bărbulescu: Aș vrea să pot întinde lectura pe toată ziua, ca pe un elastic, dar nu prea merge. Atunci, mai bine aleg repetiția ca metodă. Abia aștept să vină ora prânzului ca să citesc încă o dată.

27 martie

La ora actuală, lucrurile stau astfel: Carmen locuiește în camera ei, eu, în camera mea, izolarea e absolut necesară, e o lună de când nu ne-am mai văzut. Situația generală nu-i deloc roză: pentru că nu se găsește hârtie igienică, nu mai mănânc nimic de zece zile ca să nu mă mai duc la toaletă și pentru că nu se găsesc niciunde lame de ras și frizeriile sunt închise, mi-au crescut enorm barba și părul, mă apropii tot mai mult de idealul meu de hippie de pe vremuri. Azi-dimineață la ora 8, am întâlnit o femeie străină în bucătărie, mascată, am sărit panicat în camera de zi, trântind ușa. Și ea a tras o sperietură zdravănă, a scos un țipăt ascuțit, foarte puternic. Am așteptat două, trei clipe, apoi am bătut agitat la ușă, ce faceți aici, cine sunteți? Eu locuiesc aici, a avut tupeul să afirme. Vă rog să dezinfectați imediat bucătăria și să părăsiți locuința, am spus, nici nu mă gândesc, a spus, apoi ușa s-a dat încetișor la o parte. Am pășit timorat înapoi, direcția terasă, de la patru metri distanță ne-am privit iscoditor ca două animale la pândă. Ce ciudat! Ce ciudat, ce bizar și ce coincidență! Aveți blugii lui Jan, domnule, a zis într-un târziu uluită, aveți și tricoul lui Jan și șosetele lui Jan, arătați exact ca Jan, domnule, atât ca el nu are barbă. Ce ciudat! Ce ciudat, ce bizar și ce coincidență, aveți freza lui Carmen, doamnă, și mâinile și urechile lui Carmen, dar nasul și gura nu vi le văd, pentru că purtați mască. Dacă-mi permiteți să vă întreb, doamnă, nu v-am întâlnit cumva din întâmplare, fără mască, într-un trecut mai mult sau mai puțin îndepărtat în această cameră? Tot ce se poate, domnule, nu pot să exclud asta, poate că ne-am întâlnit, poate nu, de unde sunteți, eu sunt din Reșița, dacă nu vă supărați. Dumnezeule, ce ciudat! Ce ciudat, ce bizar și ce coincidență, nu vă supărați, vă rog, dar și eu sunt tot din Reșița, numai că eu am fugit din Reșița demult, demult și nu m-am oprit decât în Germania. Ce ciudat!

Ce ciudat și ce coincidență bizară, și eu am fugit din Reșița demult, demult și nu m-am oprit decât în Germania, pot să vă întreb, domnule, dacă nu vă supărați și nu vă deranjez prea tare, unde locuiți la ora actuală? Eu locuiesc la Düsseldorf, pe Sternwartstraße, doamnă, la ce număr, domnule, la nr. 36A, oh! N-aș fi crezut, ce ciudat, ce bizar și ce coincidență, ah! Și eu locuiesc tot acolo! Oh! Ah! Carmen, tu ești! am strigat uluit, oh! ah! Jan, tu ești, a strigat ea sărind să mă-mbrățișeze, stop! am strigat îngrozit, aruncându-mă pe terasă, ce dracu' faci, ai înnebunit, păstrează distanța socială! Apoi am păstrat amândoi distanța socială, ea, în camera de zi cu mască, eu, pe terasa fără mască, ce mai era de spus, nimic, așa că ne-am dus fiecare la el în cameră, ce ciudat, ce bizar și ce coincidență, mi-am spus pe drum, viața e plină de coincidențe bizare. Apoi am continuat să mă tot gândesc la asta, apoi m-am așezat pe un scaun, apoi m-am ridicat, apoi m-am așezat din nou pe scaun fixând o vreme tavanul, ce să fac, ce să fac, ia, hai să citesc eu o carte! Apoi m-am ridicat în vârful picioarelor și-am luat din raftul de sus al bibliotecii cartea *Teatru* de Eugène Ionesco, apoi am deschis cartea la piesa de teatru *Cântăreața cheală*, o piesă de teatru de Eugène Ionesco, o piesă de teatru, da, am luat-o din raftul de sus al bibliotecii, apoi am dezinfectat-o, apoi am deschis-o, apoi am început să citesc, dar, neuitând, desigur, s-o deschid înainte. Am deschis-o. Apoi am citit. Apoi am citit. Apoi am continuat să citesc, ce ciudat! Ce ciudat, ce bizar și ce coincidență, apoi apare brusc deodată un tip acolo, apare brusc acolo apoi un tip, domnul Martin! Și ce bizar și ce coincidență ciudată, domnului Martin i se întâmplă ceva foarte ciudat și bizar, exact ce mi s-a întâmplat înainte și mie, mi s-a întâmplat și mie înainte, mie! Ia să iau eu telefonul și să-i trimit un WhatsApp lui Carmen cu ce mi s-a întâmplat mie înainte, ce mi s-a întâmplat înainte mie și domnului Martin, ce ciudat, ce bizar și ce coincidență!

Alta Ifland: Excepțional! De fiecare dată când ai o postare nouă mă gândesc: azi nu mai citesc fiindcă nu poate să le scrie bine chiar pe toate. Și întotdeauna îmi întreci așteptările. Merci că l-ai deconspirat pe Ionescu – îmi tot băteam capul să îmi amintesc de unde îmi sună refrenul așa familiar! Evident, am râs cu lacrimi, ca de obicei.

Daniela Ionescu: Excelent, ca de obicei. Dar acum trebuie să recunosc că sunt tare invidioasă pe tine și dintr-un alt motiv. Tu ai rama albastră la fotografia de profil și eu nu am. Am tot încercat, fără folos. Nu-ți cer să-mi destăinui cum faci de scrii așa de bine. Dar rama?...

Titiana Zlatior: Ne faceți zilele mai frumoase. Mulțumim. Sunt minunate aceste transpuneri în cheie comică a dezastrului prin care trecem.

28 martie

Radka, traducătoarea mea din română în polonă din Legnica, mi-a povestit ieri o întâmplare adevărată, pe care o știe de la prietena ei Eva din Varșovia, pe care Eva o știe de la fiica ei Marga, care are 18 ani și ia ore de saxofon la ora actuală, din cauza pandemiei, prin Skype, cu un profesor norvegian de muzică stabilit de cinci ani în Polonia, care locuiește la Varșovia, în același apartament cu un unchi bătrân din Trondheim, suferind de demență senilă. Alaltăieri dimineața, în timpul lecției online de saxofon, Marga a văzut tot timpul în spatele profului norvegian de saxofon, care se găsea la el acasă, un instalator tatuat pe gât, în salopetă albastră, care, la un moment dat, în timp ce repara caloriferul de lângă fereastră, și-a rănit grav arătătorul mâinii drepte cu burghiul, drept care proful norvegian de saxofon a trebuit să întrerupă imediat ora de saxofon cu Marga și să ducă instalatorul rănit la spital cu mașina. Scurt timp după ieșirea celor doi pe ușă, Marga a văzut pe Skype, *webcam*-ul funcționa în continuare, cum unchiul dement a ieșit într-un halat vechi, gri, târșâindu-și papucii din camera sa din spatele apartamentului și s-a dus să deschidă ușa de la intrare, căci tocmai sunase poștașul, care a intrat cu un plic uriaș în mână, pe care i l-a înmânat unchiului, întrebându-l unde-i este nepotul, drept care unchiul dement i-a povestit postașului, uitându-se îngrozit în jur și tremurând din tot corpul, că nepotul său, proful de saxofon norvegian, tocmai a omorât cu burghiul un instalator, în timp ce acesta repara caloriferul, învelind apoi cadavrul într-un cearșaf pentru a-l căra pe ascuns în portbagajul mașinii. Acum îl îngroapă precis în pădure, uite acolo burghiul și sângele, a adăugat unghiul arătând cu mâna tremurândă spre calorifer, drept care poștașul complet șocat și-a luat imediat mobilul și a sunat disperat la poliție, așa că după un sfert de oră, când s-a întors proful de saxofon norvegian de la spital acasă, l-au așteptat doi polițiști înarmați până-n dinți, cu măști anti-Corona, în spatele ușii și când proful a ajuns în mijlocul camerei, l-au somat răcnind, cu pistoalele scoase, să ridice pe loc mâinile și să nu miște, punându-i apoi cătușele cu mănuși de protecție și ducându-l spre ușa de la ieșire. Stop! a strigat brusc Marga pe Skype, nu-i el vinovatul, am văzut totul în direct! După care le-a povestit de-a fir a păr polițiștilor cum stă, de fapt, treaba, spre ușurarea profului de saxofon norvegian, mult prea șocat ca să se articuleze. Așa deci a fost rezolvat un caz grav de presupusă crimă la domiciliu cu înlăturarea pe șest a cadavrului spre infinita bucurie a unicului suspect, care s-a declarat veșnic recunoscător Margăi, care i-a povestit această întâmplare adevărată

mamei ei Eva, care i-a povestit-o Radkăi, care mi-a poves-
tit-o mie pe Facebook video. Mai trebuie să adaug că in-
stalatorul s-a întors, după cum mi-a povestit Radka la
sfârșit, a doua zi, la așa-zisul loc al crimei, în apartamen-
tul profului de saxofon norvegian, și cu toate că avea un
pansament foarte gros în jurul arătătorului mâinii drepte,
a reușit să repare caloriferul după toate regulile artei, putem
deci răsufla ușurați căci totul s-a terminat cu happy-end,
iată în sfârșit o veste bună.

Carmen Tarniceru: Jan, pari tot mai neliniștit. Urmează
un thriller comic?

Ștefan Manasia: Iubesc povestirea asta.

Ioana Brudasca: Suprarealist. *Stranger than fiction*, cum
bine zicea titlul unui film.

Dana Catona: Mai mult ca perfect!

29 martie

Gata, am trecut la ora de vară, la 2 noaptea ceasurile au
fost date înainte cu o oră și, brusc, a fost ora 3, săritura
aia în timp eu am simțit-o în somn, patul s-a clătinat ușor,
am crezut la început că-i cutremur, am ieșit în sufragerie,
dar nimic, totul OK, nicio crăpătură-n pereți, nimic. Dar
după aia intru în bucătărie și ce văd acolo? Un extrateres-
tru mic, mic stă cool pe masă, într-o farfurie de supă și se
uită la mine, de unde deduc că aia nici nu-i farfurie de supă,
ci un OZN. *Hello, how are you*, zice. *I'm fine*, zic, am știut eu
întotdeauna că există extratereștri, *nice to see you!* Mă nu-
mesc 18481848, zice, frumos nume zic, trăiască revoluția
de două ori, *my name is Jan*. Știi și română? întreb. Știu
orice limbă, zice, chiar dacă mai înțeleg unele chestii pe dos,

am Google translator în cap. Mă bucur, zic și, uitând de
Corona, vreau să-i dau mâna, dar brusc văd cu stupoare
că nici n-are mâini, adevărat extraterestru, ce mai, vreau
după aia să-i spun să ia loc pe-un scaun, dar brusc îmi dau
seama că n-are nici fund, mai bine pe timpurile astea, am
gândesc, așa nu-i trebuie hârtie igienică, după aia vreau
să-i spun să păstreze distanța socială de doi metri, dar
brusc îmi dau seama că n-are nici corp, are doar un cap
triunghiular, da, e numai cap extraterestrul ăsta. Pari bă-
iat deștept, zic, ce IQ ai? 183956 zice, nu înțeleg, zic, normal,
zice el, nici n-ai cum, tu ai numai 115, ba am 125, zic, ai vrea
tu zice, când ți-a ieșit 125, știai întrebările dinainte, ai trișat.
Hai să mergem, zice, te iau la noi pe planetă să te cercetăm.
Nu merg niciunde zic, e ora 2.05, vreau să dorm, e 3.05,
zice, dar timpul nici nu există, dar să lăsăm asta că nu
pricepi, gata, plecarea, că altfel ajungem prea târziu. Nu
merg niciunde, zic, aia să crezi tu, zice, nu decizi tu ce-o
să se întâmple. Aha, l-ai citit pe Spinoza, zic, dar citește-l
pe Sartre, Sartre a arătat clar că avem libertatea de-a alege,
aveți un rahat, zice el, scuze! Și vrea să-și dea peste gură,
noroc că n-are mâini, apoi mă digitalizează cât ai zice pește,
mă pune în farfuria zburătoare, lângă el, zboară întâi cu
mine până la tacâmuri și-mi dă polonicul, ține-te bine de
el, zice, plecăm! Mă țin bine, bine de polonic, simt o ușoară
zguduitură ca la schimbatul timpului la ora 2 și brusc mă
trezesc pe planeta lui. Temperatura, cam la minus 200 de
grade Celsius, cam frig astăzi! Și eu n-am nici măcar șosete,
am plecat doar în pijama. Gata, vreau acasă, zic, decât în
frigul ăsta, mai bine în carantină pe canapea, stai, că întâi
vrem să te cercetăm, zice, nicio cercetare zic, ba da, ba nu,
ba da, ba nu, mă enervez și arunc cu polonicul după el, mai
că nu l-am lovit în vârful triunghiului. A tras tipul o spe-
rietură de i-au pâlpâit luminile verzi din unghiurile de la
bază, n-a mai zis nici câr, nici mâr, m-a pus în farfurie și

m-a dus înapoi cu viteza luminii la puterea un milion șapte
sute douăzeci și trei la mine acasă. Da, cam asta a fost,
acum sunt din nou la mine-n bucătărie și-mi beau liniștit
cafeaua, fără extratereștri, fără nimic, dacă n-ar lipsi po-
lonicul, aș putea să jur că am visat.

30 martie

Prietena mea Daniela mi-a scris ieri din Örebro, Suedia, un
mesaj pe Facebook, spunându-mi că mă invidiază pentru
textele pe care le postez, dar că și mai mult mă invidiază
pentru chenarul atât de albastru al pozei mele de profil de
pe Facebook, întrebându-mă ce-am făcut ca să-mi reu-
șească textele atât de bine, dar mai ales ce-am făcut ca
să-mi iasă chenarul atât de albastru, dat fiind că ea are
doar un chenar alb, pe care însă și l-ar dori albastru, ca al
meu. Am încercat în fel și chip să schimb culoarea chena-
rului meu în albastru, scrie Daniela, dar orice-aș fi făcut,
el a rămas alb. Daniela a avut săptămâna trecută concediu,
timp în care a trebuit să stea, ca toată lumea, în casă, ce
nu face omul ca să-și alunge gândurile negre, m-am gân-
dit, dar brusc mi-am dat seama că și pe mine mă preo-
cupă culoarea chenarului, pe care, însă, spre deosebire de
Daniela, eu mi-o doream albă, așa că am început să fac tot
felul de manevre cu cursorul pentru a-i schimba culoarea
în alb, ceea ce însă nu mi-a reușit. Dragă Daniela, nu știu
cum se schimbă culoarea chenarului, i-am scris după aceea
Danielei, al meu pur și simplu așa a ieșit de la bun început,
albastru, dar cum tu îți dorești un chenar albastru și eu
un chenar alb, hai să schimbăm, tu-mi dai mie chenarul
tău și eu ți-l dau ție pe-al meu. Ha ha, poanta e bună, mi-a
scris Daniela, dar hai să ne mai gândim. M-am gândit eu

ce m-am gândit și azi-dimineață, când am dat drumul la laptop și m-am uitat la poza mea de profil, am văzut că nici chenarul meu nu mai este albastru, ci alb, ceea ce i-am scris imediat Danielei, ca s-o întreb dacă nu cumva chenarul ei alb este acum albastru, dar n-a fost cazul, din toată povestea asta deduc că sunt anumite lucruri care ne scapă de sub control și nu se pot schimba prin proprie voință, dar asta nu se întâmplă doar cu chenarele la ora actuală.

Mara Thaler: Asta îmi aduce aminte de o scenă din filmul vieții mele, *Miracol la Milano*, al lui Vittorio de Sica. Erau acolo doi tineri care se iubeau sau s-ar fi iubit, dar nu puteau, pentru că el era negru și ea era albă. Și, printr-o minune, li se putea îndeplini o dorință și dorința li se îndeplinește, ghici care!

31 martie

Ce să fac, ce să fac, pe terasă am fost, în sufragerie am fost, în hol, în dormitor, în bucătărie am fost, în debara mă duc după-masă, ce să fac, ce să fac, o sun pe Carmen la ea în cameră, da, mi-am dezinfectat mâinile, zic, da, am băut ceai fierbinte, zic, tu ce faci, întreb, citesc, zice, ce citești, o carte de bucate. E bună? Da, acuși o termin, cel mai mult mi-au plăcut salatele. Pastele nu?! mă mir eu, spaghetti, maccherroni, cannelloni, pastele le-am sărit, zice, ca să nu mă-ngraș, aha, dar deserturile le-ai citit? Numai pe alea fără cremă de unt, am ajuns la savarină cu frișcă. Foarte tare, zic, cred că cel mai spumos capitol o să fie ăla cu laptele de pasăre, citește-l atent, dar să nu-mi spui sfârșitul, eu azi nu citesc nimic, zic, și după deserturi, dezinfectează-ți, te rog, mâinile, zic, și închid. Ce să fac, ce să fac, o sun pe Mara, ce mai faci, Mara, uite și eu prin casă, OK, zic, asta mi-e limpede, dar ce faci concret acum, cos un nasture, zice. Wow, un nasture, supertare! Dezinfectează-ți, te rog, mâinile și ai grijă de tine, pune-ți un degetar! Ha ha, degetar, zice, n-am mai auzit de degetar din secolul trecut, au! Na, că m-am înțepat dacă mă ții de vorbă, pune-ți un plasture, zic, deja mi-am pus, zice, Mara, fiind medic dentist, rezolvă accidente din astea într-o clipită. Acum, cu virusul, are program redus, nu lucrează decât luni și joi, în rest face *home office*, plombează dinții prin Skype. Cum naiba faci asta?! am întrebat-o. Păi, foarte simplu, pacientul se pune la el acasă pe scaun în fața *webcam*-ului și deschide gura mare, mare, iar eu iau burghiul, bineînțeles, nu înainte de a-mi pune masca și mănuși protectoare, și mă pun pe treabă. Și chestia asta efectiv funcționează?! mă minunez eu, da, sigur că funcționează, prin autosugestie, pacientul se autosugestionează că i-am pus o plombă și că nu-l mai doare și totu-i perfect. Și te plătește? Da, sigur, eu îi arăt nota de plată și el îmi arată banii pe *webcam* și eu mă autosugestionez că mi-a dat în mână. Bravo, zic, văd că ai idei supertari, normal că-ți merge treaba și-n timpuri de criză, nu m-aș mira dac-ai mai deschide încă un cabinet, mult succes și în continuare, zic, și gata și telefonatul cu Mara. Ce să fac, ce să fac, ia să-l sun eu pe Tudor, Tudor e inginer constructor, mereu pe teren, dar acum, fiind obligat să stea tot în acasă, repară tot ce-i cade în mână, a reparat, de pildă, frigiderul, care înainte răcea și acum încălzește. Salut, Tudore, ce faci, uite, mă uit la televizor, zice, de la cinci dimineața întruna. Ce?! Poftim?! Ești masoschist?! Cum de-ți rezistă nervii?! Păi, l-am reparat ieri, zice, acum nu mai dă decât vești bune, băiat deștept Tudor, ia să mă apuc și eu de reparații.

> **Nina Sherban**: Postările dumneavoastră sunt adevărate pastile anticoronavirus de umor și bună dispoziție! Doar pentru ele aș vrea să dureze carantina!
>
> **Radmila Popovici**: Asta mi-i cafeaua. Tare de tot!
>
> **Cristina Pintilie**: Minunat! Vă îmbrățișez!
>
> **Baltă Monica**: Foarte tare!
>
> **Elena Uzun Călin**: Ce să fac, ce să fac? Ia să-l citesc pe Jan Cornelius! Și uite așa-mi zâmbește fața, sufletul...

1 aprilie

Tot Radka, prietena mea din Legnica și traducătoarea mea în polonă, mi-a relatat recent următoarea supertare întâmplare din timpurile Coronei: la Katowice, în Polonia, la un cămin studențesc, locuiește un tânăr chinez care studiază la conservator violoncelul, acest chinez violoncelist locuind cu un alt chinez în cameră, care studiază matematica. Neavând unde să exerseze la violoncel, sălile de la conservator rezervate acestui scop fiind la ora actuală închise, ca de altfel tot conservatorul, studentul violoncelist chinez a început să exerseze la el în cameră, la care studentul matematician chinez, care tocmai își bătea capul cu niște ecuații de gradul trei, s-a uitat luuuuung la el spunându-i: 朋友 [聽著!, ascultă, prietene! Uite ce-i, unu cu unu fac doi, dacă nu termini cu scârțâitul ăsta pe care-l numești muzică, vei avea probleme de ordin medical mai grave decât cele pe care ți le-ar putea cauza virusul Corona – și i-a arătat pumnii. Așa că după o privire îngrijorată asupra mușchilor studentului matematician chinez, care erau cam la fel de puternici ca ai lui Popeye Marinarul după ingurgitarea unei conserve de spanac, studentul violoncelist chinez și-a luat în mare grabă violoncelul, ducându-se cu el în bucătăria comună a căminului, unde însă rezonanța era atât de proastă încât studentul violoncelist chinez și-a luat din nou în mare grabă violoncelul, ducându-se cu el în pivnița căminului, unde însă rezonanța era atât de proastă încât studentul violoncelist chinez și-a luat în mare grabă violoncelul, ducându-se cu el în stradă, unde s-a pus, în sfârșit, să exerseze, drept pentru care în fața lui a apărut brusc un polițist polonez, care, deși n-avea mușchii lui Popeye, avea dreptul de-a împărți amenzi și acest polițist i-a spus: ascultă, Cho Pin, dacă nu dispari de-aici pe loc, îți dau un picior în fund de zbori până-n China, dar înainte de asta îți dau amendă dublă, una pentru tine că nu te autoizolezi și una pentru violoncel pentru că face larmă, de ce dracu' nu exersezi înainte, dacă vrei să te produci pe stradă! Și deși nu i-a înțeles vorbele pentru că nu înțelegea boabă de polonă, studentul violoncelist chinez și-a dat seama din privirea nu prea prietenoasă a polițistului polonez de extremul dramatism al situației, așa că și-a luat rapid tălpășița, renunțând definitiv să mai exerseze, oriunde ar fi fost asta în Polonia. Așa că la următoarea lecție de violoncel pe Skype, studentul violoncelist chinez s-a prezentat complet nepregătit în fata *webcam*-ului, spre supărarea profesoarei poloneze de violoncel. N-ați exersat deloc, așa nu mai merge, i-a spus profesoara poloneză de violoncel studentului violoncelist chinez în polonă, n-am putut exersa deloc, așa nu mai merge, i-a spus studentul violoncelist chinez supărat profesoarei poloneze de violoncel în chineză, fără a se înțelege deloc unul pe celălalt și, văzând asta, profesoara de violoncel poloneză a pus mâna pe telefonul ei de fabricație chineză și a sunat-o pe studenta violoncelistă poloneză numită Dunia, rugând-o să facă pe interpreta, după care au făcut o conferință video în trei, în care Dunia a fost interpreta și așa s-au lămurit lucrurile și, între timp, studentul violoncelist chinez are voie să exerseze într-o sală a conservatorului, în care un portar polonez, care după mustață și burtă pare a fi berar bavarez, îl lasă să intre, ca pe-un caz de excepție. Gata, happy-end, asta-i povestea, încheie Radka. Aha, zic, frumos, și care-i poanta? Poanta numărul unu e ca Dunia e fiică-mea și ea mi-a povestit totul, zice Radka, și poanta numărul doi e ca Dunia nu știe nicio boabă de chineză. Păi, atunci cum a tradus din poloneză, zic, păi poanta numărul trei, zice Radka, e că studentul violoncelist chinez știe engleza, la fel ca Dunia, deși ea e poloneză. Aha, zic, frumos, eu am doi prieteni la Berlin, Fred și Clara, Fred e neamț, dar Clara e calabreză și ăștia doi învață acum chineza. De ce faceți asta, i-am întrebat, pentru că adoptăm un bebeluș chinez, să ne trăiască! și vrem să-l înțelegem când începe să vorbească. Doamne, ce teatru, asta-i poanta numărul patru!

> **Maria Dumitrescu:** Sunteți atât de inventiv încât în fiecare zi mă întreb ce va urma mâine! Povestea celor 1001 de nopți trăită în vremea lui Corona; sperăm totuși să nu țină atât de mult, nu povestea, ci virusul.

2 aprilie

Ieri dimineață, pe la nouă, ies din locuință și mă duc în parcul de vizavi să fac jogging; la Düsseldorf poți ieși oricând din casă și să faci sport de unul singur. E soare, păsările ciripesc, se simt aromele primăverii, iarbă, gâze, flori, albine, ca-n poezia aia din școala primară. Și fug eu ce fug prin parc, încet, ca să nu-mi dau duhul din prima, și după al treilea ocol al parcului, mă așez pe-o bancă să-mi trag răsuflarea, de fapt, deja după primul ocol, dar asta rămâne între noi. Și stau eu ce stau pe bancă, lume puțină,

lângă mine, doi grădinari care adună iarba cu grebla, unul
din ei mi se pare cumva cunoscut, mă uit mai bine la el,
cu cine seamănă, cu cine seamănă, mă uit, mă uit, brusc
ăsta îi zice celuilalt ceva în cehă sau poloneză, mă mai uit
eu un pic la el, mic, dolofan, pantaloni, cam prea largi,
haina, pe juma' descheiată, zâmbește mucalit, fața ușor
tâmpă și ochi mari, are-o căciula albastră cu cozoroc, măi
frate, îmi cade brusc fisa, ăsta-i Svejk, bravul soldat Svejk,
domnule! Svejk, strig, *wie geht's*, în germană, că doar sun-
tem în Germania, dar el nu reacționează, *ahoi*, Svejk! strig
după aia în cehă, dar el nu reacționează, își pune grebla
pe umăr și valea, poate că totuși n-a fost Svejk, mă gândesc,
deși eu zic că totuși el a fost. Mai stau eu un pic pe bancă,
mă mai uit eu la cer, la păsări, trag în piept cu nesaț aro-
mele primăverii, când deodată trece pe cărarea din fața o
cucoană îmbrăcată total atipic pentru moda actuală, așa,
mai mult ca-n secolul al XIX-lea, are un cățel, dar nu în
lesă, ci într-un paneraș, la piept, și-or fi răsfățând ăștia
câinii pe-aici, mă gândesc, dar nici chiar așa, ajunge cu-
coana la vreo cinci metri de mine, când javra se ridică brusc
și începe să latre ca turbată, uitându-se în direcția mea.
Mă uit eu în stânga, în dreapta, în spate, numai eu sunt
acolo, mă, ăsta latră la mine, îmi zic, un cățel lățos, plin
de panglici și funde roșii și albastre, șezi mumos, mamă,
strigă cucoana, mă, ăsta-i Bubico! îmi spun, să-mi spui mie
cuțu, de nu-i așa. Madame! Pentru Dumnezeu, țineți-l să nu
se dea la mine! Eu sunt nevricos și nu știu ce-aș fi în stare...
de frică... zic, dar cucoana nimic, trece cu javra de parcă
eu nici n-aș fi. Mai stau eu ce stau pe-acolo, mă mai uit la
cerul ăla albastru pastel, mai inspir cu mare nesaț aerul
primăverii, când brusc vine gonind peste pajiște un tip cu
o plasă de fluturi, înalt, deșirat, chelie până-n mijlocul ca-
pului, ochelari, ăsta nu poate fi decât Nabokov, îmi zic,
mai ales că pe tricoul tipului scrie cu litere de-o șchioapă

I love Lolita. Hello, Vladimir, strig, *no butterflies, maybe in summer*, fluturii vin de-abia la vară, dacă vin, zic, dar el nimic, *niet batărflai*, Vladimir! strig eu din nou, strig în rusă, poate pricepe acum, dar el vine tot mai aproape cu plasa aia în poziție de atac, *social distance*, strig, sar deoparte, și dusu-s-a. Uite că în sfârșit se mai întâmplă câte ceva, îmi zic, dacă nu cumva am adormit și visez, mă pișc de trei ori, nu dorm, sunt treaz. Mă uit la ceas, e fix nouă și-un sfert, la nouă jumate tre' să intru-n casă, să-l sun pe Thomas, că așa i-am promis, dar uite că la ieșirea din parc apare Emil Brumaru, se oprește la doi metri de mine și zice mă, e greu cu statul ăsta în casă, zice, nici la amante nu mai poți să te duci că iei amendă și-și continuă drumul recitând: „M-ai înșelat c-o portocală/ Și tu, și ea, în pielea goală,/ Erați în camera impură/Când v-am surprins gură în gură,/ Deasupra dânsa și alături/ Veșmintele-i, coji printre pături,/ Mai transpirau dorinți din pori/ Naintea marei dezmierdări/ Cu tot dichisul și alaiul./ Apoi m-ai înșelat cu ceaiul!" Intru-n casă și-l sun pe Thomas, Thomas ioc, omul de-abia s-a căsătorit, dar nu mă mai mir de nimic, o fi prin bucătărie înșelându-și nevasta c-o ceașcă de ceai, îmi zic, ce chestie, domnule!

> **Cora Saurer**: Aveți un haaaaar nemaipomenit!
> **Mariana Dinca**: Ne-ați făcut dimineață mai frumoasă, așa cum faceți de obicei! Mi-ați adus aminte la ce cărți minunate e nevoie să mai revin.

3 aprilie

În dimineața asta, am trecut printr-o situație total dificilă, la un moment dat m-am uitat cu multă atenție la ce mai e nou pe tavanul din sufragerie și cu ocazia asta mi-am vărsat cafeaua cu lapte pe tricou și pe blugi, *shit happens*. Am făcut un selfie și i l-am trimis lui Carmen, la ea în cameră, arăt ca dracu', i-am scris, da, a răspuns ea, și în afară de asta ți-ai mai și pătat hainele, *guten Morgen!* Niciun *guten Morgen*, nu răspund la provocări, *shit happens* și basta. Cel puțin am avut, în sfârșit, ceva de lucru după aia, m-am dus până la coșul de rufe să-mi depun acolo blugii pătați și tricoul, după aia am străbătut tot drumul până la dulapul din dormitor, de unde mi-am luat alți blugi și alt tricou. E veșnică pe lumea doar schimbarea, vorba lui Shelley, care-a spus vorbele astea celebre la începutul secolului al XIX-lea, deși pe-atunci încă nici nu existau încă blugi, mare vizionar Shelley. După aia m-am întors frumos îmbrăcat în sufragerie, unde-am pus pe picioare un plan de zile mari pentru astăzi, am decis să nu mai trec direct din sufragerie în living, ci să fac înainte de asta un mic ocol în jurul mesei de lângă chiuvetă, o mică excursie pe lângă o apă curgătoare, ca să zic așa. Mi-am încălțat deci tenișii și-am pornit, am ocolit masa și după aia m-am pregătit să trec pragul spre living room. Aici, în Germania, se poate încă trece fără probleme dintr-o încăpere în alta, în cadrul aceleiași locuințe, prietenul meu Florin, care stă la Iași, îmi spune că acolo se fac pretutindeni controale, m-am trezit noaptea trecută flămând, pe la două, îmi scrie Florin, și am vrut să mă duc la frigider, să-mi fac un sandvici, dar după aia m-am lăsat păgubaș pentru că trebuia să completez o declarație cu scopul deplasării, altfel plăteam amendă. Îl sun înnebunit la telefon, mă, tu ai visat asta, îi spun, dar el cică nu, așa-i la noi acum, cu Corona, sunt peste tot, peste tot controale și amenzile sunt mai mari decât salariul. În fine, aici e ceva mai lejer, zic, eu încă mai trec din living în sufragerie fără probleme și nici acum, când am ieșit pe terasă nu m-a oprit nimeni, problema e că azi aici nu se întâmplă absolut nimic, afară nu-i țipenie

de om, niciun vecin căruia aș putea să-i fac cu mâna, sub
terasă-i o pajiște, pe pajiște sunt pomi, dar nu-i nicio boare
de vânt, pomii nu mișcă, nicio cioară, nicio coțofană care
să răstoarne vreun ghiveci, nimica, ce să fac, ce să fac, ia să
mă uit eu cum înfloresc florile pe terasă, narcisele, lalelele,
primulele. Mă uit eu ce mă uit, dar nu se vede nimic, asta
nu mi se întâmplă prima dată, florile înfloresc întotdeauna
când nu sunt de față. Hopa, sună soneria, uite c-a venit
poștașul, dar nu la mine, ci la Jessica, vecina de alături,
asta doarme până la unșpe. O recomandată, poștașul mă
întreabă prin interfon, cu accent rusesc, dacă sunt dispus
să primesc eu scrisoarea pentru Jessica, da, sigur, îmi pun
masca și mănușile de protecție, mă duc jos și mă-ntorc cu
scrisoarea în mână, în sfârșit se întâmplă ceva, ia să vedem
cine ce-i scrie.

> **Georgiana Mușat**: Să ne spui și nouă ce scrie.
> **Jan Cornelius**: Gata, am citit, îi scrie amantul Jessicăi că
> nu vine de Paști, o să i se bucure soțul când îi spun.

4 aprilie

Ieri după-masă am făcut două ture de jogging în parc, mă-
surând pașii cu smartphone-ul, o tură face o mie de pași
și o mie de pași fac cam 600 de metri, două ture fac deci
1 200 de metri, după aia am mai fugit două ture în direc-
ția contrarie, asta face 1 200 de metri făcuți înainte minus
1200 de metri făcuți înapoi, deci în final am fugit zero metri,
m-am chinuit degeaba, acum știu de ce nu ne lasă ăștia să
stăm mult pe-afară, că iese prost la urmă. În fine, ca să mă
aleg totuși cu ceva, am trecut apoi pe la Aldi, aveau drojdie!

Am vrut să iau două pachete, dar nu mi-au dat decât unul, bun și-așa. Merg acasă cu drojdia, Carmen, încuiată la ea în cameră, să nu intre virușii, îi trimit un WhatsApp, cu două semne de exclamare: am luat drojdie!! Nimic, telefonul închis, mă duc la ea la ușă, o aud cum învață cu voce tare engleza, a ajuns la propoziția interogativă *Do you have toilet paper?* care, conform regulilor gramaticii actuale este obligatorie urmată de răspunsul *No, we don't!* Nu vreau să deranjez, mă îndepărtez în vârful picioarelor. Ce să fac, ce să fac, îl sun pe Thomas, Thomas stă după colț, direct la ieșirea din parc, dar nu ne-am văzut de două săptămâni cu izolarea asta. *Hallo, Thomas, wie geht's*, ce mai faci, Thomas? Cânt la saxofon, *ich spiele Sax*, zice, păi tu ești pianist, zic, de când știi tu să cânți la saxofon, zic, păi nu știu, zice, dar mă răzbun pe vecini, că au făcut gălăgie toată noaptea. Ha ha, tare de tot, zic, dar hai să-ți zic eu ceva și mai tare, am cumpărat drojdie. Drojdie?! Ai cumpărat drojdie?! Și ce faci cu ea, cum adică ce fac cu ea, ce-s întrebările astea, zic, văd eu. Cum adică, vezi tu, totu-i OK cu tine? Da, e foarte OK, zic, păi dacă cumperi drojdie, zice, o cumperi ca să faci pâine sau prăjitură, perfect, zic, bine că-mi spui, ia hai să fac eu o pâine, dar n-am făină. Păi, făină am eu, un kil, zice Thomas, am cumpărat ieri, am fost la Lidl, mi-au dat un kil, dar drojdie n-aveau, așa că eu n-am drojdie. *C'est la vie*, zic, unu' n-are drojdie, altu' n-are făină, ia hai să facem schimb, să vezi ce fain o să fie! Hai, zis și făcut, ne vedem în parc și schimbăm de la doi metri distanță prin aruncare în aer și prindere drojdia cu făina, după aia zic *tschüss*, Thomas, și mă duc să cumpăr o pâine, pâine se mai găsește, câtă vrei, și-o să se găsească și-n viitor cât cuprinde, a zis și Merkel, așa că habar n-am de ce tot cumpără toți ca nebunii făină și drojdie. Dar, mă rog, asta-i situația, aștept la pâine, doar unu' în fața mea, la doi metri distanță, ia o baghetă de-o juma' de metru și-o îndreaptă spre mine, sar în spate să nu mă atingă, dar el vrea doar să mă țină la distanță, și valea. Ajung la rând, o pâine cu secară, vă rog, îmi dă femeia o pâine cu secară, asta-i de ieri, zic, aveți și pâine cu secară de azi, da, zice, dar pentru asta trebuie să veniți mâine. Mă rog, eu chestia asta am auzit-o ca banc, dar acum mi se întâmplă mie de-adevăratelea, se vede că-i criză, domnule! Și după aia ajung acasă, bag pâinea în frigider și mă pun să chatuiesc pe Facebook cu Radka. Radka, după cum am mai spus, e traducătoarea mea în polonă, uneori traduce și postează pe Facebook, ce povestesc eu în română. Jan, mă tot gândesc că publicăm noi ce publicăm în polonă, îmi scrie, dar ceva drepturi de autor ți s-ar cuveni, altfel ieși în pierdere. Dacă vreau să câștig ceva bani, zic, tre' să vând hârtie igienică sau dezinfectante, nu să scriu povești adevărate în română. Ai făcut provizii? întreabă Radka și adaugă două emoticoane care rânjesc, da, zic, normal, până mâine cred că supraviețuiesc. Poate următoarea ta relatare va fi despre hârtia igienică, care te dă afară din casă, zice Radka făcând un ha-ha-emoticon. M-am tot gândit la asta, zic, dar atâtea poante se tot fac cu hârtia igienică, încât mi se pare deja cam folosită, zic și adaug un emoticon negru de supărare. Atunci fă și tu ceva cu orez, făină, arpacaș etc. zice, adăugând un ha-ha-emoticon. OK, zic, dar stai să-mi dezinfectez mai întâi mâinile, după aia trebuie să mă duc la Aldi să cumpăr dezinfectant și, dacă am noroc, mai găsesc și-un pachet, două de hârtie igienică și după aia vedem noi cu orezul și cu făina. Băi, frate, eu mor de râs cu tine și nu de Coronavirus, zice Radka, da, zic, știu, situația e meganașpa, trebuie să închei acum, înainte am băgat pâinea in frigider, trebuie s-o scot repede, până nu se răcește.

5 aprilie

De când cu Corona, circulă mult mai puține mașini pe-aici prin oraș, s-a schimbat culoarea cerului, e incredibil, stau pe terasă și fumez și mă uit la cerul incredibil de albastru și mă aplec și miros rând pe rând lalelele, care de-obicei n-au niciun fel de miros, dar acum au un ușor miros de fum de țigară. Sting țigara și brusc mă aplec și dau de-o garoafă cu miros de garoafă și dacă-ți apropii și tu acum nasul de pagina cărții, o vei mirosi și tu, chiar dacă n-o vezi, o vei mirosi, e incredibil.

6 aprilie

M-am uitat azi dimineață pe Facebook, toți se plâng de izolare, de statul în casă, nu pricep de ce! Vorba englezului, izolat și el la ora actuală: *my home is my kingdom*, da, propria locuință e un adevărat regat, în care poți face ce vrei tu, chestii complet nebunești, de pildă, să te plimbi din sufragerie-n baie și invers, fără să te oprească poliția, cel puțin deocamdată. O, da, propria locuință e un loc în care poți descoperi adevărate comori ascunse, pe care nici măcar nu le-ai fi bănuit până acum, eu, de pildă, am descoperit ieri după-masă o cutie cu praline în spatele *Muntelui vrăjit* al lui Thomas Mann. Imediat i-am trimis un WhatsApp lui Carmen, ce mai faci, întreb, uite, și eu pe-aici, pentru cine erau pralinele alea din bibliotecă, pentru mine, dar fac regim și nu vreau să le mai văd, nici n-o să le mai vezi, zic, le-am mâncat. Pe toate? Da. Deodată? Da, dar nicio problemă, am luat după aia un ibuprofen. Ce?! Triferment trebuia să iei, știu, dar nu l-am găsit. În fine, totul a fost cu happy-end, am un stomac legendar. În rest, ieri m-am culcat foarte târziu, dar, ca să compensez, m-am sculat azi foarte devreme și acum fac ciclism, am o bicicletă de curse pe terasă, m-am pus pe ea și dă-i. Nu-i chiar Le Tour de France ce fac eu aici, dar, mă rog, i-am scos roțile și pedalele ca s-o adaptez spațiului ceva mai restrâns și i-am scos după aia și șaua, că doar n-o să stau cocoțat în șa fără să pedalez și după aia i-am dus cadrul în pivniță și-am pus în locul ei un șezlong, iar acum stau întins în șezlong și fac ciclism. Pe la opt jumate m-a sunat Andreea, ce mai faci, uite și eu, zic, cu bicicleta pe drum, în ce zonă ești, am ajuns în Belgia, acum urc în forță spre Baraque Michel. Sper că ți-ai pus cască, zice îngrijorată, da, normal, și tu ce faci, întreb, eu fac echitație, zice, pe-un cal de lemn.

7 aprilie

Alaltăieri am postat un articol esențial al unui virusolog celebru despre Corona comentându-l și-am primit 40 de like-uri, ieri am postat o farfurie cu fasole și am primit 400 de like-uri, îmi scrie Amelia pe Messenger, foarte interesant. Pe ce se mai dau like-uri pe Facebook în afara de fasole la ora actuală? Pe pisici, pisicile merg în continuare excelent, dar și rațele, veverițele, cățeii, animalele, în general, merg foarte bine, cu excepția liliecilor și-a găinilor, până și cârtițele merg, Florin a postat un text scurt despre-o cârtiță care-i distruge grădina, cu mare succes, toți au aplaudat veseli cârtița, ca să zic așa. Eu postez de vreo lună încoace doar texte vesele, fără fotografii, dar ieri mi-a trecut veselia, am fost cătrănit rău, am avut o dispoziție de blues à la Buddy Guy. Să fii așa izolat, e cumplit, mă gândesc, ce să fac, ce să fac, mă întreb, intru pe Internet, mă cert un pic cu Adina pe Messenger, mă enervez, mă supăr pe ea, ies din Internet, intru-n bucătărie unde beau trei cafele ca să mă liniștesc, apoi plec în parcul de vizavi să fac jogging. Mă pun pe fugit și fug și fug, dar depresia rămâne și, după vreo 20 de minute, îmi vine urgent să fac pipi, sună infantil, știu, dar asta e. În parc, nimeni la ora aia, lângă mine, o pădurice, intru în pădurice și caut un pom potrivit, *hallo!* aud brusc o voce ca tunetul, *was machen Sie da*, ce faceți acolo, tresar, în zare, un tip cu binoclul, mare cât o gorilă, cu mutră de general, ce faceți acolo, zice, plecați imediat! Ăsta efectiv cu mine vorbește și mie nu-mi plac generalii, asta-mi pune capac, bum! explodez. Dumneavoastră sunteți ăla cu paza, întreb, păziți pomii sau numai frunzele, zic, el țipă în continuare, domle, te rog să taci, ba tu să taci, ce vrei, să sar gardu' de la grădiniță, să mă produc acolo, zic, el răcnește ca un dement, domle, zic, știi ce, îți doresc să te piși pe tine cu public, unde dracu' să mă duc? Te duci unde știi, dar nu aici, discuția se lungește la modul neelegant și total inutil, simt că explodez, dacă nu taci, vin la tine, zic și-atunci gata cu *social distance*! Și uite că brusc tace și nu mai zice nimic și uite că-i bună și Corona la ceva, îmi fac apoi în liniște treaba la umbra pomului și plec, mă simt minunat! Mai fug două ture, mai stau și mă uit la cer, la un moment dat ajung și-acasă, un mesaj de la Adina pe Facebook, mai ești supărat, întreabă, nu, zic, gata, am făcut pipi-n pădure și mi-a trecut.

8 aprilie

De pe terasa mea, dacă mă uit în jos, se văd flori și mulți pomi care stau să înfrunzească, iar dacă mă uit noaptea în sus, se vede ades luna. În ultimele zile, luna a ieșit în fiecare seară, spre deosebire de mine, care, de când cu Corona, n-am mai ieșit de multe seri. Azi-noapte a fost lună plină, luna plină a luminat foarte puternic, cu ajutorul ei s-a putut vedea foarte departe, până la lună. Începând de azi, luna plină va descrește pe zi ce trece, când luna descrește, nemții spun *der Mond nimmt ab*, adică „luna slăbește", spre deosebire de mine, care, de când sunt obligat să stau în casă, mă tot îngraș. Nu numai că luna crește și descrește lună de lună, plus de asta, precum Freddie Mercury, David Bowie sau Lady Gaga, ea pendulează permanent între cele două sexe, în Germania, de pildă, avem de-a face cu o lună foarte masculină – *der Mond* – pe când în România, Franța Italia sau Spania ea devine brusc feminină – luna, *la lune*, *la luna*. Am stat aseară pe terasă în lumina lunii și m-am întrebat care corp ceresc este mai folositor omului, soarele sau luna, probabil că luna, căci ea face lumină atunci când e întuneric beznă, pe când soarele luminează doar la lumina zilei. Oamenii de știință afirmă că soarele are o vârstă de 4,6 miliarde de ani, iar luna doar 4,5 miliarde, dar eu cred că luna e mai în vârstă decât soarele, altfel de ce ea ar avea voie să iasă noaptea și el nu? Poeții se folosesc de lună pentru a o pune să lucească în mare sau în diferite lacuri, drept care Tudor Arghezi și-a pus nedumerit întrebarea: „Ce mai caută și luna/ Tot în lacuri totdeauna?"

9 aprilie

Cuvântul „virus" există și în limba germană, în germană, virusul se cheamă tot *Virus*, chiar dacă-i scris cu literă mare, c-o fi de computer sau de Corona, și pluralul de la virus în germană e *Viren*, c-or fi de Corona sau de computer. În română, computerul are viruși, pe când oamenii au virusuri, iată că în sfârșit româna reușește să fie mai complicată decât germana, drept care Mark Twain, săracul, se răsucește acum în groapă, el, care era ferm convins că germana e mai complicată decât oricare altă limbă din lume;

eternitatea există pentru ca oameni ca mine să poată în-
văța germană, a zis Mark Twain și iată că acum treaba se
complică și în limba română. Da, treburile sunt cam com-
plicate la ora actuală, lumea-i cam întoarsă pe dos, *die Welt
steht Kopf*, zic nemții, lumea stă-n cap, dar putem folosi
în cazul ăsta și frumoasa expresie românească lumea-i cu
partea posterioară-n sus, ca să nu zic cu curu'. Eu, de pildă,
sunt mintal cam vraiște și nici nu știu ce-aș face dacă, de
exemplu, aș începe să tușesc uscat și m-ar durea gâtul, poate
c-aș fi atât de speriat și derutat că nici n-aș ști unde să mă
duc, la ornitolaringolog sau la ornitolog. Dar hai să reve-
nim la viruși și virusuri, prietenul meu Florin din Timișoara
mi-a scris: în ultima ta postare ai scris virulog, în loc de
virusolog, te grăbești cumva? În germană, Florine, viruso-
logului i se zice *Virologe*, de-aici încurcătura, zic, trăim
timpuri grele, virusolog, ornitolog, ornitolaringolog, uro-
log, vin toate deodată, apropo, ce fac de fapt urologii? Nu
știu ce fac, dar pot să-ți spun ce nu fac, zice Florin, nu se
pișă prin parcuri, cum ai făcut tu ieri. Florin e cam vulgar,
vă rog să-l scuzați!

10 aprilie

Chiar m-am sculat, îmi pun masca, simt o gâdilătură în
nas, inspir și expir puternic, gata a trecut, îmi scot masca,
îmi beau cafeaua, iarăși mă gâdilă, îmi pun masca, strănut,
primesc un WhatsApp de la Carmen, de la ea din cameră.
Ai strănutat? întreabă, da, zic, e alergia, ești sigur, da, ți-ai
pus masca? da. Mai beau o cafea, mă duc pe terasă, a ieșit
soarele, au înflorit pomii. Stau pe terasă cu mască, mă gâ-
dilă-n nas, îmi țin respirația. Werner și Petra șed cu mască
pe balconul de vizavi, *guten Morgen, guten Morgen, wie
geht's*, cum merge, *home office, ja*, super, ce zi frumoasă,

strănut. Werner tresare, Petra se dă în spate. E alergia, zic, Petra dispare în cameră, primesc un WhatsApp de la Carmen, ai strănutat? întreabă, da, zic, e alergia, ești sigur-sigur? da, sunt sigur-sigur. Werner dispare și el în cameră, închide ușa balconului, în ușa balconului lui Werner bate soarele. Stau pe terasă, n-am mai fost de trei săptămâni în oraș, îi trimit un WhatsApp lui Carmen, hai în oraș, merg în oraș cu Carmen, în Germania e voie să mergi în oraș. Ea pleacă pe jos, eu, cu tramvaiul, *social distance*. Ajung în stația de tramvai cu mască, în stația de tramvai stă tramvaiul, urc în tramvai, în tramvai, nimeni, nici măcar vatmanul. Mă așez în tramvai, în spate de tot, în față urcă vatmanul cu mască, strănută, *es ist die Allerrrgie*, zice cu accent rusesc, e alergia, sar rapid din tramvai, merg pe jos în oraș, ajung la Landtag, Parlamentul landului. Parlamentul landului nu-i departe, zece minute pe jos, 20 de minute cu tramvaiul. În zona Parlamentului, lume puțină, un jogger fără mască, un trecător, cu mască, un biciclist, fără mască, o mamă cu un cărucior, cu mască, doi îndrăgostiți care se sărută, cu mască, totul e bine. Sunt mereu atent să nu se apropie nimeni la o distanță mai mare de trei metri. În fața Parlamentului văd un grup mare de oameni, sunt uluit, ce-o fi cu ăștia. Stau la doi metri unul de altul, unii, cu mască, alții, fără mască, mă apropii, mă opresc la cinci metri de ei, îi întreb ce fac acolo. O tipă fără mască-mi răspunde: o veghe a cadrelor sanitare contra plății mizerabile-n spitale, în timpurile Corona, o *Mahnwache*. Păi aici e foarte bine, zic, să vedeți voi ce-i în România. Știm, zice-un tip cu mască, suntem de-acolo. Mă gâdilă-n nări, mă ciupesc de nas, mă-ntorc cu spatele, strănut, protestatarii fac trei pași în spate. Alergia, zic, plec, îmi țin respirația, ajung în centru. Restaurantele și cafenelele sunt închise, lume puțină, un trecător, cu mască, un biciclist, fără mască, o pereche de îndrăgostiți care se sărută, cu mască. Mă uit la cer, o tipă fără mască se apropie de mine până la trei metri, brusc o observ, mă predau, ridic panicat mâinile, ea ridică un drapel alb imaginar și se îndepărtează. Ajung pe-o stradă laterală, scot telefonul, pozez cerul, văd brusc un tip speriat, cu mască pozând cerul. Mi se pare cumva cunoscut, mă uit la el, sunt eu într-o vitrină. E timpul s-o iau din loc, mă întorc acasă. Ăia din fața Parlamentului sunt tot acolo, strănut, toți se aruncă în iarbă. Ajung acasă, ușa lui Werner și Petra e tot închisă, îi trimit un WhatsApp lui Carmen. Te-ai întors, întreb, da, zice, m-am încuiat în cameră. Aud un strănut, ai strănutat întreb, da, mă arunc sub masă.

11 aprilie

Nu știu dacă ați observat că la orice telefon mobil exista un buton virtual, pe care scrie *Floral scent*, cu care se poate fotografia și mirosul florilor, se poate activa la *settings > special options*. Trebuie, când fotografiezi o floare cu miros, să ții cel puțin trei secunde degetul pe butonul ăla și când te uiți după aia la poza făcută, se declanșează automat și mirosul respectivei flori, ba se declanșează deseori chiar și atunci când nu te uiți la poză. De aia e contraindicat să dormi singur în aceeași încăpere cu mobilul în care-ai salvat multe zambile, mirosul care pătrunde atunci în cameră poate fi prea intens pentru un singur nas. De la 30 de zambile salvate în sus e nevoie de cel puțin două nasuri pentru răzbirea mirosului. E bine să folosești butonul *Floral scent* mai ales acum, în timpul de izolare, ca să-ți aduci oleacă de primăvară în casă.

12 aprilie

Izolarea continuă; treptat, apar și urmările ei, de pildă, în-
registrez acum lucruri pe care nu le realizam înainte. În
fiecare dimineață, de pe la 8.30 până pe la ora 9, pe para-
petul terasei de la etajul patru, care se vede în dreapta
terasei mele de la etajul trei, unde îmi beau cafeaua, apare
o mierlă, care se produce non-stop: ciripituri, triluri, apo-
giaturi cât încape. Acum câteva zile, mierla își lua, la cea
mai mică mișcare a mea, zborul, dar între timp s-a obișnuit
cu mine și nu mă mai ia în seamă. Nu mă prea pricep la
păsări, dar cântecul mierlei m-a dat gata de la bun început,
l-am descoperit acum un an la tonurile de apel *super funny*
pentru mobil, între răgetul măgarului, mugetul vacii, oră-
căitul broaștei și ciripitul mierlei m-am decis imediat pen-
tru mierlă, așa că în prezent se întâmplă ca uneori pe terasă
să cânte mierla și eu să mă reped la mobil și invers, când
îmi sună mobilul, uneori nu reacționez crezând că-i cân-
tecul mierlei. Între mierla de pe terasă și o altă mierlă,
care șade într-un mesteacăn aflat jos, pe pajiște, se por-
nește adesea un dialog de zile mari. Mierla din mesteacăn
își face mereu simultan apariția cu mierla de pe terasă,
aterizând întotdeauna în același mesteacăn și pe aceeași
creangă, e vorba deci de o mierlă foarte statornică. Cele
două mierle nu se văd deloc una pe cealaltă în timpul dia-
logului, treaba asta m-a cam surprins în primele zile, dar
după aia am stat și m-am tot gândit la asta și mi-am dat
seama că nici eu nu mă văd cu cei cu care vorbesc la te-
lefon și că astfel între mine și mierlă există o evidentă
asemănare.

> **Ștefan Agopian**: Ești sigur că nu e o cioară care se dă
> mierlă? Nu de alta, dar ciorile sunt la modă în România
> de vreo două zile.

Jan Cornelius: Ștefan, mooor de râs! Mersi pentru acest moment umoristic! Deși nu sunt sigur dacă am voie să râd sau nu.

Ștefan Agopian: Jan Cornelius N-ai voie, dar eu o să mă fac că plouă.

13 aprilie

Mama are 98 de ani și locuiește într-o rezidență de seniori în nordul Germaniei, la Einbeck; are acolo un mic apartament în care stă singură, cu o terasă care dă spre pădure, când o vizitez mă cred în concediu. La ora actuală, lucrurile au luat însă o întorsătură tragică, pretutindeni în lume Coronavirusul e necruțător cu bătrânii, a năvălit în câteva rezidențe de seniori din Germania făcând ravagii. Am vrut s-o vizitez pe mama în februarie, dar n-a fost posibil, așa că am amânat pentru martie, când brusc rezidența a fost închisă vizitatorilor pentru a nu-i expune pe bătrâni pericolului contaminării. Am telefonat de-atunci în repetate rânduri cu personalul aflând că totu-i OK, pe mama n-o pot suna pentru că la telefon nu aude, de-un an ne scriem săptămânal, nu pe cale virtuală, ci cu plic și timbru. I-am scris mamei despre ce mai fac și toate cele, întrebând-o cum îi merge, dar de mai bine de două săptămâni răspunsul a întârziat să vină și uite că ieri am primit în sfârșit o scrisoare, câteva rânduri scrise pe-o foaie cu pătrățele:

Dragă Jan, m-am bucurat mult să-ți primesc scrisoarea, mă bucur că sunteți toți sănătoși. Și la noi e cam agitație, au închis școlile, eu am fost două zile la rând cam bolnavă, dar azi îmi merge din nou bine. Azi-noapte am visat cu bunicii. Când mă uit pe geam, văd că pe stradă-i

lume puțină. Totul mai durează o lună, se spune aici, tre-
buie răbdare. La știri nu mai mă uit că arată tot numai
Coronavirusul, noroc că se reiau acum Die Sklavin Isaura
și Sturm der Liebe *(„Furtuna iubirii"). Mie îmi merge bine,*
sunt bucuroasă că nu mai facem sport și că mănânc liniș-
tită-n cameră. Totul e bine. Am crezut că vii, dar acum mai
aștept, totul va fi bine. Multe sărutări, Mama

Asta e, ce să mai spun, e plin de pesimiști și disperați
la ora actuală, care văd viitorul negru, dar mie parcă-mi
place mai mult cum vede maică-mea toată treaba.

> **Tatiana Saltas**: Emoție, inteligență și frumusețe! Multă
> sănătate și putere tuturor!
> **Oliver Balica**: Dacă toată lumea ar gândi așa, am avea o
> lume mult mai frumoasă.

14 aprilie

Situația asta de izolare și păstrare a distanței sociale a
schimbat ceva esențial pentru mine: pe când înainte stă-
team toată ziua în casă și chiar mă și încuiam la mine în
cameră ca să nu mă deranjeze nimeni, acum stau toată
ziua în casă și chiar mă și încui la mine în cameră ca să
nu mă deranjeze nimeni. La ora actuală, suntem doar doi
în toată locuința, eu și Carmen, dar Carmen stă toată ziua
în casă și se încuie la ea în cameră ca să n-o deranjeze
nimeni, comunicăm doar prin WhatsApp sau Facebook
Messenger, dar ieri, la modul cel mai neașteptat, mi-a bătut
deodată cineva la ușă și când am întrebat cine-i, n-a răs-
puns nimeni. Foarte ciudat! mi-am zis și după aia am cău-
tat cheia și-am deschis ușa și la ușă nu era efectiv nimeni.

Așa că i-am trimis un WhatsApp lui Carmen, mi-a bătut cineva la ușă, dar când am deschis ușa, la ușă nu era efectiv nimeni, tu unde ești? Eu sunt la mine în cameră, a răspuns Carmen. Foarte ciudat, mi-am zis din nou, dar dacă totuși a fost ea la mine la ușă? Și m-am dus să verific, am trecut prin sufragerie și prin hol și am bătut la ea la ușă și ea era ca-ntotdeauna la ea în cameră și a întrebat cine-i, dar n-am zis nimic ca să n-o deranjez și m-am întors la mine în cameră, unde-am găsit un WhatsApp de la ea, mi-a bătut cineva la ușă, dar când am deschis ușa, la ușă nu era nimeni, tu unde ești? Eu sunt la mine în cameră, am răspuns. Foarte ciudat, mi-a scris, da, foarte ciudat, am răspuns fiind brusc foarte sigur că de-o vreme încoace umblă cineva prin casă, așa că m-am sculat deodată și m-am repezit la ușă și am deschis brusc ușa, dar la ușă nu era nimeni. Așa că i-am trimis un WhatsApp lui Carmen să caute imediat peste tot la ea în cameră, dacă nu e cineva pe-acolo, și eu am căutat în tot restul casei și pe terasă, dar n-am găsit pe nimeni, așa că eu am încheiat definitiv povestea asta, acum mi-e absolut clar, dacă stau în casă și bate cineva la ușă, înseamnă că umblă cineva prin casă și dacă umblă cineva prin casă, n-are absolut niciun rost să-l caut, pentru că-n casă nu-i nimeni.

Ema Boldur: Ionesco trebuia să prindă vremurile astea. Dar cred că îl depășiți în multe privințe. Totul e atât de veridic!

Cleopatra Lorintiu: E delicioasă povestirea. Dincolo de umor, e și umbra lui Cortazar într-un colțișor.

15 aprilie

Una dintre ocupațiile mele preferate, acum în noua situație de izolare, este să mă pun în fața oglinzii din living, care-i cât mine de mare, și să mă uit mult timp la mine; mă simt foarte fain în tovărășia mea. Desigur, puteam să mă privesc în oglindă după pofta inimii și înainte de izolare, dar atunci se mai întâmpla uneori să vină prieteni, neamuri sau vecini în vizită, care ades apăreau și ei alături de mine în oglindă și mie în oglindă îmi place să fiu absolut singur. În general, nu-mi place să fiu singur, dar în oglindă situația e alta. Acum, când sunt izolat în casă și Carmen s-a închis la ea în cameră, pot oricând să mă pun în fața oglinzii și să mă uit cât poftesc la mine-n oglindă și să mă bucur că sunt acolo singur. Oare dacă plec din fața oglinzii, continui să rămân singur în oglindă? Ia să văd, îmi zic, plec deci din fața oglinzii și după aia mă întorc pe neașteptate să văd dacă am rămas și în continuare singur în oglindă, da, continui să fiu singur în oglindă. Mai stau eu ce stau în fața oglinzii uitându-mă la cel din oglindă, pe când cel din oglindă stă și el ce stă și se uită la mine și brusc am o idee, ia hai să schimbăm locurile, zic, ia hai să intru eu în oglindă și ăla din oglindă să iasă afară, zic, deci intru-n oglindă și din oglindă mă uit afară, dar afară acum nu mai e nimeni, ciudat! Am văzut-o deci și pe asta, zic, și după aia dau să ies din oglindă, dar nu merge, n-am cum să mai ies din oglindă, sunt prizonier în oglindă, pot să mă pun în cap și nu reușesc să ies din oglindă. Carmen! strig, Carmeeeeeen!!! Ce strigi așa, ai înnebunit, strigă Carmen de la ea din cameră, de ce nu-mi trimiți un WhatsApp? Pentru că sunt prins în oglindă, strig, și telefonu-i la mine în cameră, poftim? strigă Carmen și descuie ușa, iese pe hol, bagă încet capul în living și mă vede-n oglindă. Unde ești, întreabă, păi nu vezi, sunt în oglindă. Hai, mă, lasă tâmpeniile, zice și se uită prin living și-n living nu-i nimeni, se uită și după perdea, în spatele fotoliului, hai, termină, zice, unde ești, nu vezi, sunt în oglindă, ce dracu! Hei, cum vorbești?! Lasă-mă acum cu morala, zic, se uită-n stânga, se uită-n dreapta, se-ntoarce cu spatele, apoi se-ntoarce brusc și se uită-n oglindă, sunt tot acolo. Nu pot să cred, zice, iar te-ai băgat unde nu trebuie! Hai lasă, zic, ne certăm după aia, ajută-mă să ies, atâta. Să trag de tine? Doamne ferește, strig, să nu te apropii de mine, păstrează distanța socială! Păi, cum să te scot, zice, să sparg oglinda? Doamne ferește, strig, vrei să mă fac țăndări, nu ți-ar strica, zice, mai ești și cinică, zic, mai bine adu-mi ceva să mănânc, mi-e foame. Se spune „te rog", zice, apoi se duce și-mpinge masa din bucătărie în fața oglinzii și pe masă pune trei felii de șuncă, brânză, un ou fiert, unt, sare, pâine și-o cană cu lapte și cât ai zice pește, le-am și înghițit și-au dispărut de pe masă, vrei ceai, zice, nu, că după aia tre' să mă duc la toaletă și-n oglindă nu-i toaletă, ce să fac cu cojile de ou, întreb, să nu le arunci pe jos, zice, ține-le-n mână. Și pe urmă se duce calmă pe terasă, ascultă cum cântă mierla, afară se-ntunecă, se-ntoarce, aprinde lumina, știi ce, eu mă duc să mă culc, zice, culcă-te și tu, să nu pleci niciunde! Lasă bancurile proaste, zic, și mă-ntind pe canapeaua din oglindă, și când stinge lumina, dispar brusc din oglindă și mă trezesc la mine-n cameră, wow, sunt salvat, Doamne ajută! În mână încă mai am cojile de ou, pe care le duc repede la gunoi, în bucătărie, și când ajung în ușa livingu-lui, mă pun precaut pe burtă și merg târâș mai departe ca nu cumva să mă trezesc din nou în oglindă.

Ioan Gartner: Borges a scris despre „poporul din oglinzi". Este un popor blestemat să ne imite, dar care într-o zi se va răscula, va face oglinzile țăndări și va veni să ne ceară socoteală. Cartea se numește *Cartea ființelor imaginare* și o recomand călduros, e acolo un capitol numit

„Animalele din oglinzi", în care Borges vorbeşte despre oamenii din oglindă şi despre vremurile când se circula liber între cele două lumi. Azi, în vremea pandemiei, este interzis să mergi fără motiv până şi la brutar.

Ana Diana Coandă: Peripeţiile lui Jan în Ţara minunilor!

Claudia Senescu: Numai absurdităţi trăiţi.

Alta Ifland: Excelentă parabola!

16 aprilie

Ce linişte deplină în izolare! Ba nu, afară se aude un motor. Zilnic între orele 10 şi 11 şi 15 şi 17. Este motorul unui tractoraş verde de tuns gazonul. Gazonul e sub terasă. Eu şed pe terasă şi tractoraşul tunde gazonul. Şoferul tractoraşului este Helmut. Helmut este îngrijitorul blocului. Helmut şade pe scaunul tractoraşului şi tunde zilnic gazonul. Iarba creşte şi Helmut o tunde cu tractoraşul. Helmut e bucuros că tunde gazonul, chiar dacă gazonul e deja de zece ori tuns. Motorul tractoraşului face ca un motor de avion. Eu aud zilnic motorul tractoraşului. Eu şed zilnic pe terasă şi mă uit la Helmut cum tunde gazonul. Eu nu tund gazonul, dar mie mi-ar plăcea să-l tund pe Helmut. La ora 17, Helmut termină cu tunsul gazonului şi duce tractoraşul în pivniţă. Şi eu mă duc în pivniţă, la fel ca Helmut. *Guten Tag, Helmut! Hast du den Rasen gemäht?* Bună ziua, Helmut! Ai tuns gazonul? *Guten Tag, Jan! Ja, ich habe den Rasen gemäht.* Bună ziua, Jan! Da, am tuns gazonul. Mâine vei tunde din nou gazonul, nu, Helmut? Da, mâine voi tunde din nou gazonul, da, Jan! Ce frumos, Helmut! *Wie schön, Helmut! Jawohl, Jan!* Da, Jan! Helmut pleacă acasă. *Auf Wiedersehen, Jan!*

Auf Wiedersehen, Helmut! Tractorașul nu pleacă acasă, tractorașul rămâne în pivniță. Pivnița e casa tractorașului. Tractorașul trebuie să doarmă singur în pivniță. Sărmanul tractoraș! Tractorașul tunde zilnic gazonul, dar pe el nu-l tunde niciodată nimeni. Tractorașul e foarte trist că pe el nu-l tunde nimeni. Eu am o foarfecă uriașă în pivniță, cu care tund tractorașul. Capul tractorașului este motorul, părul tractorașului este făcut din fire de sârmă. Tractorașul se bucură foarte tare că cineva îl tunde. Gata, am tuns tractorașul. Mulțumesc, Jan, spune tractorașul. Cu multă plăcere, tractorașule! Eu îmi iau rămas bun de la tractoraș și mă întorc pe terasă. Pe terasă cântă mierla, bucurându-se că mâine va fi o zi fără ploaie și și fără nori. Și eu mă bucur că mâine va fi o zi fără Helmut și fără tractoraș.

17 aprilie

Izolare cu mișcare este deviza actuală, ieri după-masă de la ora 18 la 18.30 am făcut gimnastică pe balcon; au venit doi tineri antrenori de sport, care au executat exerciții de gimnastică în spațiul verde dintre blocuri, între pomii înfrunziți, și cam o treime dintre vecini au ieșit pe balcoane, urmându-le indicațiile. Cei doi tineri aveau un megafon cu care s-au prezentat, pe unu-l cheamă Vladimir, pe celălalt, Dimitri. Prenumele nemțești sunt pe cale de dispariție în Germania, ca și limba germană; de altfel, Vladimir și Dimitri vorbesc totuși o germană fără accent, cine mai vorbește astăzi o germană fără accent în Germania, cei doi precis au crescut în China sau în America de Sud. Aveau și-o boxă uriașă cu ei, pe care-au pus-o în iarbă, au dat drumul la muzică ritmică, în care bașii predominau net, și gimnastica s-a pornit. Nu numai că cei doi executau demonstrativ exercițiile pentru noi, Vladimir mai și descria

fiecare mișcare făcută. Vorbește, te rog, mai tare, nu pot
să te aud din cauza muzicii, a strigat vecinul meu Gary de
la etajul patru. Poftim? a strigat Vladimir, vorbește, te rog,
mai tare, nu pot să te aud din cauza muzicii. În fine, exer-
cițiile se puteau executa și fără a înțelege fiecare vorbă
a lui Vladimir, doar prin simpla imitare a celor doi; am
făcut tot felul de exerciții, cel mai mult mi-au plăcut genu-
flexiunile, am profitat de ele pentru a mă așeza pe jos și
a mă odihni. La săritul corzii fără coardă am răsturnat
trei ghivece cu flori, unul cu lavandă, unul cu hortensii și
unul cu lalele, care s-a spart puțin. Cel mai dificil a fost
să ridic sincron picioarele la piept și să rămân mult timp
așa, până și Vladimir și Dimitri s-au așezat pe un scaun la
exercițiul ăsta și nici mie nu mi-a ieșit cum trebuie, am
căzut pe jos. Carmen se odihnea în timpul ăsta la ea în
cameră pentru gimnastica de mâine, pe balconul alătu-
rat a ieșit vecina mea Jessica să mă fotografieze cum șed
pe jos, nu știu de ce tot râdea, data viitoare o fotografiez
eu. Când m-a fotografiat de sus, Jessica s-a urcat pe un
scaun, dar când a vrut să mă fotografieze de jos, Jessica
s-a aplecat mult prea tare peste balustradă și s-a prăbușit
în gol, noroc că stăm la etajul trei, și nu la parter, astfel,
am avut timp să mă arunc după ea, s-o prind în aer și s-o
aduc în zbor înapoi pe balcon, am învățat figura asta de la
Superman. Totul s-a petrecut atât de rapid că-n afară de
mine n-a avut nimeni timp să observe că Jessica pică-n
gol, nici măcar ea. Werner și Petra, vecinii de vizavi, au
stat pe balcon în timpul gimnasticii bând vin alb, ridicând
paharul și strigând *Zum Wohle, Jan!*/Noroc, Jan! și afirmând
că n-au timp de sport pentru că fac *home office*, asta în-
seamnă că acum sunt sommelieri. După 30 de minute, ora
de sport s-a terminat, iar eu m-am dus la mine în cameră
și după aia s-a dus și Carmen pe terasă, anunțându-mă

printr-un WhatsApp că vântul a răsturnat trei ghivece cu flori, bine că mi-a spus asta, altfel aș fi crezut în continuare că le-am răsturnat eu.

18 aprilie

Ieri mi-a dispărut o șosetă; am băgat două șosete-n mașina de spălat și-am scos doar una, de ce-o fi dispărut nu știu, bănuiesc că s-a simțit călcată-n picioare, deși țineam mult la ea, făcea parte din perechea mea de șosete preferate. Nu știu pe unde-o fi acum, dar mie-mi lipsește, pentru mine e de neînlocuit, am plecat ieri doar cu o șosetă-n oraș, noroc că aveam pantaloni lungi și n-a observat nimeni cât sufăr. În orașul vechi, sutele de magazine, restaurante, baruri au fost închise, cu excepția unei cafenele, unde s-a dat cafea printr-o ferestruică. Am băut două cafele deodată ca să compensez faptul că n-am decât o șosetă și m-am mai plimbat după aia o vreme oprindu-mă lângă ușa deschisă a unei gelaterii, unde nu se vindea nimic. Imediat, în spatele meu s-a format o coadă, s-au adunat cinci oameni, la doi metri unul de altul. *Was verkaufen sie hier,* ce se dă aici? m-a întrebat cel din spatele meu, ca-n comunism pe vremuri. *Nichts,* am spus, nimic, și văzând partea pozitivă a lucrurilor, ne-am bucurat cu toții că rămânem cu banii.

20 aprilie

Mie întotdeauna mi-au plăcut ouăle, mic copil fiind, mi-am preparat singur primul ou moale, care însă a ieșit mult prea tare, deși l-am fiert cel puțin zece minute. La Timișoara, bunicii aveau o găină absolut super în ogradă, care făcea două ouă zilnic, special pentru mine, știind cât de mult mă bucuram când descopeream în cuibul ei un ou. În comunism nu se găseau mai niciodată ouă, deși la gospodăriile agricole colective era plin de găini fruntașe, care conform planului de producție socialist nu făceau doar un singur ou pe zi, ci cel puțin zece. Pe timpul acela, toată lumea era înnebunită după ouă, mi-amintesc că la Reșița vecinele din cartier veneau ades la noi la poartă și strigau exaltate, doamnă, au venit ouă! Și mama se îmbrăca imediat și fugea să le vadă, păcat că nu prea ajungea să le și cumpere și să le aducă acasă. Țăranii din jurul Reșiței vindeau la piața „oauă" la suprapreț, iar la facultate, la Timișoara, pe meniu la cină apăreau relativ des „oă ferte tari". Mai târziu, când am fugit în Vest, unde magazinele erau pline de ouă, am locuit la un moment dat la Londra, unde am vrut să cumpăr zece ouă, la care toți din magazin au murit de râs, inclusiv vânzătorul, care semăna izbitor cu Humpty Dumpty din *Alice în Țara Oglinzilor*, având o formă de ou. *Ten eggs, ten eggs*, au strigat toți tăvălindu-se pe jos de râs și spărgând toate ouăle din magazin – din care apoi s-a făcut o omletă uriașă și când am mâncat-o după aia cu toții împreună, englezii mi-au povestit că la ei, de când există ei ca națiune, n-a avut încă niciodată nimeni ideea năstrușnică să cumpere zece ouă, ci doar douăsprezece, *a dozen, my friend*! Sau *half a dozen*, deci șase, ciudați oameni, englezii ăștia, cred că, de fapt, de aia a și ieșit Marea Britanie din UE, din cauza concepției diferite despre ouă. Dar ouăle nu se mănâncă doar fierte sau ca omletă, ci și că găigană. Cine fură azi un ou, mănâncă mâine omletă, dar dacă visezi găigană, asta înseamnă că în scurt timp te vor da banii afară din casă. Paul McCartney a povestit nu o dată c-a avut norocul să viseze într-o noapte găigană – în engleză, *scrambled eggs* – și că dimineața s-a trezit cântând *scrambled eggs, all my troubles seemed so far away*, după care s-a așezat la pian, a înlocuit *scrambled eggs* cu *yesterday* și gata a fost songul cu care a făcut atâția bani, că și-a cumpărat după aia milioane de ouă. Iar Cristofor Columb a descoperit nu numai America, ci și un ou celebru, pe care, din păcate, l-a spart cu pumnul, drept care acest ou îi poartă și astăzi numele. Nimic nu-i mai desăvârșit decât un ou, oul are o formă perfectă, deși e făcut cu curul, cum a spus un mare înțelept care iubea ouăle. Problema-i însă că la ora actuală nu s-a terminat doar hârtia igienică, ci și ouăle, deci multă atenție, dacă ciocniți zilele astea ouă vopsite, aveți grijă ca nu cumva să se spargă.

21 aprilie

Ieri dimineață stau eu ce stau în living, afară-i o vreme de pomină, niciun norișor, nimic, numai soare, cerul albastru, albastru, ia hai să merg eu pe terasă, îmi zic, dar nu direct din living, dacă ies din living direct pe terasă, nu fac decât vreo patru cinci metri, ia hai să profit de vremea asta frumoasă, îmi zic, și să fac o drumeție mai lungă, pentru că există și un al doilea drum mult mai frumos spre terasă: se trece din living în holul din spate și, după ce se parcurge holul din spate, se intră-n birou și după ce se mai merge și tot merge, așa, vreo șase metri, se ajunge la o ușă mare, mare, căreia i s-a stricat clanța și dacă reușești s-o deschizi, ești răsplătit din plin ajungând pe terasă. Ăsta-i un drum mult mai lung și anevoios, dar eu îl aleg pe ăsta din spirit de aventură. Ar fi foarte indicat să iau și de-ale gurii cu mine, îmi zic, nu se pleacă la drum lung fără mâncare, mai ales când pe drum n-ai ce să cumperi, fac deci în prealabil o mică drumeție până la frigider, unde-mi pun la pachet un iaurt, o felie de pâine cu unt și brânză, salam și două roșii, dar, neavând rucsac să le car, le mănânc pe loc în bucătărie. Apoi o iau din loc, drumețului îi șade bine cu drumul, dar nu uit să-mi iau geaca, nu poți să știi nici-odată dacă nu se schimbă brusc condițiile atmosferice, între ușa de pe hol și ușa de pe terasă uneori poate să tragă, mai ales dacă a lăsat cineva geamul și ușa de la baie deschise, îi trimit deci un WhatsApp lui Carmen, ai închis ușa și geamul de la baie? Dar în loc să-mi răspundă, ea îmi trimite un emoticon cu ochelari de soare, iar nu se poate chatui cu ea, dar bine că mi-am amintit de ochelarii de soare, îi iau din parcarea subterană, din mașină, pentru că i-am uitat demult în torpedo, cobor deci de la etajul trei în garajul subteran, fără lift, ca să nu mă infectez apăsând bu-toanele și la etajul doi o văd pe Mercedes, care-și dezinfec-tează ușa de la intrare. *Hola, Jan! Hola, que tal, Mercedes?* zic de la mare distanță și mă întorc ultrarapid în living, unde aștept până când termină Mercedes cu dezinfectatul, așa, vreo trei, patru ore. Citesc în timpul ăsta *În căutarea timpului pierdut* de Proust, volumul unu, și după aia cobor, mereu la pândă, în garajul subteran, de unde-mi iau oche-larii de soare. Când ajung din nou în living, mă uit la ceas și văd că-i deja ora prânzului. Hopa! Ia să-mi încălzesc eu niște sarmale și să le iau cu mine să le mănânc pe terasă, un nou WhatsApp lui Carmen, unde-i cuptorul cu micro-unde? Apoi încălzesc sarmalele și, ca să nu le mai car pe terasă, le mănânc în bucătărie și după aia, constrâns de situație, mă duc direct în dormitor să-mi fac siesta. Unde ești, pe terasă? vine un WhatsApp din camera de alături, nu, azi n-am ajuns, zic, dar plec mâine dis-de-dimineață.

> **Oana Vasiliu**: Textele astea despre izolare sunt hipnoti-
> zante. Nici n-am bănuit în trecut că o să citesc cu atâta
> interes despre o plimbare din cameră până pe terasă.
> Fain.
> **Claudia Senescu**: Sunteți savuros.
> **Ioana Nicolaie**: Jan, ești grozav, na! Râd de fiecare dată.

22 aprilie

Am văzut că au fost zilele astea tot felul de iritații în legă-
tură cu exercițiile de gimnastică pe care le-am executat
joia trecută, eu, pe terasă, și Vladimir și Dimitri, jos, pe
gazon, ca antrenori, e vorba concret de exercițiul la care,
stând în picioare, se ridică ambele picioare simultan în
aer. S-a presupus, printre altele, că în acest caz nici nu-i
vorba, de fapt, de gimnastică, ci de fenomenul de levitație,
așa cum îl descrie Mircea Eliade în *Secretul doctorului
Honigberger*, dar nu este deloc așa. Levitația, plutirea, este
o stare pe care-o ating numai extrem de puțini oameni cu
ajutorul practicilor yoga, după o viață, exercițiul descris
de mine se poate practica pe balcon din prima, cu ajutorul
lui Vladimir și Dimitri, care ieri au fost din nou aici, așa că
am executat exercițiul ăsta împreună cu toți ceilalți vecini
ieșiți pe balcoane. Iată, încă o dată, cum se face: se ridică
mai întâi piciorul stâng în aer și se stă zece secunde pe
piciorul drept, apoi se ridică încet și piciorul drept în aer,
fără a coborî piciorul stâng, ăsta-i momentul cel mai im-
portant la tot exercițiul, să nu cedăm reacției firești de-a
folosi unul din picioare sau, Doamne ferește, chiar ambele,
ca punct de sprijin. Executat corect, exercițiul ăsta rela-
xează peste măsură și dă încredere în sine, trebuie doar

să exersăm zilnic, în izolare e destul timp pentru asta. O altă întrebare, care mi-a fost pusă de zeci de ori în ultimele zile: unde se duc șosetele atunci când se duc și dacă n-am cumva între timp vești de la șoseta mea dispărută pe 17 martie din mașina de spălat și dacă da, unde se află ea la ora actuală. Când se duce, fiecare șosetă se duce altundeva, nu pot spune nici eu unde, dar între timp am efectiv vești despre șoseta mea dispărută, care-a fost văzută de vecina mea Jessica în spălătorie, împreună cu o altă șosetă desperecheată, cele două fiind vârâte una într-alta, cred că-i de prisos să mai comentez asta. Acum știu și de ce mi-a plecat deodată șoseta, n-a avut o viață prea roză cu pantoful meu drept, cu care, fără s-o întreb, am combinat-o, a tratat-o cam brutal, a tot frecat-o și mai că n-a rupt-o, privind înapoi am mustrări de conștiință și îi doresc tot binele cu noua ei pereche. Da, se pare că în starea asta de izolare au loc tot felul de aventuri pasionale, ieri mi-au dispărut sincron și două brichete, dar la dispariția asta cumva mă așteptam, brichetele se aprind repede și dacă vrem să le păstrăm, nu trebuie puse niciodată împreună. Și-acum mă duc să mănânc un iaurt cu miere, sper că nu mi-a plecat lingurița aia frumoasă, care tot cocheta cu mixerul.

23 aprilie

Cel mai nașpa-i cu mâinile, eu mă port ca un domn cu ele, le tai unghiile, le spăl cu săpun și apă caldă, le dezinfectez cât încape și ele ce fac? Îmi umblă mereu pe față, e de groază! OK, au umblat ele și înainte pe unde nu trebuie, dar cum îmi dădeam peste ele, își vedeau iar de treabă, însă acum, cu virusul, se-ngroașă gluma, devin de-a dreptul periculoase, cum nu mă uit la ele, cum mi-ating buzele, ochii, nasul, mă ciupesc de urechi, de bărbie, e incredibil! Distanța aia socială de doi metri eu n-aș păstra-o doar față de alții, ci și față de mine, dar cum? Corpul ăsta al meu e total obsedat de mine, unde sunt eu, își face și el de lucru, o chestie complet enervantă, dacă eu vreau una, el o vrea pe cealaltă, eu vreau să mă scol, el vrea să doarmă, eu vreau să urc scările pe jos, el vrea cu liftul, dacă mă duc cu el în parc și-l pun să fugă, se așază pe-o bancă și viseză cai verzi pe pereți și dacă-i dau să mănânce și să bea ce și cât vrea el, i-e rău după aia, vomită, se jeluiește și spune că eu sunt de vină. Azi dimineață, l-am dus la oglinda din baie, l-am bărbierit și i-am spus, mă, așa nu mai merge, uită-te, mă, la tine! Vai de capul tău, zic, unde vrei să ajungi, dacă nu-ți plac, zice, închide ochii, mă, arăți ca Keith Richards în izolare, zic, în criză de cocaină, ai vrea tu să fii ca ăla, zice. Mă, știi ce, zic, tu mă îmbolnăvești la sigur, mi-ajunge, dacă nu-ți ții gura, te fotografiez așa cum ești și te pun pe Facebook! OK, zice, nicio problemă, dar nu uita să-mi pui masca înainte.

> **Irina Stahl:** Ați atins o problemă esențială! Se vede că în izolare ați aprofundat introspecția, după îndemnul Papei. Ei, ce ne facem cu distanțarea față de propria persoană?
>
> **Éva Edith Vereș:** Am râs în hohote, de mi-am scos perechea conjugală din izolarea din dormitor! Să vă țină 'Ăl de Sus năravul și scriitura, că mult bine ne faceți zi de zi!
>
> **Claudia Senescu:** Ce coincidență, și mie îmi vorbește corpul meu. Spre exemplu, ieri dimineață urlă la mine: aloooo, nu mai mânca iar cozonac, o să ajungi de 100 de kile. Iar eu i-am răspuns că e ultima, asta și gata, iar el mi-a reproșat că mereu spun așa. În fine, sunt corpuri mai prietenoase și mai puțin prietenoase.

24 aprilie

Ies ieri după prânz din casă și mă duc în parcul de vizavi, am întâlnire cu Thomas, să bem împreună o bere, venim amândoi cu masca la întâlnire. Thomas e profesor de pian la Școala de Muzică „Clara Schumann" și predă la ora actuală de-acasă, prin Skype. Îți pui masca atunci când predai, nu? îl întreb, ha ha, zice Thomas, asta n-o face decât profesorul de canto când cântă. *Es duftet nach Linden-blüten*, miroase a flori de tei deja, acum, în aprilie, mă mir eu, e after-shave-ul meu, zice Thomas, așa deci, zic eu, omul înnobilează natura. Stăm noi ce stăm pe-o alee, pe-o bancă, la distanță de doi metri unul de altul, amândoi cu mască și c-o sticlă de bere poloneză Żywiec, trăiască Polonia, zicem și bem bere, o înghițitură pentru unchiul Chopin, una pentru mătușa Clara Schumann. Trece mașina poliției pe lângă noi, înăuntru doi polițiști cu mască, se uită triști la noi, i-aș invita și pe ei la o bere, dar sunt cu mașina. Trece o cucoană cu un Yorkshire Terrier cu fundiță în cap și cu părul de-un metru, de-i acoperă complet picioarele, dacă mai țin ăștia mult frizeriile închise, ajungem ca el, îi zic lui Thomas, ce fain ar fi, zice Thomas, ah da, am uitat că-i complet chel. Femeia are mască, Yorkshire-ul n-are mască, brusc se-apropie de piciorul stâng al lui Thomas și ridică un picior din spate, Thomas sare ca ars, *er will doch nur spielen*, vrea doar să se joace, zice cucoana, trage de lesă și s-a dus, așa-i dacă miroși a flori de tei, zic, te-a confundat cu un pom. Pe urmă, câteva minute nu trece nimeni, apoi apar o tipă și-un tip cu mască, *hallo, Jan*, strigă tipa încântată de la distanță, *hallo*, strig și eu încântat, dar nu-i pronunț numele pentru că nu știu cine-i, uite, Jan, ți-l prezint pe… și vrea să mi-l prezinte pe tipul care-i cu ea, stop! zice tipul încântat, nu-i nevoie să mi-l prezinți pe Jan, ne cunoaștem. Da, sigur, zic și eu încântat, fără să-i pronunț numele pentru că nu știu cine-i. Uitați, el e Thomas, le zic celor doi, *hallo, Thomas*, zic tipul și tipa, nu-i nevoie să ne prezinți, ne cunoaștem, da, sigur că ne cunoaștem, zice Thomas, *wie geht's*, cum vă mai merge? Mai stăm noi ce stăm de vorbă, brusc trece din nou cucoana cu Yorkshire-ul care se uită cu jind la piciorul lui Thomas, cucoana îl trage de lesă în timp ce perechea se lansează într-o discuție, el e de părere că și câinii ar trebui să poarte în viitor mască, ea că ba nu, faini oameni ăștia doi, mai că nu ne îmbrățișăm la despărțire, de n-ar fi distanța socială. Măi, tu de unde îi știi pe ăștia, îl întreb după aia pe Thomas, habar n-am, zice Thomas, că nu le-am văzut fața, dar, hai să-ți spun un secret, eu nu sunt Thomas, eu sunt Robert. Ah da, zic încântat, *hallo, Robert*, nu-i nevoie să te prezinți, ne cunoaștem.

Mihaela Grancea: Text superb, comic de situație.

Cătălina Butoi: Umor și nu numai! Maestre, îți iese de minune când punctezi niște lucruri, așa, cu dezinvoltura-ți minunată.

Alexandra Tudor: Cel mai vesel jurnal de carantină. Îți pierzi mințile râzând.

Claudia Senescu: Eu sunt renumită în anturajul meu că nu pot ține minte nume și mereu sunt tachinată din cauza asta. Așa că, dacă într-o zi o să vă spun Henry, să nu vă mirați.

Radmila Popovici: Umor de pus în ramă!

Daniel Comanescu: Dacă vreți într-adevăr să vă descrețiți frunțile, vă recomand să-l citiți și să urmăriți postările zilnice de pe Facebook ale lui Jan Cornelius. Nevastă-mea îl urmărește de ceva vreme și nu știam de ce râde de se prăpădește. Eu, mai necredul din fire, m-am lăsat cu greu, însă după ce am început să-l urmăresc, nu mă mai pot opri, este ca o pastilă miraculoasă împotriva izolării și stresului.

25 aprilie

Măi, ce m-am săturat de izolare și blocare, ieri dimineață mi-a venit să mă urc în avion și să plec la cel puțin zece mii de kilometri distanță, nasol numai că avioanele nu prea circulă, parcă-s bătute-n cuie la aeroport, ba nu, circulă, dar numai ca să-i aducă înapoi pe ăia care-au plecat la zece mii de kilometri distanță, totul e exact invers de cum vreau eu. Partea bună a lucrurilor e că eu de mult am realizat că și acasă-i foarte frumos, că livingul, sufrageria, bucătăria, cămara, baia, dormitorul îmi oferă adevărate peisaje de vis, pardon, dormitorul nu știu cum arată, că acolo dorm tot timpul. Apoi de fascinația ieșirilor pe terasă nici să nu mai vorbesc. Și dacă vreau o schimbare cu adevărat radicală, dacă am chef să întreprind ceva cu totul și cu totul deosebit, cobor în pivniță, și nu cu liftul, că doar nu-s nebun să ating butoanele pe care pun toți mâna. Și nu sunt eu singurul care procedează așa, la noi în bloc, în afară de viruși nu mai folosește nimeni liftul, toți urcă și coboară scările pe jos, așa că drumu-n pivniță cere un pic de efort, dar merită pentru că în zona aia e minunat, am acolo scoici superbe adunate pe Tenerife anul trecut, sandale, pe care le încalț închipuindu-mi că sunt pe plajă, o pompă de bicicletă cu care simulez briza mării și doi saci mari de iută plini până sus, în care habar n-am ce se află și pe care nici nu-i deschid, asta conferă locului o atmosferă de profund mister à la *Comoara din insulă*. Lângă pivniță e o spălătorie uriașă, fiecare din bloc își are acolo propria mașină de spălat, unul marca Miele, altul Siemens, Bauknecht, Bosch etc., toate merg excelent, lucru nemțesc, toate sunt albe și arată cam la fel și nu prea le deosebesc. Odată, am băgat un pulover, două perechi de blugi și trei tricouri în mașina mea de spălat și când am deschis-o, după vreo oră, am găsit în ea hainele lui Maximilian, care are cinci ani și stă la etajul doi, și Barbara, mama lui Maximilian, a zis că mașina mea de spălat e mașina ei, se lasă cu hocus-pocus acolo. Și acum pun punct, îmi iau pantalonii de baie și crema de protecție solară și mă duc în pivniță, nu m-ar mira să întâlnesc la plajă niște vecini.

> **Vasile Baghiu**: Îmi place mult umorul dumneavoastră, adică maniera în care îl puneți în funcțiune la scris. Râd pe bune. Le citesc și colegilor din când în când. Și ei râd. Aș citi cu mare plăcere o carte așa.
>
> **Atena Comanescu**: Vă mulțumesc și vă iubesc. Nu mă pot opri din râs.

26 aprilie

Ieri am plecat cu bicicleta să dau o tură prin Bilk, după atâtea săptămâni de autoizolare n-a fost deloc simplu să mă obișnuiesc cu mulțimea și cu circulația, pe Fleher Straße a mai mers cum a mers, n-am întâlnit pe absolut nimeni, dar când am dat colțul pe Bachstraße, a fost prăpăd, deja după 100 de metri a apărut brusc un ciclist în carne și oase, incredibil! A apărut deodată dintr-o curte, cu casca pe cap și două avertizoare plus farul aprinse, în ciuda luminii solare, uitându-se tot timpul precaut în jur, dacă nu cumva mai e cineva pe stradă, și când m-a văzut deodată venind pe partea cealaltă, a început să pedaleze ca un nebun și la primul stop, cam la 100 de metri distanță, a trecut pe roșu. Asta m-a cam mirat, desigur, în Germania nu trece nimeni pe roșu, nemții sunt foarte corecți și dacă treci pe roșu, unii se supără și te ceartă, dar ăsta a trecut efectiv pe roșu, însă ajuns pe partea cealaltă, l-au apucat evident remușcările.

Fiind între timp foarte aproape de el, l-am văzut scoțând mobilul și sunând la poliție. *Hallo, Polizei*, a spus alarmat, chiar am trecut pe roșu, *ich habe den Straßenverkehr gefährdet*, am periclitat circulația, vă rog să mă amendați, dacă se poate. Păi da, îmi zic, în Germania cicliștii sunt foarte corecți, deci nici nu mă mira, și mă fac că-mi controlez frânele așteptând să apară poliția, care apare cât ai bate din palme, așa-i în Germania, poliția apare ades chiar și înainte s-o chemi. În mașină, trei polițiști cu mască trag lângă mine, pe dreapta. Mă uit la ei, *guten Tag*, zic, nu eu v-am chemat, ci domnul de-acolo, dar văd că sunteți trei în mașină, *Sie sind zu dritt im Auto*, dar acum cu Corona nu-i voie decât cel mult doi. În Germania, poliția e foarte corectă, aveți dreptate, recunosc ei imediat, ne pare sincer rău, și-și dau pe loc unul altuia amendă, apoi îl amendează și pe ciclist, care le mulțumește și pleacă. Eu, după el până la următorul stop, la vreo 300 de metri, care-i tot pe roșu. De data asta ciclistul oprește, opresc și eu, deodată apar trei gâște în șir indian, la un metru jumate una de cealaltă, păstrând distanța socială; când văd că stopu-i pe roșu, se opresc și ele, în Germania gâștele sunt foarte corecte. Apoi stopul schimbă pe verde și trecem cu toții strada, eu și ciclistul pe drumul de bicicletă, gâștele, pe la trecerea pietoni. Cum ajungem dincolo, ne ajunge din urmă mașina poliției, acum șed doar doi polițiști înăuntru, al treilea îi urmează pe jos, respectând legea, polițiștii trag pe dreapta și opresc gâștele, vor să le amendeze că n-au trecut pe drumul de bicicletă. Poftim?! zic eu, astea-s gâște, și nu biciclete, *das sind Gänse und keine Fahrräder*, deci sunt tot pietoni, pe unde să treacă, vă rog să nu vă amestecați, zice un polițist tatuat pe braț cu cuvântul „Rammstein" că vă amendăm și pe dumneavoastră! Poftim?! zic eu uluit, nu pot să cred, în Germania polițiștii sunt foarte corecți, dar mai există și excepții și dumneavoastră sunteți evident o excepție, *Sie sind eine Ausnahme!* Și brusc am o idee, știți ce, zic, dacă amendați gâștele, o sun pe *Frau* Merkel. În Germania, *Frau* Merkel este o persoană foarte respectată și pentru poliție ar fi mai mult decât jenant dacă s-ar auzi până la nivelul cel mai înalt că a amendat trei gâște. OK, cum să amendăm gâștele, zic polițiștii și dintr-o dată încep să râdă, a fost o glumă! *Einen schönen Tag noch,* o zi faină! Dau gaz și pleacă. Așa că totul se termină cu happy-end, ciclistul se bucură c-a fost amendat pentru c-a încălcat legea, gâștele se bucură că n-au fost amendate pentru c-au respectat legea, polițiștii se bucura că n-o sun pe *Frau* Merkel, iar eu mă bucur că s-a întâmplat în sfârșit ceva tare și că am ce să povestesc.

> **Ina Zozo:** Adrenalină la maxim.
>
> **Alta Ifland:** „... și-și dau pe loc unul altuia amendă" – văd scena în fața ochilor, ca într-un film cu Stan și Bran. Excelent!

27 aprilie

Ieri m-a sunat din blocul alăturat vecinul meu Werner la telefon, am fost cam surprins, dat fiind că de-obicei vorbim de la balcon la balcon. Ești singur în cameră, mă-ntreabă, da, zic, uită-te dacă nu-i nimeni în hol, zice, mă uit, totul OK, încuie-ți ușa, zice, o-ncui, coboară obloanele, le cobor, la noi în pivniță a deschis un frizer, șușotește Werner, mergem? La frizer? zic, ai înnebunit?! E prea riscant, dacă vine poliția? Ăștia nu se joacă cu tunsul, azi nu se mai duce nici dracu' la frizer. Vezi să nu-ți pară rău după aia, zice Werner, în viață trebuie să mai și riști, vii sau nu? Să mă duc, să nu mă duc, de tuns m-aș fi tuns eu, dar mi-era o frică de zile mari, recunosc, la Elsenfeld poliția-i umflase nu demult pe doi tipi la tuns, amenda ca amenda, dar acum umblau amândoi cu tunsoarea neterminată. Dă-mi puțin timp de gândire, zic, te sun imediat. Închid, mă duc în baie și mă bărbieresc. Fără să-mi scot masca, bineînțeles, și când termin cu bărbieritul, inspir profund și-l sun pe Werner, fie ce-o fi, zic, hai că vin. Ne-ntâlnim deci în fața blocului, coborâm tiptil în pivniță, în spatele unei uși masive de fier, frizeru-n acțiune, unul, pe scaun, la tuns, ne-așezăm și așteptăm la doi metri distanță unul de altul. Bum, bum! deodată bate cineva cu pumnu-n ușă, șase! strigă frizerul, năvălește un polițist în încăpere, cu vestă antiglonț și pistolul scos, *Kamm fallen lassen und Hände hoch*, lasă pieptenele să cadă și mâinile sus, strigă, și trage piedica armei. Pieptenul aterizează pe podea, îl văd pe frizer că fixează cu coada ochiului un pămătuf, *bist du wahnsinnig*, șuier, ai înnebunit, nu pune mâna pe pămătuf! Pe masa cu oglinda, o pungă mare de plastic, plină până sus cu un praf alb, ce-i în punga aia, întreabă polițistul, cocaină, zice frizerul, ha ha, mă ții de idiot, e pudră de talc. Ba nu, jur că-i cocaină! zice frizerul, ba nu, e pudră de tâlc, gustați, dacă nu mă credeți, ia polițistul o gură din praful ăla alb, se schimbă la față, întoarce ochii pe dos, se ridică încet la tavan ca un balon cu hidrogen. Plutește prin pivniță și dă din brațe, sunt o pasăre, zice fericit, *ich bin ein Vogel*, vreau să mă tund și eu! Atunci coboară și stai la coadă, zic, întâi suntem noi la rând.

Ioan Mihai Cochinescu: Jan, ești genial! Eu și Sidonia am râs cu lacrimi! I-am citit cu glas tare, că ea picta în vremea asta. Parcă eram la cenaclu, în anii '80. Mulțumesc frumos. E clar că iese o carte din toate povestirile astea ale tale.

Alta Ifland: Dacă aş fi regizor, aş scoate un film de milioane din vignetele astea. Sunt atât de cinematice! Eu tot sper că vreunul dintre noii regizori români le va vedea şi va face ceva cu ele. A propos de Hair Salons: am un *appointment* sâmbăta asta la Hair Salon (ceea ce şi la noi la San Francisco e interzis). Te ţin la curent dacă mă amendează.

28 aprilie

Ieri a fost aici o adevărată zi de vară, am fost după-masă cu bicicleta-n oraşul vechi şi era să mă sufoc de căldură, lumea purta haine de plaja şi plete hippie, dat fiind că frizeriile sunt demult închise şi dacă te duci clandestin la frizer, rişti să ţi se taie nu părul, ci capul. Pe malul Rinului, sute de ciclişti goneau ca apucaţii, schimbându-şi la fiecare trei secunde direcţia. Până ieri, am crezut că Amsterdam e epicentrul terorii cicliste, dar Amsterdamul nu-i nimic, dacă n-aş fi pedalat mereu vigilent, m-ar fi răsturnat şi călcat cel puţin şapte biciclete deodată şi-mi adunam oscioarele cu făraşul, să mă calce un camion ar fi fost o subtilă plăcere în comparaţie cu asta. Am fost şi-n piaţa din Altstadt, dar nu erau deschise decât trei standuri din 333 şi din misterioase motive toate trei vindeau Lakritz, în română-i spune lemn dulce. N-am cumpărat lemn dulce, dar cum confiseria Lindt de după colţ era şi ea deschisă, am cumpărat trufe de ciocolată neagră şi albă, pe care după ce le-am mâncat, am pedalat atât de vârtos încât a trebuit să pun frână când am urcat o pantă abruptă. La spălătoria de maşini, un şir lung de maşini îşi aşteptau excitate rândul;

după o lungă perioadă de blocare prin garaje, oamenii și-au scos ieri mașinile și le-au spălat și dezinfectat și le-au pus mască, ba nu, mască nu le-au pus încă, dar am văzut destui șoferi care ședeau singuri în mașină cu geamurile închise și cu masca pe față, probabil că le era frică să nu se infecteze de la cei pe care-i auzeau vorbind sau cântând la radioul mașinii. Ajuns acasă, i-am asistat de pe terasă pe cei doi antrenori de sport, Dimitri și Vladimir, care vin de trei ori pe săptămână încoace pentru a face cu noi gimnastică ritmică, mai toți vecinii ieșiseră pe balcoane și unii erau jos, în iarbă, dând necontenit din mâini și din picioare în ritmul muzicii, doar eu mi-am băut contemplativ cafeaua și am bătut ritmul pe măsuța albastră de tablă, răsturnându-mi ceașca pe jumătate plină, dar să lăsăm asta. Atmosfera a fost în esență destinsă, toți păreau dintr-o dată în mare formă, cred că lumea se afla, de fapt, într-o stare de reală beatitudine pentru că acum se găsește din nou drojdie și hârtie igienică și nu m-ar mira dacă aș afla că unii iau laxativ pentru a se duce cât mai des la toaletă și a profita de asta. Există momente de fericire și în timpurile Corona!

30 aprilie

Ieri am avut parte de ceva cu totul ieșit din comun și incredibil, am plecat de-acasă dimineața, pe la zece, cu mască, bineînțeles, mașina mea era parcată în apropiere de casă, pe Fleher Straße, vizavi de magazinul de pâine, de-abia o luasem din loc îndreptându-mă spre parcul din nordul orașului, când deodată descopăr stupefiat în oglinda retrovizoare că mă urmărește semnalizând cu farul mare un polițist, dar nu cu mașina poliției, ci cu propria mea mașină!

Și îmi dau brusc seama că eu, de fapt, zăpăcit și visător cum sunt, m-am urcat din greșeală în mașina poliției, parcată lângă a mea, văzusem în trecere polițistul în magazinul de pâine, ce situație penibilă și incredibilă, îmi vine să intru în pământ de rușine, trag imediat jenat pe dreapta și polițistul mă depășește și oprește în fața mea, coboară și supra-iritat și neprietenos se uită lung la mine și mă-ntreabă dacă mai sunt în toate mințile, *sagen Sie mal, sind Sie noch ganz dicht?* iar eu îi explic că tocmai mă gândeam la o poezie de Emil Brumaru și că eram deci cu capul în cu totul altă parte, nedându-mi seama ce fac. Poftim?! zice polițistul, *welcher Brumaru?!* care Brumaru?! zice și se uită și mai lung la mine și-mi cere permisul și actele mașinii, eu vreau automat să bag mâna în torpedoul lui, luați mâna de-acolo, strigă, *aussteigen*, coborâți, am încurcat-o, zic, amendă grasă pentru furt de mașină, îi explic că mașinile noastre, de fapt, seamănă și că, de fapt, toate mașinile seamănă între ele și că, dacă nu remarci că pe mașina poliției scrie POLIZEI și nu ești atent la culoarea albastru-alb, ai putea crede că mașina poliției e mașina ta, polițistul se ener-vează tot mai tare, dom'le, îți bați joc de mine, *verarschen Sie mich*, zice, n-arată niciun fel de înțelegere, vorbește pe un ton complet nepotrivit, vrea să facă proces-verbal pen-tru furtul mașinii poliției, incredibil, atâta agresivitate și lipsă de înțelegere mă scot din sărite, mă enervez brusc, atunci ia să vă dau eu un real motiv de supărare, îmi zic, și mă urc rapid în mașina poliției și dau gaz. Polițistului nu-i vine să-și creadă ochilor, mă urmărește ca dispera-tul cu mașina mea, îl văd în oglinda retrovizoare cum ges-ticulează și vorbește la telefon și cheamă, mai mult ca sigur, alți polițiști în ajutor, uitând probabil să mențio-neze că inversaserăm mașinile, pentru că cele trei mașini ale poliției apărute în mare viteză câteva străzi mai încolo

îl blochează pe el, și nu pe mine, crezând că el e delin-
cventul îmbrăcat în polițist și că-i atât de periculos încât
a determinat mașina poliției să bată-n retragere. Până se
lămuresc lucrurile, eu ajung neurmărit prin tunelul subte-
ran pe partea cealaltă a Rinului, în Oberkassel, unde cobor
din mașina poliției și urc în tramvaiul complet gol, dar ori-
cum port mască și nu m-ar recunoaște nimeni, cobor din
tramvai la gară și iau S-Bahnul S11, ajung acasă, îmi dezin-
fectez mâinile, unde-ai fost, întreabă Carmen din camera
ei, când aude ușa la baie, am gonit prin oraș cu mașina
poliției, zic, aha, zice ea, *und die Polizei?* și poliția ce-a fă-
cut în timpul asta? Ce să facă, m-a urmărit cu mașina mea,
zic, aud un hohot de râs, asta-i mereu problema, dacă spui
adevărul, nu te crede niciodată nimeni, intru în baia din
spate, unde îmi dezinfectez încă o dată mâinile, apoi mă
duc pe terasă și recit cu voce tare o poezie de Emil Brumaru,
ca să mă relaxez puțin și să uit toată urmărirea asta in-
credibilă și suprarealistă:

> Eu sunt un poet de duminecă.
> La haina mea roz am o mânecă
> Albastră, cealaltă vernil.
> Eu scriu doar în luna april!
> Și-atunci nu mai mult de un vers
> Pe care deja l-am și șters.

Hopa, chiar în clipa asta sună cineva la ușă, ei trebuie
să fie, dar nu sunt nebun să le deschid, indicațiile sunt
foarte clare, să nu primești pe nimeni în casă cu virusul
asta, și dacă mă cheamă la poliție și-mi pun întrebări, eu
n-am habar de nimic, eu n-am mai ieșit de patru săptămâni
din casă.

Crisula Stefanescu: Excelent!

Daciana Branea: Din ce în ce mai bun!

Mihai Moraru: Tare, tare, felicitări!

Nistor Maria: N-a auzit polițistul de Emil Brumaru!? La noi umblă polițiștii cu volumele brumare...brumărești...brumăriene în buzunar.

Nicole Paulescu: Am râs cu lacrimi, de mult nu m-am mai distrat așa.

Mircea Eleanor: Super fain, cred că ar râde copios și Emil Brumaru!

Anna Notaras: Fermecător text! Și eu am râs singură în birou.

Catalina Butoi: Nu mai pooot! (De râs!)

Exun Amchory: Eu i-am zis odată unui polițist care conducea în parcarea de la Otopeni pe sens invers: de ce mergi, dom'le, pe sens invers? Si el cică: taci, bă, din gură, că acuși chem poliția să te aresteze!

David Otilia: Eu sincer am râs cu lacrimi, deși sunt sigură că e doar o ficțiune. Felicitări pentru umorul dv!!!

Mariana Barbulescu: Ha haha! Nu pot să cred!

Daniela Ionescu: Mie mi s-a întâmplat pe bune ceva asemănător, numai că de data asta eu am fost cea care a urmărit politia. Ajunsesem în Dresda seara și nu găseam hotelul. Așa că m-am oprit lângă o patrulă de poliție și am întrebat. În timp ce se chinuiau să-mi explice, unul a primit un telefon și apoi mi-a făcut un semn pe care eu l-am interpretat ca „urmează-ne". Au pornit, și eu după ei. Au pus sirena cu lumina albastră, eu după ei. Au început să gonească cu 100 pe oră prin centrul orașului, eu după ei. Au trecut pe nu știu câte stopuri pe roșu, eu după ei. Când am înțeles că toată povestea asta nu avea nicio legătură cu mine și m-am oprit, eram de mult afară din Dresda. Dar nu asta m-a deranjat cel mai tare, ci gândul la cât or fi râs de mine.

1 mai

Ieri, după atâta stat în casă, am decis să nu mai merg doar până în parcul alăturat, ci să fac un drum mai lung pe jos, de-a lungul Rinului. Frau *Merkel* a spus de mai multe ori că asta-i voie, așa că mi-am scos pantofii ușori, de primăvară din pivniță, i-am dat cu spray impermeabil și am plecat, dar pe drum mi-am dat la modul dureros seama că mă cam strâng pantofii. Anul trecut se potriviseră de minune, oare ce să se fi întâmplat, m-am întrebat, să se fi micșorat pantofii în timpul iernii sau mi-au crescut mie picioarele din primăvara trecută. Ajuns pe malul Rinului, pe la Apollo-Theater, m-am așezat pe-o bancă și mi-am scos pantoful drept, privindu-mi foarte atent laba piciorului, nedându-mi seama însă dacă-i mai mare decât anul trecut pe vremea asta sau nu, sigur era doar că de săptămâna trecută îmi crescuseră unghiile, nimic nu rămâne cum fost, m-am gândit, *panta rhei* a spus Heraklit, normal, și vechilor greci le creșteau unghiile. În fine, m-am ridicat de pe bancă reîncepând să umblu, drept care pantofii au reînceput să mă strângă atât de tare încât la un moment dat mi-am zis, orice, numai chinul ăsta nu, cum pot scăpa de el, ia hai să merg eu în mâini deocamdată! Umblatul în mâini nu-mi cădea greu deloc, mă miram și eu cu câtă ușurință și cu ce viteză mă deplasam, ideea a fost absolut super, pentru că începând din momentul ăla, durerea a cedat la modul considerabil pentru a deveni după scurt timp practic inexistentă, așa am ajuns după trei sferturi de oră bine-dispus acasă, ușor ca păsărea. De-a lungul drumului nu m-a văzut nimeni, din cauza virusului și a ploii care tocmai începuse, nu era țipenie de om pe stradă. Apropo de ploaie, îmi uitasem umbrela acasă, dar nu mi s-a udat capul, ci doar tălpile. Era absolut minunat, aș fi putut jura că atinsesem practic starea de impondebari... impondelabiri... impondebilibali... mă rog, mai că nu pluteam ca un înger.

La un moment dat, a trecut unul cu bicicleta, dar nu s-a uitat deloc la mine, se uita practic în jos, dat fiind că pedala cu mâinile, și după aia am ajuns acasă și pot doar să spun că umblatul în mâini îmi face până la ora asta o enormă plăcere. Azi am umblat deja vreo două ore în mâini, direct după sculare, acum dintr-o dată viața asta-n izolare nu mi se mai pare deloc monotonă, parcă sunt alt om, totul începe să se schimbe, până și felul în care scriu cuvintele parcă-y puțyn altfell.

2 mai

Ieri a fost 1 mai, dar anul ăsta n-a avut loc nicio manifestație, niciun spectacol prin oraș, așa c-am rămas acasă și mi-am căutat o ocupație alternativă. Ce să fac, ce să fac, în parcul alăturat am fost, o drumeție din living prin hol până pe terasă am făcut, ia hai să-mi fac eu un selfie, zic, și vreau să m-apuc de treabă, problema-i că nu-mi găsesc mobilul. Ce să fac, ce să fac, o sun pe Carmen la ea în camera, sună-mă, te rog, zic, că nu-mi găsesc mobilul și vreau să-l depistez după sunet, ha ha, păi cum m-ai sunat fără mobil, zice, de parcă asta ar fi problema! OK, zic, deci nu vrei să mă ajuți, asta e, când ai nevoie de ajutor, nu te-ajută nimeni, mă duc pe terasă. Wow, am noroc, Jessica a ieșit pe balconul de-alături, *hallo, Jessica,* zic, *ich finde mein Handy nicht,* nu-mi găsesc mobilul, o chestie complet idioată pentru că vreau să-mi fac un selfie, ai putea, te rog, să-mi faci tu un selfie cu mobilul tău? Ha ha, zice Jessica, asta-i bună, mersi că mi-ai dat o idee, și ce face, își face ei un selfie, așa-s femeile, când ai nevoie de ele, își fac selfie-uri. Nicio nădejde cu Jessica, o sun pe Mara, Mara-i dentist, salut, Mara, unde ești, sunt la cabinet, zice, și chiar îi pun unuia o plombă de la distanță, prin Skype. Lasă plombele, zic, de vreo oră nu-mi găsesc mobilul, nu l-am uitat cumva la tine? La mine n-ai mai fost din martie, zice Mara, n-am întrebat de când n-am mai fost la tine, zic, întrebarea era cu totul alta, ha ha, zice Mara, vorbim diseară, te sun, hai că acum am de lucru. Na poftim, așa-s femeile, când ai nevoie de ele, au de lucru. Îl văd pe Werner pe balconul de vizavi, face *home office* bând vin alb, observând mierla de pe acoperiș și udând florile, ia hai să-l sun pe Werner, *hallo, Werner*, zic, am o problemă, nu-mi găsesc mobilul, acum chiar că sunt complet izolat, nu mai pot comunica cu nimeni. Asta chiar că-i nasol, zice Werner, te înțeleg, exact așa îmi merge și mie. Nici eu nu pot telefona la nimeni, plus că mai am și probleme cu Petra, chiar am sunat-o să-i spun asta și-a zis s-o las în pace cu bancurile, că ea lucrează. Așa-s femeile, zic, mie-mi ajunge, problema-i că vreau să-mi fac un selfie și fără mobil nu merge. Ei, na, zice Werner, ai trecut tu prin chestii mai grele, fii bărbat, las' că te descurci tu! Werner e bărbat, Werner știe ce spune, Werner e un adevărat prieten, mă liniștesc, mă duc la mine-n cameră și cum nu-i soare afară, îmi pun ochelarii de soare ca să-i compensez lipsa, ridic mobilul și-mi fac un selfie. *Danke, Werner!*

> **Adina Scutelnicu**: O să-ți povestesc o întâmplare absolut reală, povestită de una dintre protagoniste: o amică a mea vorbea la telefon cu o amică a ei. La un moment dat, amica mea se uită derutată în jur și-i spune interlocutoarei: „Fată, mi-am pierdut telefonul!" Empatică, cealaltă o întreabă: „Unde, fată?!" Pare banc, dar nu e.
>
> **Exun Amchory**: Selfie fără telefon este cum era pe vremuri ciorba de pui fără pui: pui apa la fiert, pui o ceapă, pui un morcov și stop, că prea mult pui.

3 mai

Ieri după-masă am fost în oraș să văd ce mai e nou, maga-
zinele erau deschise și oamenii așteptau la intrare, la doi
metri distanță unul de altul. Am ajuns pe Färberstraße, la
magazinul românesc Ardealul, magazinul era deschis și oa-
menii așteptau la intrare, la doi centimetri distanță unul
de altul, încurcaseră evident centimetri cu metri. Aveam
de gând să iau niște vinete prăjite și congelate, poți face
cu ele salată de vinete, trebuie doar să le dezgheți înainte,
dar când am văzut coada, am înghețat și m-am dus în
Altstadt. Pe străzile orașului vechi, oamenii se plimbau în-
colo și-ncoace păstrând distanța socială. Deodată, am văzut
doi boschetari care se îmbrățișau și se pupau ca frații pe
vremurile de odinioară. Boschetarii se clătinau ușor, surâ-
deau fericiți și aveau câte-o bere-n mână. După un timp,
am ajuns la o răscruce mare, lângă berăria Schiffchen.
Acolo stăteau mai mulți oameni păstrând toți distanța so-
cială și având fiecare câte-o bere în mână. Ochii le sclipeau
fericiți, precis mai băuseră câteva beri înainte. Doi câini
în lesă se încăieraseră în mijlocul străzii, nepăstrând dis-
tanța socială, oamenii cu berile în mână priveau invidioși
câinii. Seara, m-am uitat un pic la televizor și am văzut o
emisiune despre Coronavirus. Dacă cineva spune că s-a ui-
tat la televizor și n-a văzut o emisiune despre Coronavirus,
minte. În emisiune a apărut un bătrân internat într-un
spital din Düsseldorf, fusese infectat cu Coronavirusul și
ținut trei săptămâni în comă artificială. Era încă atașat
la zeci de cabluri și sârme. Acum că ați înfrânt moartea,
ce planuri de viitor aveți? l-a întrebat reporterul. Bătrânul
s-a uitat cu ochii sclipind în zare și a rostit cu o voce încă
firavă: vreau să beau zilnic o bere.

Ovidiu Lascar: Vitalitatea germană nu se dezminte: zici că acolo efectul berii ca elixir al veșnicei tinereti ar fi potențat cu condiția că o bei la vedere, fără teama amenzii. E o excentricitate veselă în limitele unei disciplini deseori rigide, dar întotdeauna eficiente.

4 mai

Acum, în izolare, stând sub umbrela de pe terasă, mi-am amintit de-o experiență traumatică, pe care-am avut-o cu o altă umbrelă, când l-am vizitat pe Günter Ohnemus la München și am locuit la el câteva zile. Günter e scriitor și traducător de literatură americană în germană, așa că am avut ce vorbi tot cutreierând împreună Münchenul. Într-o zi, am fost la Viktualien-Markt, unde am cumpărat brânză de capră, ulei de măsline și câteva sticle de bere Paulaner, apoi ne-am așezat pe balcon, la el acasă, și am vorbit despre literatura americană și Richard Brautigan, pe care eu îl adoram și cu care Günter fusese prieten. Apoi, a apărut Ilse, nevasta lui Günter, de la școală – era profesoară și avea un aer cam autoritar și sever – cu o umbrelă uriașă, pe care-o o cumpărase la Ikea și i-a spus lui Günter, Günter, tu te duci acum în bucătărie și tai ceapă, Günter, *du gehst jetzt în die Küche Zwiebeln schneiden*, iar tu, Jan, tu montezi umbrela asta pe balcon, uite acolo suportul! Așa că m-am pus pe treabă, dar umbrela aia nu se putea monta, avea o viață tumultuoasă a ei, era o fire rebelă și independentă și când am vrut s-o fixez în suportul triunghiular de plastic, s-a repezit la mine deschizându-se brusc, iar când am vrut s-o închid la loc, și-a scos spițele și mi-a zgâriat fața.

Am încercat disperat s-o disciplinez strângând-o cu forță în brațe, dar mi-a scăpat din mâini și-a sărit peste pervazul de la balcon. Günter și Ilse stăteau la etajul trei, ca mine astăzi, și când umbrela, aterizând în picaj, a lovit cu un trosnet infernal gazonul, vecinii au venit fuga în curte, s-au uitat șocați la ea, apoi în sus la mine și, văzându-mi fața disperată, au crezut probabil că-i vorba de-o drama pasională și că voi sări după ea, așa că au chemat pompierii și poliția, care-au apărut după cinci minute. Un psiholog vorbind într-un megafon a încercat să mă convingă să nu mă arunc după umbrelă, apoi au apărut Ilse și Günter din bucătărie și s-au uitat înnebuniți când la mine, când la umbrelă. În fine, ne-am dus toți trei jos, unde am explicat rapid și jenat situația, drept care pompierii, poliția și psihologul au plecat, iar noi trei am adus umbrela înapoi pe balcon, scăpase ca printr-o minune teafără și era mersi bine. După ce i-a inspectat spițele una câte una, Ilse a montat-o ea însăși, voi doi duceți-vă în bucătărie, e mai bine să stați la distanță de ea, ne-a spus mie și lui Günter. Așa că eu și Günter ne-am dus în bucătărie, unde am băut berea cumpărată la Viktualien-Markt și am vorbit despre tema umbrelelor în literatură universală. Mă uit acum la umbrela mea de pe terasa din Sternwartstraße și mă întreb ce-ar face dacă ar afla de povestea asta din München, cumva îmi fac griji c-ar putea să se supere și să nu se mai deschidă, așa că mă duc la bibliotecă și iau din raftul de sus *Mary Poppins*, mă așez cu ea sub umbrelă și încep să-i citesc pentru a-i arăta că sunt pașnic, iar diseară o să mă uit la *Umbrelele din Cherbourg* și-o să las ușa de la terasă deschisă. Rolul principal în film îl joacă Catherine Deneuve, sunt sigur că și umbrelei o să-i placă, e cea mai frumoasă femeie din lume în filmul asta.

Ina Zozo: Să nu-i vorbiți de umbrela bulgărească!

Nae Gurmandu: Îmi amintește de un citat din Oscar Wilde: „Unii oameni provoacă fericire oriunde se duc..."

Crisula Stefanescu: Minunată postare!

Cătălina Maura: Umbrelele nărăvașe din viețile noastre...

Mariana Gorczyca: La Sighișoara plouă și fiindcă bate vântul, citind postarea ta, m-am repezit să leg fedeleș umbrela de soare ca să n-o ia razna spre Cetate.

5 mai

Iar mi-a trimis unul pe Facebook Messsenger un pdf de vreo 400 de pagini. Cartea aceasta am scris-o eu, e o carte excelentă, îmi scrie autorul, vă rog s-o traduceți și apoi să-mi scrieți dacă va place. Și încă mai primesc mesaje de genul: „Dragă domnule Cornelius, sunteți cel mai genial traducător de literatură, v-am citit toate traducerile din română în germană. Dacă aș ști germană, m-aș traduce eu însumi, dar așa, aș fi deosebit de onorat dacă m-ați traduce dumneavoastră." Da, cam așa stă treaba, ce să mai spun, se întâmplă tot felul de chestii grave în timpul pandemiei, până acum, majoritatea au scăpat teferi, dar unora le-a luat Dumnezeu mințile.

În România, după cum aflu, populația a intrat în panica, mulți au luat-o razna neștiind exact când se deschid, in sfârșit, librăriile. Cum ar zice Ivan Turbinca, mâncare, este, băutura este, mahorcă este, până si hârtie igienică, este, dar cărțile, ce-i Doamne sfinte cu cărțile? Când se deschid în sfârșit librăriile? Domnilor si doamnelor, am o veste: În Germania s-au deschis deja librăriile și au trebuit să le închidă din nou, au fost sute de răniți și chiar morți, prin bătăile si încăierările la rafturile de poezie modernă, în primul rând. Poliția n-a putut rezolva nimic, mai ales ca polițiștii odată ajunși in librării s-au aruncat la rafturile cu cărți si au început imediat sa citească.

> **Ioana Bianca Miulescu**: Ha ha, citeau romane polițiste, evident.

7 mai

Ieri, o zi splendidă de vară în luna mai. Cer albastru, albastru, un soare de vis, copaci înfloriți, pe malul Rinului se plimbă bine-dispuși sute de oameni, toți conform regulilor Coronei, doi câte doi, la distanță socială între perechi. Simt că ceva neobișnuit se petrece, ceva ciudat, dar nu-mi dau seama ce, brusc realizez ce este, nimeni nu-și mai fixează telefonul, după o sută de ani de dispariție în Internet, oamenii se privesc acum deodată unul pe altul și mai privesc și cerul, iarba, fluviul, platanii și nu se mai izbesc butonând unul de celălalt și de stâlpii de afișaj. Peste tot oameni relaxați, doi câte doi, doar un anume Nico are evident o problemă, o durere, pe care și-o exprimă cu cretă albă pe un zid de cărămidă, în Rathausplatz, Piața Primăriei: *NICO WILL EINEN DREIER*. „NICO VREA SEX ÎN TREI", chestia asta cu reducerea la doar două persoane îl supără, evident. Și, în afară de asta, încă ceva își dorește Nico: *NICO WILL EIN EIS* – „NICO VREA O ÎNGHEȚATĂ" – e marcat cu același scris de mână pe peretele de cărămidă, ceva mai jos. Normal, e foarte cald și Nico pare cam *eisolated*, întrebarea e doar ce fel de înghețată vrea Nico și dacă vrea s-o consume înainte sau după sau, eventual, în loc de sexul în trei.

Adriana Buda: Sau în timp ce...!

Nicoleta Dabija: Nico e un băiat sau sunt eu?

Jan Cornelius: În Germania e, în general, nume de băiat, dar poate fi și de fată, deci cum vrei. Dar poate că ai scris chiar tu asta, recunoaște!

Nicoleta Dabija: Jan, m-am liniștit, eu nu voiam decât sex în grup cu trei înghețate, însă nu azi, că azi e cam frig la Iași.

Adina Stefanescu: *Nous sommes NICO!* Ai scris chiar tu pe perete, recunoaște!

8 mai

M-apucă disperarea cu izolarea asta, îmi vine să-mi smulg părul din cap fir cu fir, ceea ce nici n-ar fi așa de rău, dat fiind că degeaba s-au deschis luni frizeriile, dacă nu capeți acolo programare înainte de 2025, hai să nu exagerăm, 2024. La ora asta, trebuia să mă cațăr pe munți, prin Austria, dar cu încremenirea actuală fac deocamdată alpinism pe treptele de la bloc, OK și asta. Am început acum două săptămâni, urcând treptele una câte una, în faza a doua am urcat câte două trepte deodată, acum mă aflu în faza a treia, aici m-am blocat, nu din cauza mea, ci din cauza treptelor, sunt câte 16 trepte de etaj și dacă urc trei trepte deodată, fac cinci pași de etaj, 5 x 3 = 15, și mai rămâne o treaptă de etaj, care n-are ce să caute acolo. Am trimis ieri un e-mail firmei care a proiectat blocul, reclamând pocinogul, ce-i al lor e al lor, băieții au reacționat prompt, în secunda următoare mi-a venit un răspuns automat, îmi mulțumesc că le-am scris și cică o să se rezolve, sper să înceapă acuși cu lucrările de transformare. Până atunci, mă țin în formă cu mâncarea și, ca să nu mă îngraș, îmi fac singur pâine, o pâine cu zero calorii, fără carbohidrați, din care poate mânca și Carmen, intrăm pe rând în bucătărie cu mască și mâncăm în prostie pâine. Pâinea-i făcută după o rețetă specială pentru timpuri de criză, inventată de mine, după calcule făcute științific, după modelul Coronavirus:

0 kg făină
0 cub drojdie
0 ml apă călduță
0 lingurițe ulei
0 prize zahăr

Se ia un castron mare, în care nu se cerne niciun gram de făină, neadăugând apoi niciun gram de sare și drojdie și nicio linguriță de zahăr și ulei, iar la sfârșit, se adaugă zero ml de apă călduță și se frământă bine timp de 15 minute. Frământatul are ca scop pătrunderea unei anumite cantități de aer în aluat, care-l va ajuta la crescut. Aluatul se lasă la dospit timp de o oră. Se răstoarnă apoi într-o tavă și se coace circa 30 de minute, întâi la foc mic neaprins, după care totul se lasă la flacără mare neaprinsă, până când se rumenește pâinea frumos. La urmă, se scoate și se consumă direct, poftă bună! Din restul de aluat se pot face langoși sau covrigi, din care recomand a se consuma doar gaura.

Irina Stahl: Ha! Blocul meu are 17 trepte pe etaj plus șapte la intrare. Le urc zilnic, pînă la etajul zece, dar nu din două în două sau din trei în trei, ci treaptă de treaptă, tocmai pentru a evita confuzia. Cu numerele prime nu reușești să faci altceva. Poate constructorul a făcut-o dinadins, anticipând gândurile noastre.

Adina Stefanescu: Coci de ceva vreme textul ăsta, maestre! Am simțit aroma de pâine caldă bine dospită de acum câteva texte.

Jan Cornelius: Să faci și tu pentru copii, Adina! Am și rețete de prăjituri.

Liliana Maczek: Citesc de mai multe ori rețeta ca s-o învăț pe de rost și să nu o mai uit, pentru că mi-a plăcut foarte mult, aroma e de neconfundat. Iar ca să consum caloriile după o așa pâine bună, am trecut la spălat de geamuri.

10 mai

Ce fain, dadaismul trăiește, multe dragi salutări de la Tristan Tzara, aflu cu enormă bucurie că din 15 mai în România se vor petrece o serie de schimbări dadaiste, hotelurile vor fi deschise, dar nu pentru turiști, stomatologii vor avea voie să lucreze, dar evitând contactul cu pacienții, iar cetățenii vor avea cu toții dreptul să se plimbe pe unde vor ei, dar păstrând o distanță de patru metri și de asemenea o distanță de doi metri unul de altul. Cam asemănător stau lucrurile și la Jermania, chiar dacă măsurile astea au fost luate mult mai din timp, iar eu acum mă duc să dau o tură prin Düsseldorf, plec cu tramvaiul și dacă nu vine, iau vizavi autobuzul, dar cum eu în tramvai nu mă urc nici să mă pici cu ceară, din frică de contaminare, și în autobuz și mai puțin, că scutură și te poate arunca direct în poala unui bolnav, mai bine iau un taxi. Dar cine naiba mai urcă azi într-un taxi, cu atât mai puțin eu, cine știe cine-a stat înaintea mea exact pe locul ăla, în plus, taximetristul poate avea și el virusul, gata, plec cu bicicleta, dar fără bicicletă, normal. Mă duc pe jos, că de dus e musai să mă duc și anume la stomatolog, dar ca să evit contactul cu stomatologul, bineînțeles că nu intru-n cabinetul lui și nici nu mă întorc după aia acasă, ca să nu intru cu virușii-n casă, mă duc să dorm la hotel, ca să mai am și eu o schimbare, păcat că la Düsseldorf hotelurile sunt toate închise, așa c-o să dorm în parc cu boschetarii și dacă vreunul se apropie la mai puțin de doi metri de mine sau vine aproape de tot, așa la vreo patru metri, îl iau la bătaie de la distanță, prin semne, îi lovesc umbra. Da, ce mai tura-vura, avem o situație super-*funny* la ora actuală, pe tot globul, nu știu de ce se tot plâng toți că nu mai pricep nimica, pentru că nu-și pun capul la contribuție, dar acum hai să lăsăm asta, hai mai bine să ne punem cu toții măștile și să facem împreună o salată de vinete ca la mama acasă, dar bineînțeles fără să atingem vinetele și mai ales fără să băgăm după aia salata-n gură, poftă bună!

> **Iulian Sirbu**: Am citit textul cu ochii închiși că să nu mă molipsesc. Acum râd cu gura închisă și masca pe deasupra.
>
> **Adelina Constantin**: cred că ați uitat ceva: salata nu se dezinfectează?
>
> **Anca Dumitrescu**: Super-funny, ca să vă citez, maestre. Sigur că veți publica o carte cu toate excusiile din perioada asta. Minunate. M-au ajutat să ies din perioada asta.

11 mai

Ce frumoase vremuri mai erau până prin luna ianuarie, februarie, când eram sunat pe celular și chemat la poliție ca interpret, nu mă mai satur tot amintindu-mi, *good old times*, vremurile bune de odinioară, când vrednicii fii ai

României veniți la Jermania ca să mai facă și ei un ban pe
bază de dexteritatea degetelor aveau de lucru cât era zona
pietonală de lungă. Și erau toți oameni unu' și unu', băieți
buni și vrednici, cu degete lungi, de pianist, cântând, par-
don, căutând cu mare talent prin buzunare străine și cum
în viață mai are omul și ghinion, îl mai umflau domnii po-
lițiști pe câte unul și-l duceau plocon la secție și atunci
eram eu la rând să tălmăcesc din limba natală în aia nem-
țească și invers, comisarul punea întrebările și ăla prins
cu mâța-n sac tăcea mâlc sau răspundea numai bazaconii.
Wo wohnen Sie? Unde stați? Păi de unde să știu eu, că nu
sunt de-aici, zicea interpelatul, chiar nu știți, ia gândiți-vă
bine, ah da, mi-am amintit, stau pe-o stradă, dar nu-i mai
știu numele, dar știu precis că stau într-o casă, îmi pare
rău că i-am uitat numărul, ah, ce vremuri si cum mă minu-
nam eu ascultându-le ăstora poveștile de science-fiction
și traducându-le în nemțească. Ei, da, s-au dus vremurile
alea, luni de zile în zonele de pietoni de pe-aici a fost mai
pustiu ca-n Sahara, și ce dacă de câteva zile s-au redeschis
magazinele, lipsește înghesuiala aia frumoasă, în care să-și
poată vedea băieții în condiții umane de treabă și ce-i mai
crunt și mai crunt e că toată lumea-i obligată acum să
păstreze distanța socială, o nedreptate strigătoare la cer,
cum să-ți mai faci meseria pe care-ai învățat-o de la tata
în condițiile astea?! Cine pe lumea asta, domnule, are brațe
lungi de doi metri și cum să mai ajungi în situația asta
inacceptabilă pe la alții prin buzunare? Da, sigur, ai putea
să-ți schimbi profilul profesional și să lucrezi în alt dome-
niu, efectuând, de pildă, vizite neanunțate la domiciliu, cu
intrare pe fereastra din spate, ușor de spus, dar asta se ter-
mină întotdeauna prost, atât timp cât toți stau toată ziulica
acasă de parcă ar fi bătuți în cuie și fac *home office*, cum-
plite vremuri! Normal că te mănâncă falimentul, ăștia cu
cafenelele și restaurantele pot pun cerere la stat și după aia

le dă *Frau* Merkel biştari ca să se pună din nou pe picioare,
dar băieţii ăştia, nu, curată discriminare! Am auzit că mulţi
dintre ei s-au întors de mult în România, dar acolo-i şi mai
puţin de lucru, nu se poate, se duce de râpă o tradiţie stră-
moşească! Săptămâna trecută l-am întâlnit aici după colţ,
pe Lorettostraße, pe *Herr* Schmidt, un vajnic comisar de
poliţie de doi metri, cu care-am lucrat adesea, *wie geht's
denn noch so unsere Jungs*, ce mai fac băieţii noştri, mă în-
treabă mângâindu-şi mustaţa, păi, pe mine mă întrebaţi,
zic, dumneavoastră aveţi mereu contact cu ei, eh, zice, am
avut, *jetzt ist vorläufig Pause*, acum -i deocamdată pauză,
da, zic, vremuri grele, la tăţi ne e greu cu pandemia.

Luminita Popescu: La noi, în România, nişte hoţi au fost
prinşi zilele trecute. Uitaseră declaraţia pe proprie răs-
pundere la locul faptei. Cred că aveau bifat acolo la
motivul ieşirii din casă punctul 1: interes profesional.

Jan Cornelius: Păi era interes profesional, e vorba aici de-o
meserie cu calificare la locul de muncă.

---

12 mai

Trăim vremuri grele, dar hai să fim optimişti! Eu mi-am
depăşit momentele de teamă şi depresie din ultima vreme,
cu succes, prin muncă, am tradus un minunat roman din
română în germană, al cărui titlu prefer deocamdată să-l
ţin secret. Marea valoare a romanului constă în limba sa
foarte bogată şi vie, în nenumăratele cuvinte şi expresii
intraductibile, pe care de aia nici nu le-am mai tradus. Am
fost foarte atent, desigur, şi la conţinutul romanului, acolo
unde autorul a intrat prea mult în detalii sau chiar a bătut
câmpii, am mai eliminat câte-un cuvânt, două şi atunci,

când a fost musai, chiar pagini sau capitole întregi, iar atunci când autorul a povestit prea pe scurt, am mai strecurat în carte câte-un capitol suplimentar, scris de la mine, având desigur grijă să rămân fidel versiunii originale. În ceea ce privește numeroasele descrieri de natură, complet plictisitoare și monologurile mult prea pesimiste, care dominau toată cartea, pe astea le-am înlocuit cu dialoguri vesele și comentarii hazlii. Subliniez încă o dată că e vorba aici de un autor excelent, incapabil însă de-a construi un singur dialog credibil, pe când descrierile și monologurile sale contribuie, fără doar și poate, la calitatea romanului, însă numai atunci când lipsesc din carte. Trăgând linie, sunt foarte mulțumit de ceea ce am realizat, mi-a reușit o traducere excepțională, păcat că originalul se abate atât de mult de la traducerea mea. De-abia aștept ca acest autor valoros să mai scrie o carte ca s-o traduc și să fie pandemia un pic mai veselă.

> **Gabriel Cojocaru:** Asta-i chiar o invitație la scris, mai ceva decât îndemnul lui Ion Heliade Rădulescu!
>
> **Nina Sherban:** Cred că puteți trece deja la o treaptă superioară – să traduceți o carte înainte ca ea să fi fost scrisă!

Nu știu cine-i ministrul Marcel Vela, dar am văzut chiar acum pe Internet că omul recomandă cetățenilor responsabili din România să sune la 112 dacă văd pe cineva strănutând fără mască. Am citit la început înnebunit și înveselit „sărutând fără mască" – mi s-a părut de domeniul realului după bazaconiile din ultimul timp. Voyeurism-Coronavirus combinat cu turnătorie ca-n comunism, curat pagină de istorie!

> **Marian Solomon**: Situațiile de criză au fost mereu un rai pentru imbecili.

13 mai

Ca să n-o iau razna cu Coronavirus, Coronavirus toată ziua, am decis să mă ghidez după anumite semne, asta îmi dă siguranță și mă ajută mult. Când mă scol dimineața, sunt atent să văd ce se întâmplă, cu care picior cobor mai înainte din pat, dacă pun jos piciorul drept, e semn bun, cobor cu piciorul stâng? e semn rău, așa că mă culc imediat la loc și mai dorm o oră și după aia îmi oblig piciorul drept să coboare el mai întâi. Apoi lucrez cât lucrez, scriu, dacă scriu cu mâna dreaptă, e semn bun, dacă scriu cu mâna stângă, e semn rău, pentru că nu pot citi ce-am scris, și pe la 11 dimineața îmi pun masca și mă duc în parcul de vizavi, dacă ușa de la ieșire e deschisă, e semn bun, dacă nu, e semn rău, pentru că trebuie s-o deschid eu, și nu vreau să ating clanța fără mănuși de protecție, dacă am mănuși de protecție, e semn bun, dar nu am și ăsta-i semn rău, pentru că trebuie să aștept în fața ușii până apare un vecin, azi-dimineață a apărut Julia după vreo oră, *guten Morgen, Jan, wie geht's?* ce mai faci, Jan, uite și eu, mă plimb, aici în hol? nu, în parc, zic, *lass die Tür bitte offen*, lasă te rog ușa deschisă ca să pot ieși necontaminat. Apoi m-am dus în parc, dalele trotuarului le-am trecut câte două înainte și una lateral, sărind într-un picior ca la șotron și având mereu grijă să nu ating liniile care le despart ca să nu am ghinion, dar, din greșeală, am atins totuși a cincea linie cu vârful pantofului stâng, ăsta-i semn rău, așa că a trebuit să mă întorc în locuință și să pornesc din nou, ca să am noroc, pe care de data asta l-am și avut și așa am ajuns cu bine în parc, ușa de la ieșire mi-a deschis-o de data asta Horst, care stă la parter și sare și el într-un picior pe trotuar. În parc, am întâlnit pe aleea din față o femeie cu un fox terrier, ăsta-i semn bun, dar pe aleea din spate am întâlnit un bărbat cu un bull terrier, ăsta-i semn rău, bull terrierul a vrut să mă muște, dar în loc de asta l-am mușcat eu, ăsta-i semn bun, acum bărbatul vrea să mă dea în judecată, ăsta-i semn rău, dar cine-a mai văzut un om să muște un bull terrier, n-are să-l creadă nimeni, ăsta-i semn bun. Gata plimbarea, mă-ntorc în locuință, de ce trântești ușa, zice Carmen, ăsta-i semn rău, am fost în parc, zic, unde-am mușcat un câine, aud ha ha ha, ăsta-i semn bun, dau drumul la radio, aud Coronavirus Coronavirus Coronavirus, ăsta-i semn rău, azi nu mai dau drumul la radio, ăsta-i semn bun.

> **Alta Ifland**: Încă una excelentă.
>
> **Adina Stefanescu**: Mi-ai apărut primul în timeline. Asta-i semn bun! Am început bine ziua.
>
> **Adriana Buda**: Vă știați a fi un om superstițios sau e rodul pandemiei?!
>
> **Jan Cornelius**: Nu sunt superstios, dar iubesc superstitiile, iubesc tradarea, dar urasc pe tradatori, vorba lui nea Iancu.

Pe 15 mai, gata cu izolarea! Da, în carantină au existat mici neînțelegeri în unele cupluri, dar s-au rezolvat, au intrat doi și nu iese decât unul. În atenția anchetatorilor: a se căuta sub dușumele sau în dulap.

Anca Chimoiu: Toți avem câte un pangolin în șifonier

Jan Cornelius: Poate vrei să zici „toate".

Sorin Puia: Greșiți! Știu cazuri în care au intrat trei și au ieșit două, nevastă-sa și soacră-să

Nina Sherban: Ehe, acum s-au cam inversat lucrurile: au intrat în carantină doi și vor ieși, pe la Crăciun, trei, patru.

Jan Cornelius: Eu eram la scădere, ăștia sunt in altă clasă, exersează tabla inmulțirii.

Iuliana Neciu: Înainte de fraza cu dușumelele am crezut că vom vedea peste tot cupluri bine sudate, doi în unu.

Jan Cornelius: Da, asta-i varianta de publicitate.

14 mai

Uneori ni se întâmplă lucruri la prima vedere banale, nesemnificative, însă, în retrospectivă, ne dăm seama că ele au avut o importanță enormă pentru noi și că ne-au schimbat, de fapt, cursul vieții. Pe 27 aprilie, prietena mea virtuală Iulia Șchiopu nota pe Facebook: „Din categoria plăceri de primăvară, libelule *included*, că sigur or zbura pe undeva: am decis cu Daria după o dezbatere încheiată rapid printr-un consens tandru că dezlipitul foliei electrostatice de pe displayuri e mult, mult mai fain decât pocnitul bulelor de plastic de pe folia de protecție". Ei bine, pe 27 aprilie eu am citit enunțul Iuliei în grabă, ca pe-o simplă relatare pasageră, printre multe altele, dar de aproape trei săptămâni încoace realizez că această observație a ei mă urmărește pas cu pas și că ideea că pocnitul bulelor de plastic poate fi efectiv depășită pe scala plăcerii și a voluptății m-a aruncat într-o criză existențială profundă. Da, e timpul să-mi schimb viața din temelii și să trec de la pocnitul bulelor la dezlipitul foliilor.

Ioan Mihai Cochinescu: Jan, refuz să cred că încă nu ai descoperit plăcerea dezlipitului foliilor. Nu, nu, nu. Spune-mi că glumești. Deci: plăcerea de a dezlipi foliile electrostatice nu se poate compara decât cel mult cu satisfacția de a scoate din prima capacul unei conserve ori al unei cutii de bere fără să-i rupi inelul sau să-ți disloci degetul. Sau cu bucuria de a nu avea nicun pasager lângă tine în avion, în tren, autobuz sau telescaun, iarna la schi și cu creșterea adrenalinei când găsești o toaletă publică la cea mai mare urgență; iar dacă găsești și hârtie igienică, poți cădea în extaz. În fine, cu bucuria de a rupe o cireașă din cireșul vecinului fără să deveniți dușmani de moarte pentru tot restul vieții. Pentru profesioniști, recomand însă călduros foliile electrostatice (sigur, după ce ai depășit faza de amator, prin a sparge bule).

Jan Cornelius: Mihai, da, recunosc, mai am multe de învățat, gama plăcerilor pe care tu le înșiri aici mă face să visez la tărâmuri de-o splendoare sonoră nebănuită și trebuie să recunosc că scoaterea capacului unei cutii de conserve din prima, fără a-i rupe inelul sau a-ți disloca degetul e în topul meu personal al dorințelor pe locul întâi. Mai există și pojghițele alea subțiri, albe, de gheață formate iarna pe drumurile desfundate, pe care spărgându-le cu călcâiele am atins în copilărie extazul absolut al plăcerii, e ceva pentru inițiați, levitația în Tibet e nimic în comparație cu asta. Și nu am spus niciunde că nu am dezlipit și eu foi electrostatice la viața mea, dar am făcut-o în pripă, nedându-mi seama de paradisurile acustice produse, decizia mea recentă declanșată prin postarea Iuliei este sa mă dedic de-acum înainte acestei minunate îndeletniciri zi și noapte.

Doina Popescu: Mulțumesc pentru pont. De când mă întreb *how can I take my pleasure to the next level!*

Jan Cornelius: Cu plăcere, există întotdeauna o posibilitate de rafinare a extazului, așa că putem fi liniștiți.

Azi după-masă am adormit și am visat că un virus a
blocat tot orașul, îi zicea ceva cu coroana, corona, Corona-
virus parcă, din cauza lui, toți locuitorii orașului au fost
obligați să stea în casă, străzile erau pustii ca-n picturile
lui de Chirico, mă rog, așa cum stă treaba uneori în vise,
după ce m-am trezit, m-am dus în baie și m-am spălat cu
apă rece pe față, apoi am îmbrăcat puloverul gros și geaca,
mi-am pus căciula și-am plecat în oraș cu bicicleta, în oraș
a fost incredibil de cald, parcă era vară, așa că, după scurt
timp, am dat jos căciula, puloverul și geaca, le-am pus în
portbagajul bicicletei și-am rămas doar în tricou. La mo-
dul surprinzător, în oraș toate terasele erau populate ca
vara, lumea pe stradă era bine-dispusă și relaxată ca într-o
zi frumoasă de iunie, la Uerige, cea mai mare berărie din
oraș, oamenii stăteau cu sticle de bere-n mână sub pla-
tanii proaspăt înfrunziți, într-un joc bizar de lumini și um-
bre, m-am dus la cafeneaua Rösterei 4, în Burgplatz, unde-a
trebuit să aștept până s-a eliberat o masă; când am făcut
comanda, Mia, chelnerița, purta o mască ciudată și m-a pus
să-mi scriu adresa și numărul de telefon într-o listă, unde
se trecuseră cu semnătură toți clienții de astăzi ai cafene-
lei, de ce faci asta, am întrebat-o mirat, ca să te chemăm
la testul Corona, a zis, în caz că descoperim că aici a fost
cineva bolnav la ora asta, mă rog, un dialog ciudat, cum se
întâmplă ades în vise, pe malul Rinului l-am întâlnit pe Leo
și, când am vrut să-i dau mâna, s-a uitat la mine ca la un
nebun și a sărit ca ars la o parte, apoi am întâlnit-o pe
Chloe, care nici ea nu s-a apropiat de mine, doar mi-a făcut
cu mâna de la distanță, mă rog, mi-am zis, nimic mai nor-
mal într-un vis ca ăsta. Cerul a fost de-un albastru nemai-
pomenit, ciudat că nu trecea niciun avion astăzi, totul părea
normal, dar tot timpul ceva mi se părea ciudat și nu-mi
dădeam seama ce, până am realizat brusc că aproape toți

locuitorii orașului aveau sub 30 de ani, bătrânii dispăru-
seră cu desăvârșire. Când am intrat mai târziu la mine-n
în bloc, am întâlnit-o în hol pe Julia, ce mai faci Jan, nu
te-am mai văzut din februarie, zice, cum din februarie, zic,
suntem în februarie, suntem în 14 mai, zice, oare să fi dor-
mit trei luni, zic, ha ha zice, asta-i bună, dacă ți-a reușit
asta, să-mi spui neapărat care-i șpilu', că eu în ultima vreme
am o insomnie de groază.

15 mai

Mâine, la ora 15.30, va avea loc la Dortmund meciul de fot-
bal Borussia-Schalke 04 în condiții Coronavirus: fără spec-
tatori, asta-i situația, jucătorii trebuie să poarte mască pe
banca de rezervă, mă rog, se acceptă, jucătorii nu au voie
să se îmbrățișeze, merge și fără, dar una dintre noile con-
diții e efectiv inacceptabilă, o catastrofă care va distruge
fotbalul german fără drept de apel: jucătorii nu mai au voie
să scuipe sau să-și sufle mucii pe gazon în timpul meciului,
păi ce, ăsta mai e fotbal?

16 mai

Am terminat de recitit teatrul absurd al lui Ionesco și eram
cam trist că mi s-a terminat lectura, dar acum citesc știrile
din România, sunt absolut delicioase, mai savuroase chiar
decât ălea de la Jermania, cică acum în țară s-au mai re-
laxat lucrurile și-a început starea de alertă. Cântăreața
cheală, săraca, moare precis de invidie. Și s-a terminat faza
în care copiii au voie să se joace fotbal numai în casă, cu
mămica în poartă și două oale cu ciorbă de burtă în loc de
bară, acum piticii au voie să iasă și pe-afară, dar fiecare

cu mingea lui, bineînțeles, pe care-o pasează celorlalți, că de aia-i fotbal. Hai, mă, să jucăm fotbal, cine-atinge primul mingea, trece pe tușă, eu stau în poartă. Iar eu mă duc acum să dau o tură pe-aici prin parc, cât timp e încă stare de alertă și nu-i nimeni pe-acolo.

Pe la mijlocul anilor '80, am zburat într-o vară de la Düsseldorf la Timișoara și în aer m-a prins o furtună cumplită și, neputând ateriza din motivul ăsta la Timișoara, avionul a aterizat la București, dar asta numai după ce ne-am rotit vreo oră deasupra orașului, timp în care prin golurile imense de aer avionul s-a prăbușit în repetate rânduri secunde întregi în vid și secundele astea păreau veacuri și toți pasagerii din avion s-au folosit harnici de pungile de vomat, toți, în afară de mine, nu pentru că nu mai puteam de curaj, ci pentru că eram încremenit de groază și-mi pierise nu doar graiul, ci și reflexul vomatului, și când am pus din nou piciorul pe pământ, mi-am jurat să nu mai urc niciodată într-un avion, mai bine mă întorc în Germania cu trenul sau cu mașina, mi-am spus, și dacă dispar toate trenurile și mașinile din lume, atunci mă întorc la Düsseldorf pe jos, per pedes apostolorum, mi-am jurat sus și tare. Dar, după două săptămâni, când m-am întors, după ce-am calculat în prealabil cam cât timp aș face pe jos până la destinație, m-am răzgândit totuși și, cu frica-n sân, m-am urcat în acea sinistră mașină zburătoare. Frica asta de zbor dobândită deasupra teritoriului țării-mamă a mai durat vreo doi ani, pentru a dispărea apoi cu desăvârșire când, vrând neapărat să văd California, mi-am luat inima-n dinți și am zburat, cu o scurtă escală la New York, la San Francisco. Zborul ăsta a durat în total vreo 11 sau 12 ore, drept pentru care, înainte de zbor, mi-a fost frică că voi muri de frică în timpul zborului și, după decolare, am ascuțit neobosit urechea la zgomotul motoarelor, care nu o dată mi s-a părut că amuțiseră, eram scăldat în sudoare și tresăream înspăimântat la orice trepidație cât de fină, mă rog, am ținut-o așa câteva ore bune, până când, la un moment dat, nu mi-a mai păsat de nimic, eram complet terminat, gata, nu mai puteam, eram la capăt, obosisem pur și simplu să-mi mai fie frică și de-atunci până astăzi totul a fost minunat cu zborurile și acum am o poftă nebună de zbor, problema e doar că aeroporturile sunt închise. Ei bine, și ieri, ducându-mă în Altstadt cu bicicleta, am întâlnit sute de alți bicicliști pedalând încolo și-ncoace prin oraș și pe malul Rinului, mă uitam nedumerit la ei, având permanent senzația ciudată că în aspectul lor ceva s-a schimbat, nedându-mi totuși seama ce anume, de-abia în drum spre casă mi-a picat brusc fisa, spre deosebire de anul trecut, aproape niciun ciclist nu mai purta acum cască; dacă până mai anul trecut, la Düsseldorf a domnit o adevărată obsesie a căștilor de bicicletă, acum ele aproape c-au dispărut cu desăvârșire. Capacitatea noastră de-a resimți frica e evident limitată și probabil că frica de Coronavirus, care-a dat iama-n toată lumea, a înlocuit frica de-a cădea-n cap cu bicicleta. Nu poate să ne fie frică tot timpul de tot ce ne amenință, la un moment dat explodează bombele în stânga și-n dreapta, iar noi ne bem liniștiți cafeaua sau ceaiul. Și apropo de bicicletă, anul trecut, prin martie, m-am dus cu bicicleta pe la ora 8 seara la sala de sport zâmbind vesel, dar brusc mi-a pierit zâmbetul, dat fiind c-am intrat cu roata din față în bordura trotuarului, invizibilă în întuneric, și-am zburat vreo doi metri prin aer, deși n-aveam aripi. Și dacă tot mă aflam în aer, am dat o tură rapidă pe deasupra mallului de lângă mine admirându-i acoperișul, am mai zburat scurt până-n parcul de vizavi privindu-i de sus platanii și arțarii, totul durat cel mult o secundă, pentru a ateriza în final pe trotuarul gri de sub mine, noroc că aveam o geacă vătuită și nu m-am ales decât cu o ușoară zgârietură la mâna stângă.

La cap nu mi s-a întâmplat nimic, era obișnuit cu betonul, dat fiind că am trecut cu el prin diferite ziduri. Pot să vă ajut cu ceva? a întrebat un tip cu ochelari și barbă apărut brusc lângă mine, *nein, danke,* nu, mersi, totul e perfect, am zis eu zâmbindu-i, apoi m-am ridicat, m-am scuturat de praf și m-am dus la sala de sport cu bicicleta, a cărei roată din față făcea diferite opturi. Tu ești complet nebun, mi-a spus Miriam, fata de la recepție, când i-am povestit pățania, ce cauți aici, du-te imediat la medic, dar nu m-am dus pentru c-am observat că de câte ori mă duc la medic, ăsta-mi găsește câte-o boală. OK, și acum mă urc pe bicicletă și plec în oraș să beau o bere la Uerige, cu cască, bineînțeles, ba nu, mai bine fără, ca să nu creadă lumea ca mi-e frică.

Anca Dumitrescu: Apropo de frici, se pare că ne naștem doar cu două frici, cea de zgomotele bruște (bateți din palme în fața unui nou-născut) și frica de înălțime. Restul fricilor se învață. Deci, de preferat bicicleta mersului cu avionul și mare atentie dacă vă claxonează brusc cineva. Și atenție, să nu cădeți cu avionul peste bicicletă!

17 mai

Nu-i frumos să tragi cu urechea, dar ieri am fost în Altstadt, la terasa *Der Schwan* („Lebăda") și, deși ședeam la distanța socială de cei doi, am auzit mot à mot discuția, aveau la 50 de ani și erau îmbrăcați în haine de vară, afară era cald.

Harry, uită-te un pic la tipa aia din spate!
La care?
La aia din spatele tău, stă cu un tip la masă. O vezi?

Acolo stau două tipe.

Nu acolo, tu te uiți la masa de lângă ea.

Unde, acolo?

Harry, cum te-ntorci, fii puțin mai discret! Uită-te un pic la ea.

La aia cu mască?

Cum la aia cu mască? Toți au măști, vorbesc de aia cu tipul ăla la masă.

Toate stau cu un tip la masă.

Și cu alea două tipe din spate ce-i?

Alea de-acolo?

Ai înnebunit? Arăți cu degetul?!

N-am arătat cu degetul.

Nu, dar aproape. Na, ai văzut-o?

Da, cred.

Ai văzut cum s-a îngrășat tipa-n izolare?

O cunoști?

Nu, dar știu, toate s-au îngrășat în izolare.

Și tu?

Păi ce, n-ai observat?

Ce să observ?

Că la mine nu se observă.

Nu?

Păi nu, că tu nu te uiți niciodată la mine.

Ba, mă uit.

Unde te uiți? Dacă te mai întorci o dată, mă ridic și plec.

Nu s-a ridicat, dar, cum îmi băusem cafeaua, m-am ridicat eu, m-am dus la casă, am plătit și-am plecat. M-am oprit la vitrina unei gelaterii din apropiere și din vitrină m-a privit un tip rotund, pe care nu-mi dădeam seama de unde-l cunosc, dar i-am cumpărat o înghețată dublă; din când în când îmi place să fiu generos.

18 mai

Totul a început foarte normal, prin februarie aveam pe terasă diferite plante, lalele, hortensii, lavandă, garoafe, măghiran și din astea, în ghivece mici și mijlocii, plus doi arțari, un pin și-un arbore mic, ciudat, adus anul trecut din Cuba, al cărui nume n-am reușit să-l aflu nici până azi, pare să-i meargă foarte bine aici, la fel ca și arbuștilor și plantelor exotice aduse din Peru, când am vizitat Machu Picchu, acum patru ani. Ei bine, pe la începutul lui martie, când s-a oprit complet circulația și s-a limpezit aerul, toată vegetația asta a început să crească rapid, Carmen a cumpărat niște ghivece enorme, pe care le-a adus cu un camion, a replantat totul, apoi arbuștii s-au făcut arbori, iar arborele din Cuba a rupt toate recordurile crescând până la terasa lui Konstantin, vecinul de la etajul de sus. Costică, *stört dich der Baum nicht*, nu te deranjează pomul, Costică, l-am întrebat, nu, pe mine nu deranjează, mi-a răspuns el în română, o limbă pe care e mândru s-o vorbească, chiar dacă o vorbește stricat, tatăl lui e din Sânnicolau Mare, dar el e născut aici. Ce-i drept, și plantele, și arbuștii din Peru au crescut într-un ritm vertiginos și s-au tot extins, le pria evident aerul și căldura neobișnuită pentru Germania din ultimul timp, la un moment dat, toată terasa se găsea în umbra deasă a copacilor, așa că am scos umbrela de-acolo și am dus-o în pivniță, la fel și masa, și scaunele, pentru care oricum nu mai era loc, nu mai puteam intra în pădure decât strecurându-mă printre trunchiuri, bizar a fost că și garoafele, lalelele, trandafirii și toate celelalte plante de-aici au luat dimensiuni enorme și terasa parcă și ea s-a tot extins. În vârfurile copacilor vedeam acum papagalii din parcul de vizavi, care între timp, evident, s-au aciuat aici, pe când plantele și copacii au intrat treptat în living, pe mine chestia asta m-a cam enervat, pentru că trebuia să mă cațăr într-un palmier ca să mă pot uita la televizor, altfel, nu vedeam ecranul de plante, pe Carmen însă toată povestea asta nu părea s-o deranjeze deloc, dimpotrivă, se simțea în elementul ei, vorbea cu plantele și cu pomii, se plimba zilnic printre copaci, acum câteva zile a umplut stropitoarea cu apă și-a dispărut în spatele unui arbore equoia. Azi-dimineață, pe la opt, în sufragerie a intrat un tucan și un colibri, dar au ieșit repede, după aia am auzit un nechezat de cal, dar cred că era mai curând o zebră, știu cum face zebra dintr-un documentar. Noroc că acum s-au redeschis în sfârșit magazinele, ieri m-am dus în Altstadt și mi-am cumpărat o secure cu care-mi croiesc drum până-n baie. Aseară i-am trimis un WhatsApp lui Carmen, cum e în junglă? Fain. Ce faci toată ziua pe-acolo? întreb. Fac poze și le postez pe Facebook, pe portalul Sky under Corona, primesc mii de *like*-uri, sunt niște peisaje incredibile, ca-n picturile lui Henri Rousseau. Ce animale ai întâlnit? De toate, maimuțe, șacali, elefanți, tigri, lei. Și nu ți-e frică? Nu, îmi mănâncă din palmă, că doar cu mine au crescut. Sunt și găini pe-acolo? Nu, găini n-am văzut, de ce? Păi, voiam să-mi fac o omletă la micul dejun, zic, atunci trebuie să iei ouă din frigider. Acum zece minute primesc un WhatsApp de la Werner, vecinul de vizavi, *ich habe eine Bitte*, am o rugăminte, zice, pe terasa ta-i o girafă care-și bagă mereu capul la mine pe balcon, pot să-i montez o cameră de luat vederi între urechi? vreau să filmez cartierul de sus, de ce nu, zic, vecinii se ajută între ei. Acum trei minute sună la ușă, deschid, în hol, o trupă mare de turiști cu rucsacuri și căști coloniale, *flights to India are cancelled*, îmi explică ghidul în engleză, zborurile în India s-au anulat, așa că au venit să viziteze jungla autohtonă, cică și în Germania poate să fie frumos. OK, zic, *come in!* intrați, dar păstrați distanța socială și numai cu măști. După aia, am o surpriză neplăcută, la controlul rucsacurilor, îl prind pe unul cu o drujbă și i-o confisc pe loc, *listen to me, folks*, ia ascultați, băieți, dacă-l prind pe unu' că taie pe aici vreun copac, îl încui în pivniță, zic. Și în momentul ăla chiar aud strigătul demențial al lui Tarzan, dar n-am timp acum să mă ocup de el, mi-e o foame de lup, mă duc în bucătărie să-mi fac o omletă, dar mai întâi să scot pinguinul ăla din frigider.

Nina Sherban: La omletă vă stă gândul când undeva, pe terasă, poate Jane are nevoie de ajutor? S-o fi rătăcit... Că doar nu degeaba urlă Tarzan! Vedeți să nu vă ocupe teritoriul!

Gabriel Enache: Cred că ați descris cele mai frumoase trăiri ale pandemiei, cred că toți cei care au citit postările dumneavoastră din această perioadă, au putut să meargă mai departe. Cu speranță și cu bateriile vieții de zi cu zi încărcate! Super, Jan Cornelius! Super!

Anna Notaras: Inspirat text, de data asta n-am ezitat deloc între emoticoane, dat fiind că, deși am râs pe parcurs, i-am simțit o conotație subtil de profundă. Cred că și copiii vă invidiază pentru imaginația extraordinară pe care o transpuneți în litere.

19 mai

Pe 16 aprilie, acum o lună bună, a dispărut, spre bucuria mea, Helmut cu tractorașul – vezi postarea din ziua aia! – dar ieri a reapărut, spre disperarea mea, Helmut cu tractorașul cu care tunde zilnic gazonul de la ora 9 la ora 13 și de la 14 la 18. Ieri, Helmut a fost în mare formă, a fluierat tot timpul *Green Green Grass Of Home*, iar tractorașul a fost și el în mare formă, făcând tot timpul precum avionul. Când am stat pe terasă, tractorașul a făcut ca avionul sub terasă și când m-am mutat în camera din spate, tractorașul a făcut ca avionul sub fereastra camerei din spate, apoi m-am mutat în bucătărie și-n baie, unde figura s-a repetat. Am geamuri și uși duble, cu izolare fonică perfectă, da, sigur că le-am închis pe toate, am dopuri de urechi, da, sigur că mi le-am pus în urechi, cele mai bune dopuri de urechi din lume, dar la fel de bine mi-aș fi putut pune și căști audio, cu care să ascult un DVD cu vuietul unui avion care decolează, cu timpul au început să mă chinuie gânduri negre ca smoala iadului, pentru prima dată în viața mea, am început să mă gândesc serios la sinucidere, ca alternativă îmi venea să-mi iau lumea-n cap și să fug departe, departe-n lume, dar granițele la ora actuală sunt, din păcate, toate închise. Pe de altă parte, oricum nu puteam să plec, era musai să aștept un instalator care urma să-mi repare robinetul în bucătărie, instalatorul urma să vină la ora 10, dar ca o mică surpriză a venit de-abia la ora 16, zicând că fusese nevoit să se-ntoarcă din drum pentru că-și uitase masca acasă, eu la ora aia eram deja într-o stare complet halucinatorie, incapabil de reacții cât de cât normale, dar în momentul în care am zărit printre uneltele sale, pe care le etalase una lângă alta pe podea, un ciocan enorm și-o rangă, mi-a tresărit inima de bucurie, căci mi-a venit brusc o idee super, drept care l-am întrebat pe instalator dacă nu cumva îmi împrumută și mie aceste două unelte pentru mâine seară, dar instalatorul a zis că nu, pentru că mâine seară are el nevoie de ele, spunându-mi după aia o poveste a dracului de încurcată cu nevastă-sa și nu știu ce tip, cu care ea nu știu ce face, o chestie pe care nici n-am putut-o urmări și care nici nu m-a interesat deloc, în fine. În continuare, instalatorul a adăugat că poate renunța, în schimb, la ciocan și la rangă joi seara, dar numai dacă le curăț după folosire de pete și folosesc mănuși, i-am zis că normal, cum altfel cu Coronavirusul. Deci poimâine-i joi și de vineri încolo va fi, în sfârșit, o liniște foarte faină pe-aici, pe sub terasă. Ah da, eu poimâine seară nu ies din casă deloc, mă uit tot timpul la televizor, v-o spun doar așa, în caz că vă-ntreabă poliția dacă nu cumva știți unde-am fost eu poimâine seara.

20 mai

Ce povestesc aici nu-i banc, s-a întâmplat ieri la Hemer, la 90 km de Düsseldorf, în Sauerland: o femeie intră într-o farmacie, cumpără un medicament de cinci euro, plătește cu o bancnotă de 200 de euro și, când primește restul, își dă brusc jos pantalonii. Toți cască surprinși ochii, femeia înșfacă restul plus bancnota de 200 de euro și dispare. Cum îi arată fața nu știe nimeni, purta mască. Așa că cercetările poliției se concentrează exclusiv pe partea de jos a corpului. *WANTED*, cine cunoaște această femeie să se prezinte la noi. Din motive evidente, sunt sceptic. Întâmplarea asta îmi amintește de-un banc mai real decât realitatea: preotul satului și rabinul fac baie într-un lac, amândoi goi pușcă pentru că și-au uitat pantalonii de baie. Când ies din apă, apare din senin un grup de săteni, preotul își acoperă păsărica, rabinul, fața. De ce ți-ai acoperit fața, rabinule? se miră preotul. Nu știu cum e la voi, zice rabinul, dar credincioșii mei mă recunosc după față.

21 mai

Azi am stat și m-am tot gândit la animalul numit câine, ajungând la următoarele concluzii: câinele are patru labe, deși dacă are părul atât de lung încât îi acoperă labele, unii pot crede că are patru roți sau că este pe pernă de aer. Câinele este un animal de pe lângă casa omului care îi folosește omului ca să iasă zilnic cu el din casă în perioada izolării. Când perioada izolării se termină, omul iese zilnic și fără câine din casă, drept pentru care câinele se simte izolat în casă și latră foarte tare, ca omul să iasă din nou cu el din casă. Apoi, când omul iese din nou cu câinele din casă, acesta se bucură și udă diferiți pomi, care se bucură mai puțin, normal, pentru că pomii au fost și în perioada izolării tot timpul afară și între timp au obosit să se tot bucure. Noi ne bucurăm cu toții foarte mult că perioada izolării s-a terminat de câteva zile, dar poate că acuși iar începe și atunci ne bucurăm mai puțin și ieșim iar zilnic din casă cu câinele, care atunci se bucură.

În Intercity-ul ICE 373 Göttingen-Kassel-Frankfurt--Berna se anunță de câteva zile la toate difuzoarele, la intervale regulate: „Stimați călători, dacă nu aveți mască, puteți să achiziționați una în vagonul-bistrou nr. 25. Gândiți-vă că guvernul german colectează în secret probele dumneavoastră de salivă pentru a vă fura identitatea și a vă reproduce în formă de clone, care vă vor lua locul în viața reală, dar dacă purtați mască veți împiedica guvernul să vă găsească DNS-ul, zădărnicindu-i planurile.

22 mai

În ultimele luni, am avut mereu senzația că tot ce se întâmplă cu pandemia asta e ireal, că sunt parte a unei înscenări absurde, un personaj prins într-un tablou straniu al lui de Chirico sau Salvador Dali, în care realitatea și timpul îmi scapă de sub control. Cu atât mai mult, mi-am ciulit ieri urechile la interviul video al lui Ronnie Wood, chitaristul de la Rolling Stones; Ronnie are 72 de ani. Niciodată n-am trecut de 29 de ani în capul meu, spune Ronnie, a fost suprarealist să împlinesc 70 de ani, total straniu, de parcă mă aflam într-o pictură a lui Dali, nu mă așteptam, am fost complet uluit. Păi da, are dreptate Ronnie, m-am gândit, nu doar pandemia e un tablou suprarealist, toată viața-i o trăsnaie absurdă, care pe deasupra mai și trece cât ai clipi. Dar, mă rog, asta e, vrem oare să rămânem mereu tineri și să trăim veșnic ca Ițic, care se duce la rabin și spune rabinule, vreau să trăiesc veșnic, ce să fac? Însoară-te, zice rabinul. Voi trăi atunci veșnic? întreabă Ițic, nu, dar n-o să mai vrei. Dar lăsând bancurile de-o parte, eu unul nu vreau să trăiesc veșnic și când o fi să-mi iau tălpășița, vreau să mor liniștit, în somn, ca taică-meu, nu ca pasagerii din avionul pe care-l pilota, țipând disperați.

> **Luminita Popescu**: Aveți un umor negru, dar eu am râs de mi-am vărsat cafeaua pe tastatură. Mulțumesc frumos!
> **Jan Cornelius**: Păi, se potrivește, cafeaua e și ea neagră.

23 mai

În Germania e multă disciplină, nu doar oamenii păstrează distanța socială și poartă în magazine măști, ci și manechinele din vitrine, care sunt și ele oameni, numai că sunt din lemn sau din plastic. În fiecare dimineață, pe la ora 5, manechinele intră îmbrăcate ultimul răcnet în vitrinele lor, dar înainte de asta li se ia temperatura ca să se vadă dacă n-au cumva Coronavirusul, și ele nu protestează deloc, nu ca manechinele din România, care sunt indisciplinate și protestează. Când eram copil, nici eu nu protestam când mi se lua temperatura, dar mă temeam, în schimb, de seringă și mă mai tem și astăzi un pic, dar n-o arăt. La fel n-o arată

nici manechinele din Germania, i-am făcut ieri unui ma-
nechin de aici o injecție și, deși seringa s-a rupt, el a rămas
cool și n-a zis nimic.

Adriana Buda: Câte secrete or fi știind manechinele după
câte au văzut și auzit în viața lor!

GATA, S-A TERMINAT IZOLAREA, CAUT PERSOANĂ
SERIOASĂ CA SĂ SUNĂM LA UȘI ȘI SĂ FUGIM!

Claudia Senescu: Viiiiiiin!

Vali Cirlan: La asta mă pricep și eu.

Mariana Barbulescu: Mă înscriu! Nu știu dacă mai sînt în
stare să fug, mai trebuie puțin antrenament, dar pot
să stau „de șase".

Ina Zozo: Rog seriozitate, procur pastă de dinți pentru
clanțe.

Ioana Bianca Miulescu: Măi, nu mă tenta! Apoi scriem o
cărțulie despre arta de a fugi de la uși.

Mihail Vakulovski: Perfect, mîine-i ziua mea liberă, parti-
cip!

Jan Cornelius: Mihail, știam eu că ești de nădejde! Adu-o
și pe Cântăreața cheală!

Mihail Vakulovski: E mereu cu mine, e combinată cu Godot
și-mi sînt un fel de frați sau cel puțin verișori.

Denisa Iordache Denise: Aș veni și eu din Franța, da' nu
mă lasă nemții.

Delia Staniloiu: De sunat la ușă mă angajez și eu.

Luminița Fiț: Vin și eu, dar tu suni!

Sorana Piekalski: Și să aruncăm și preșurile pe casa scării.

24 mai

„Oare se mai găsesc pe undeva sticluțe cu săruri? Mi-ar plăcea să mă prefac uneori că leșin și ar fi frumos să-mi scot colea sticluța cu săruri și pentru un maxim de efect să mi-o trec singură pe sub nas. Ar da bine în pandemie", scrie Adina Scutelnicu pe Facebook. Ah, frumos gest, vorba cetățeanului turmentat, nu mă zgudui că amețesc! Nu știu de ce-oi fi citit prima dată „sticluțe cu săruturi"... Probabil pentru că acum pupăturile sunt interzise pe stradă și multora le lipsesc, dar s-ar putea vinde în sticluțe, duci sticluța la gură și tragi o dușcă puternică! Cu ochii închiși, desigur.

> **Nistor Maria**: Io stiam că săruturile cu mască sunt permise.
> **Jan Cornelius**: Da, cu mască și de la doi metri distanță e voie.

25 mai

Trăim vremuri absurde la pătrat. Am aflat chiar ieri că Godot a venit între timp și că acum vrea să plece și așteaptă un avion la aeroportul închis. Și ce mai face Semion Semionovici al lui Daniil Harms? Semion Semionovici, punându-și ochelarii, se uită spre pin și vede: în pin șade Coronavirusul și-i arată pumnul. Semion Semionovici își scoate ochelarii, se uită și vede că în pin nu șade nimeni. Semion Semionovici își pune ochelarii, se uită și vede din nou că în pin șade Coronavirusul care-i arată pumnul, Semion Semionovici își scoate ochelarii și din nou vede că în pin nu șade nimeni. Semion Semionovici își pune iarăși ochelarii,

se uită și vede din nou că în pin șade Coronavirusul care
îi arată pumnul. Semion Semionovici refuză să creadă în
această apariție și socotește că apariția este o iluzie optică.

26 mai

Ea: Ia spune, nu observi nimic nou astăzi?

El: Unde?

Ea: Cum unde? Uită-te bine... Na?... Tot nimic?

El: E nou dulapul?

Ea: Rece.

El: Masa-i nouă.

Ea: Foarte rece.

El: Covoru-i nou.

El: Rece ca gheața. Un mic indiciu: nu vorbim de obiecte,
obiectele le excludem.

El: ...Ah da, ai o freză nouă!

Ea: Freză?!

El: Da, freză. Ai fost azi la coafor, clar.

Ea: Rece, foarte rece. La hairstylist am fost acum zece zile.

El: Ah da, sigur, am văzut imediat asta.

Ea: Ha ha, tu și văzutul. Pot să-mi pun părul pe moațe, pot
să-mi fac codițe, breton, să-mi pun un palmier în cap
și pene de struț în frunte, tu nu vezi niciodată nimic.

El: Hei, calmează-te! E rochia ta nouă, ce, crezi că nu
mi-am dat seama...

Ea: Dacă-mi permiți o mică observație, azi nu port rochie,
ci fustă.

El: Da, normal, am văzut, îți stă super. Și cu tocurile alea
înalte arăți supersexy.

Ea: Tocuri? Azi port sandale.

El: Știu, a fost o glumă.

Ea: Da, normal, și eu am glumit, azi port pantaloni, nu fustă, azi umblu în blană de leopard, azi sunt desculță, azi port cizme, azi sunt motanul încălțat, dar tu nu înregistrezi niciodată nimic, *never*!

El: Ei, na, și tu acum, hai, dă-mi măcar un indiciu, unul singur.

Ea: OK. Vino un pic mai aproape și privește-mi atent fața.

El: (depășind distanța socială se apropie de ea) *Wow!* Ia spune... Ridurile! S-au dus, ți-ai făcut un lifting facial!

Ea: Te afli la Polul Nord!

El: ...OK, mă dau bătut, hai, spune care-i treaba și basta.

Ea: Port mască, domnule, asta-i tot, port mas-că! Mască.

El: Perfect, Clara, mai încet, am înțeles, îți stă excelent, calmează-te! Nu mi-am dat seama din prima, na, și?

Ea: Ai spus Clara?!

El: Da. Adică nu. Am vrut să spun Laura.

Ea: Repetă asta, te rog!

El: Laura. Ha ha. Am glumit.

Ea: Nu pot să cred! Laura. Lau-ra! Ai spus Laura! Acum fii, te rog, foarte atent, dacă nu-mi spui pe loc cum mă cheamă... o să vezi tu!

El: Iar eu să spun? Acum mai spune și tu, îmi spui tu acum cum te cheamă și gata.

Ea: Clara.

El: Clara?

Ea: Da, Clara.

El: Mă iei la mișto sau ce? Păi eu n-am spus la început tot Clara?

Ea: Da, dar n-ai fost sigur. M-ai confundat. Cu... cu proasta aia... cu...

El: Ei, na, și tu acum! Să nu-mi spui cumva că ești geloasă. Numai pentru c-am încurcat niște nume. Cu Laura oricum am terminat-o de-o lună.

Ea: De-o lună?! Și cu mine stai de-un an jumate! Ce-i cu
    jocul ăsta dublu, Marco?!

El: Gianni.

Ea: Ce, Gianni?

El: Eu nu sunt Marco, sunt Gianni. Incredibil! Gata, s-a ter-
    minat, *finito*.

Ea: Foarte bine, atunci, valea, ia-ți tălpășița, du-te! Gianni!
    Auzi tu, Gianni! E de necrezut cum se pot numi unii!

28 mai

Bicicleta mea veche Batavus era oricum o rablă și acum
patru zile i-au mai și tăiat huliganii noaptea cauciucurile,
la fel ca și tuturor celorlalte biciclete parcate afară, așa că
ieri dimineață, pe la nouă, m-am dus să-mi cumpăr o bici-
cletă la magazinul Lucky Bike, de la mine de-acasă până la
Lucky Bike sunt vreo 15 minute pe jos, la intrarea în ma-
gazin era o coadă de vreo zece persoane, oamenii stăteau
la doi metri distanță unul de altul, toți cu mască, trebuia să
iasă unul din magazin ca să poată intra altul. Văzând asta,
am vrut să plec, urăsc să stau la coadă, dar cum nu voiam
să mă-ntorc acasă pe jos, am rămas totuși acolo și după
vreo jumătate de oră am intrat, magazinul era cam cât un
teren de fotbal, înăuntru erau cel puțin o mie de biciclete
și vreo 30-40 de clienți, dar lipseau complet vânzătorii,
deodată am descoperit totuși unul, dar n-avea timp să se
ocupe de mine, din păcate, dat fiind că tocmai vindea o
bicicletă, după cum mi-a spus, și așa și era, avea un client
cu totul și cu totul deosebit, care se distingea prin proprie-
tatea de-a fi complet invizibil. După vreo 15 minute, am
descoperit un alt vânzător, avea și ăsta pe piept un ecuson
cu numele magazinului, deasupra căruia era marcat cuvân-
tul *Verkäufer*/„vînzător", sunteți vânzător? întreb sceptic,

da zice el, nici nu pot spune cât de mare mi-a fost bucuria. Am văzut acolo în spate două biciclete, zic, care m-ar interesa foarte tare, OK, zice, haideți să mergem la ele și chiar nu glumește, vine cu mine la bicicletele alea două, una-i albă, cealaltă e roșie. *Was ist der Unterschied*, care e deosebirea între ele, întreb, se uită ce se uită la ele, păi una-i albă, cealaltă e roșie, zice, așa deci! mă mir eu, mai e și vreo altă deosebire, nu cred, zice, bicicletele sunt biciclete, așa m-am gândit și eu, zic. Dar asta roșie costă 479 de euro și asta albă costă 239 de euro, zic, aveți dreptate, zice, asta ar fi deci o altă deosebire. Dar cum stă treaba cu schimbătorul de viteză, întreb, păi schimbătorul de viteză e schimbător de viteză, zice, dar roțile, frânele, cu astea ce-i? păi, roțile sunt roți și frânele sunt frâne, la amândouă?! mă mir eu, da, zice, la amândouă. Perfect, zic, atunci o cumpăr pe asta albă, mai ales că am deja un nume pentru ea, o să-i spun Moby Dick pentru că-mi amintește de balena albă a lui Herman Melville. Și el se uită cam ciudat la mine, ce vrea ăsta aici cu balenele, are și dreptate omul, magazinul ăsta a fost închis trei luni de zile și clienții așteaptă înnebuniți afară la ușă și vor să cumpere biciclete și eu stau aici și vorbesc de-o balenă, așa că, jenat, schimb repede vorba; sau credeți poate că aia roșie-i totuși mai bună, zic, că văd că are preț dublu, și el nu zice o vorbă, doar se uită la mine și tace. Ia te uită, îmi zic, efectele Coronavirusului, au ăstia acum o strategie de vânzare complet nouă, i-aș zice Covid 19, nu se compară cu absolut nimic ce-a fost înainte. Pot să fac o tură de probă înainte, întreb, da, zice el, dar numai aici, înăuntru. Dau deci o tură cu bicicleta prin magazin și pe drum mai întâlnesc trei, patru cicliști care dau și ei o tură de probă, par toți foarte încântați de bicicletele lor, în afară de ăla care tocmai zboară din curbă și iese din magazin prin vitrină. Mai dau o tură, după aia ies scurt pe ușă și-i ajut pe infirmieri să-l pună pe targă, apoi mă duc înapoi la vânzător, care între timp a dispărut, din păcate. Sunt aici! îmi strigă brusc în ureche, huh, tresar eu, ce surpriză! O luați sau nu, mă întreabă grăbit, da, zic, *jawohl*, la revedere și mersi mult pentru informații, și mă duc cu bicicleta la casă. Știți cumva unde-i casierița? îl întreb pe-un client, care așteaptă și el acolo, da, sigur, zice el, e de vreo juma' de oră acolo, în spate, tocmai vinde niște biciclete. Mai stăm noi ce stăm și, în sfârșit, iată că vine și casierița, mare bucurie pe noi, mai așteptați puțin zice, mă întorc repede și pleacă din nou, dar se întoarce într-adevăr repede, așa, după vreo oră. Și eu bucuros plătesc cu Visa cardul și călare pe Moby Dick plec fericit în Altstadt. În Altstadt o agitație nebună, peste tot, plin cu biciclişti, aproape nimeni pe jos, da, cam asta-i situația la ora actuală, s-a cam schimbat Germania de când cu Coronavirusul, s-au cam urcat toți pe bicicletă.

29 mai

Ieri am fost într-o pădure uriașă, la marginea orașului, un domeniu imens al unui conte de-aici, Graf von Spee, pe care l-a deschis accesului public în perioada pandemiei ca să se plimbe lumea pe-acolo și să se bucure; și zău că ai de ce să te bucuri, atât timp cât nu te rătăcești și mai ești capabil de-a găsi ieșirea, munți de rododendroni, copaci uriași, miros de ierburi și flori, ciripit de păsărele și tot ce trebuie ca să uiți de Covid 19. Mă plimb eu ce mă plimb, așa, vreo două ore, mă culc în iarbă, fac poze cu telefonul și la un moment dat întâlnesc o doamnă puțin mai voluminoasă, cu geacă albastră și ochelari de soare în miezul pădurii, se uită doamna lung la mine, *guten Tag*, zice cu o voce surprinzător de severă, în anii '90 ați fost profesor de engleză și franceză la Duisburg, nu? Da, zic eu uluit, știam eu demult că mă urmărește contraspionajul, dar nici chiar așa, cine sunteți? *Wer sinu Sie?* Cum cine sunt, Jan, zice doamna și-și scoate ochelarii de soare și râde, *ich bin Emma*, sunt eu, Emma, am fost colegi, eu predam matematică și istorie, ah, tu ești Emma! zic și mă gândesc, mă, ce-a îmbătrânit Emma, pare contemporană cu Bismarck și amândoi deschidem larg brațele, dar în loc să ne îmbrățișăm sărim simultan înapoi à la Corona, da, zic eu, s-au schimbat ritualurile, azi nu se mai salută lumea ca pe vremuri. Nu te-ai schimbat deloc Emma, zic, ai rămas aceeași, *wie geht's noch*, ce mai faci, fac bine, zice, totul e super. Și ce mai face fi-tu, întreb, tot în clasa a cincea? Ha ha, zice, poanta-i bună, fi-meu are între timp 40 de ani, dar are-o fiică-n clasa a cincea, aici ai nimerit-o. Și mai lucrezi la școala aia, întreb, sunt la pensie de 20 de ani zice, și tu ce mai faci, Jan, *schreibst du noch Kinderbücher*, mai scrii cărți pentru copii? Nu, zic, acum scriu cărți pentru adulți, copiii au crescut între timp, ca și fi-tu. Vreau să-ți citesc ultima carte, zice, mă bucur, zic, sper c-o vei înțelege, e scrisă-n limba română. Ești teribil, zice, ai învățat deci și limba română, da zic, în copilărie, *in der Kindheit*, măi, ce trece vremea zice, dar bine că ne mai recunoaștem! Te-am recunoscut imediat, zic, când ți-ai scos ochelarii de soare și eu te-am recunoscut din prima, zice, după blugi și teniși, după tricoul ăsta verde nu?! întreb iritat, cu tricoul am avut dubii zice, văd că i-ai schimbat un nasture.

Ella Sandu: Umor de calitate, dar și profunzime. O să vă urmăresc toate postările!

Atena Comanescu: „Nu te-ai schimbat deloc"... Imediat cum a ajuns acasă, pun pariu că s-a privit jumătate de oră în oglindă, după care și-a făcut un selfie. Sunteți senzațional! Ha ha ha!

30 mai

Ieri, am fost cu bicicleta nouă în oraș, totul s-a întâmplat
la răscrucea Bilker Kirche, acolo unde cade tot la două zile
un biciclist, e mai rău ca pe front, atât că nu ești răpus de
gloanțe, ci de șinele tramvaiului, care merg în toate direc-
țiile ca spaghetele-n farfurie și dacă nu ești atent, cazi și
dacă ești foarte atent, cazi de asemenea, eu și mulți alții
suntem dovada. Am mers cam cu 10-15 km pe oră și mă ui-
tam atent la șine ca să nu mi se întâmple nimic, dar brusc
mi-a tras cineva șaua de sub fund și am beneficiat de-un
zbor gratuit cu aterizare forțată, după care-am sărutat cal-
darâmul precum papa, deși mi-ar fi plăcut să păstrez dis-
tanța socială față de betonul străzii. În secunda următoare,
au apărut patru bărbați, *geht es Ihnen gut?* vă merge bine?
mă vedeți, mă auziți? știți cine sunteți? sper că da, zic și
mă ridic în picioare, ei vor să mă sprijine, nu, zic, mersi,
nein, danke, mă descurc, nu vreți să vă întindeți totuși
acolo, lângă vitrină, nu, zic, sunteți amabil, dar prefer să
stau în picioare, simt că dacă închid ochii, leșin, pierd con-
trolul și n-am niciun chef de asta. Iese o tipă cu un scaun
din cafeneaua de-alături, așezați-vă, nu, mersi, zic, șed ori-
cum toată ziua. Și eu am căzut aici cu bicicleta, zice unul
dintre tipi, locuiesc deasupra cafenelei Seifenhorst, tot la
două, trei zile se prăbușește unul, e incredibil, aseară stă-
tea aici un grup de prieteni pe trotuar, la o bere și un tip
matolit, cu bicicleta a zburat prin aer și a aterizat la ei pe
masă fără să pățească absolut nimic și le-a dat după aia
câte-o bere la fiecare, e incredibil. Chem acum ambulanța,
zice alt tip, pune mâna pe telefon și sună la 112, după trei
minute se impacientează toți, dom'le, cât le trebuie la ăia
să ajungă până aici, după opt minute apare ambulanța cu
sirena pornită, se oprește lângă noi, infirmierii-mi deschid
ușa, urc, le mulțumesc din inimă celor rămași pe trotuar,
care-mi zâmbesc și-mi fac toți cald și prietenos cu mâna,

nimic mai mișcător decât empatia și ajutorul spontan al
unor necunoscuți pe stradă – și după aia vine unu-n ambu-
lanță care iar vrea să mă culce, sunt răsfățat astăzi. După
vreo patru, cinci minute ajungem la spital cu urlet de si-
renă, în sfârșit trec și eu odată oficial pe roșu și toți se dau
la o parte. V-am adus și bicicleta, zice infirmierul din am-
bulanță, o punem la ieșirea din spital, ea poată să rămână
afară, zice, e nevătămată. La spital, o cameră de urgență
uriașă, în cameră, două infirmiere care îmi zâmbesc ca
unui vechi prieten și vor, bineînțeles, să mă culce, dar mă
lasă totuși să șed, *geht es gut, ist Ihnen übel, haben Sie
Schmerzen*, vă merge bine, resimțiți greață, aveți dureri,
v-ați rupt ceva, întreabă, nu, foarte bine, nici eu nu port
cască, zice o infirmieră, nu pot să sufăr casca, oricum nu
mi-ar fi protejat nici fruntea, nici brațul, zic. Brațul drept
și mâinile îmi sunt mânjite de sânge, arăt ca un ucigaș
într-un film horror, infirmiera îmi curăță brațul și fruntea
cu vată și spirt, totuși, nu vreți să vă culcați, zice, nu, zic,
mersi. Mă simt de parc-aș pluti ca un înger, cred că acest
corp al meu în alertă produce fluvii de adrenalină. Arată
rău rănile alea? întreb, văd că sângerează, merge, zice in-
firmiera, aveți cumva o oglindă? întreb, din păcate nu, zice,
dar duceți-vă acolo, în colț, deasupra chiuvetei e una, mă
duc în colț, aici nu-i nicio oglindă, zic, ah, credeam că e
una, atunci uitați-vă aici în vitrina cu medicamente, zice,
mă uit, dar nu-mi văd decât conturul feței și urechile, pe
care, slavă Domnului, le am încă. Intră medicul, un tip tâ-
năr, dinamic, cu freză coadă de cal, cum vă merge, slavă
Domnului, bine, zic ridicând brațul spre cer, nu apropiați
mâna de frunte, strigă alarmat medicul, n-am apropiat-o,
zic, iar o apropiați, strigă, am făcut doar mișcarea asta,
uitați așa, zic, iar apropiați mâna de rană, strigă medicul,
sorry, zic, gata, nu mai mișc niciun deget, medicul se li-
niștește, slavă Domnului. Sunteți OK, întreabă, amețeli,

dureri, rupturi, vaccinul antitetanos, aha, pe ăsta nu l-ați făcut în ultimii zece ani, îl facem acum și-mi dă o injecție, bine, foarte bine, zice, medicul e extrem de simpatic, se ocupă foarte fain de mine, fiind unul dintre foarte puținii care nu vor să mă culce. Se așază la masă și face o anamneză, vreți să rămâneți la spital, nu, ce să fac aici, zic, aveți dreptate, zice, atunci veniți în două zile din nou, numai bine, și dă să plece. Ah da, n-aveți mască, zice, da zic, numai la mască nu mi-a stat capul culcat pe șine, și-mi scot din buzunar masca și-o pun pe față, noroc că nu-mi sângerează nasul, ar fi cam dezavantajos cu mască. Și cam cât durează până se vindecă rana, vreo două săptămâni, zice, rămân cicatrici, nu cred. Iese medicul, intră două polițiste și-un polițist, toți trei frumoși, tineri, ca-n nu știu ce serial la TV, la care nu mă uit niciodată, a trebuit să-i chemăm, zice o infirmieră, asta e legea. *Können wir Ihnen einige Fragen stellen*, putem să vă punem întrebări, sunteți apt de-a ne răspunde? mă întreabă o polițistă, da, zic, hai să începem. Le povestesc cum s-a întâmplat pe scurt, polițista notează, vreți să vă plângeți împotriva cuiva, da, zic, împotriva răscrucii ăleia, care-i o crimă contra națiunii și împotriva șinei de tramvai, o dau în judecată, asta, din păcate, nu merge, zic polițiștii zâmbind, cine știe, poate era mai bine dacă aveați cască, poate vă gândiți în viitor la asta, zice unul. Da zic, dar m-am rănit la frunte și casca nu m-ar fi protejat acolo, polițistul aprobă din cap, asta așa-i, zice, apoi pleacă toți trei în șir indian, urându-mi numai bine. Rămân singur cu infirmierele, încerc să vă pun niște plasturi în loc de bandaje ca să arate acceptabil, zice una și-mi aplică plasturii pe față, apoi ne despărțim, să nu plecați de aici cu bicicleta, zice infirmiera, e mai bine dacă azi o împingeți, ați avut noroc în ghinion zice, *Glück im Unglück*, nu v-ați rupt nimic, bucurați-vă! Așa că acum sunt acasă și, urmând sfatul infirmierei, mă bucur atât cât îmi permit plasturii și gândurile adiacente, mă gândesc la cât suntem de fragili și vulnerabili și cum se poate întoarce roata sorții de pe o clipă pe alta, mai multe zone ale corpului mă obligă la exercițiul ăsta de meditație. În ce privește curiozitatea vecinilor, ca să nu-mi pună nimeni întrebări despre schimbarea mea la față, voi ieși pe-afară doar cu mască de Dracula, știind că vin din România, n-o să se mire nimeni.

Nistea Angela Lucia: Ce întorsătură! Ca ieri erați prin pădure cu Emma și acum, singur în casă!

Horia Marinescu: Îmi pare rău de ce-ai pățit! Umorul (divin) însă pare să te salveze totdeauna!

Anna Notaras: Măcar ați reușit să cădeți de pe bicicletă, eu nici să mă urc nu m-am încumetat. Textul e ca de obicei, exceptional, mai că mă gândesc că în Germania aș risca și eu o cădere de pe bicicletă.

Luminita Popescu: Am rîs iar, Doamne iartă-mă, aveți un stil inconfundabil de a povesti și de a face haz de necaz. Să dați în judecată răscrucea drumului, șinele de tramvai, dar și pe producătorii căștilor fără protecție pentru frunte. *Just in case*. Trânte de pe biclă am cam luat toți, știm cum doare. Vă mulțumesc și pentru porția asta de rîs. *Santé!*

31 mai

Am povestit în ultima vreme tot felul de chestii, în fond, incredibile, care mi s-au întâmplat în ultima vreme, de pildă, cum l-am întâlnit pe Nabokov vânând fluturi în parcul de vizavi, cum am zburat prin aer precum pasărea și cum am întâlnit un extraterestru în bucătărie și toți m-au crezut fără probleme, dar ieri, când am povestit cum am căzut cu bicicleta, aici, după colț, unii au avut dubii că spun adevărul, suspectându-mă de ficțiune. Dragă Jan, e pe bune faza cu bicicleta? Tocmai ți-o cumpărasești, mi-a scris ieri o prietenă pe Facebook Messenger. Sincer vorbind, și eu mă întreb între timp dacă n-am inventat totul și mai am încă o mare problemă: la mine în casă bântuie fantomele, acum zece minute intru în baie și dau acolo, în oglindă, de-un tip speriat, cu plasturi pe față, am sunat imediat la 112, deja aud sirena poliției.

> **Gabriel Cojocaru:** „Nimeni nu te crede când spui adevărul".
> (Jan Cornelius)
> **Doina Popescu:** Cred că, dacă uneori ficțiunile n-ar fi mai verosimile decât adevărul, nimeni nu și-ar mai bate capul cu ele.

2 iunie

Traducătorii de literatură spun toți că e un mare avantaj să traduci un autor în viață pentru că poți să-i pui întrebări în caz că ai probleme cu textul, deși uneori mai pot apărea și conflicte între autor și traducător, asta fiind partea mai puțin frumoasă a contactului personal. Dat fiind că eu îmi traduc singur textele din germană în română și invers, în cazul meu, autorul și traducătorul se înțeleg destul de bine, deși uneori se ceartă la cuțite și nu vorbesc zile întregi între ei, dar oameni suntem, până la urmă conflictele se rezolvă. Odată traducerea terminată, mă duc să beau o bere cu autorul, plătim pe rând, o rundă dă el, o rundă dau eu și, dacă am băut prea mult, ne sprijinim reciproc în drum spre casă. Asta le-am povestit ieri studenților polonezi din Poznań la webinarul de literatură română și traducere, la care m-au invitat: la urmă, toți participanții au mâncat un munte de prăjituri virtuale făcute de Loredana, a fost fain, dar prea mult, eu nici n-am mai cinat după aia.

3 iunie

Tractorașul de jos, care a tuns până acum zece zile gazonul de sub terasă, burghiul vecinului și strigătele disperate ale cuplurilor care trăiesc de luni de zile împreună văzându-se toată ziua m-au cam terminat de-o vreme încoace, așa că, în căutarea unei oaze de liniște, am absolvit de curând online, pe Zoom, un seminar internațional de tăcere, timp de-o săptămână. Am fost zece participanți la curs, trei din Germania, patru din România și trei din Polonia și după *login*-ul pe linkul primit de la profesorul francez din Thailanda, am tăcut cu toții mâlc împreună, exclusiv în engleză, zilnic între orele 9-11 și 19-21. Nu ne-a fost deloc ușor să nu spunem o vorbă, indiferent de situație, dar profesorul a insistat mult pe lucrul ăsta, stătea pe un scaun în camera sa din Bangkok, în fața bibliotecii cu statuete zen pe rafturi și tăcea non-stop. Omul ăsta stăpânește arta tăcerii cel puțin cât Buddha, uneori tăcea cu extremă detașare și plin de profunzime, alteori, plin de subtilitate și înțelepciune, iar noi, în camerele noastre europene, îi răspundeam tăcând modest, plini de recunoaștere și adânc filozofic. Apoi, în seminarul de încheiere, am purtat o discuție îndelungată și contradictorie despre sensul și efectele evidente ale tăcerii, în care fiecare și-a spus cu voce tare părerea și, din păcate, aici s-a produs inevitabilul, ne-am cam certat, ne-am ca ieșit din pepeni, am cam început să strigăm, ne-am certat la cuțite și, mă rog, după aia ne-am blocat reciproc pe Facebook, WhatsApp, Skype,

Zoom etc. ceea ce-i, de fapt, foarte OK, putem spune că acum am atins din plin obiectivul seminarului, tăcerea absolută și îndelungată.

Ana Diana Coanda: Aaa, o mică *vipassana*. Eu am făcut acum patru ani o *vipassana* de zece zile cu zece ore pe zi de meditație și am tăcut cu toții până în dimineața celei de a zecea zi. Nu am avut voie să scriem, să citim, doar eu cu mintea mea. A fost o experiență intensă și am simțit unele schimbări benefice.

Exun Amchory: Bun! Și acum, hai să mai tăcem și despre altceva.

Chat cu o prietenă, după ridicarea izolării:
— Sunt la vecini în vizită.
— Viața e simetrie, la mine sunt vecinii în vizită.

Nina Sherban: Simetrie rotundă: sunt în vizită la vecini cât ei sunt în vizită la mine.

4 iunie

De când cu pandemia, rezidența pentru seniori din Einbeck, în care stă mama, e închisă pentru vizitatori, vorba mamei: *alles zu, keiner kommt, keiner geht,* totu-i închis, nimeni nu vine, nimeni nu pleacă, și cum nu pot s-o vizitez à la longue, ne scriem săptămânal o scrisoare, o epistolă din aia scrisă cu mâna ca-n secolul XX, pe-o foaie de hârtie care apoi se pune într-un plic cu timbru, da, dragi copii, așa se face, poate ați văzut asta cândva prin filme. De telefonat nu pot să-i telefonez mamei pentru că la telefon

nu prea aude, dar am mai povestit eu despre asta și la în-
ceput de aprilie, pe vremea când toți erau disperați pentru
că în rezidențele de seniori, și nu numai acolo, se murea pe
capete și doar mama era complet senină și relaxată, gân-
dind pozitiv și având încredere în ajutorul lui Dumnezeu,
pe care mereu se bizuie. Pe timpuri, maică-mea avea dese-
ori obiecții și găsea nu rareori un motiv să se plângă, dar
în fiecare scrisoare pe care mi-o trimite de câteva luni în-
coace, îmi scrie *mir geht es jetzt besser*, mie acum îmi
merge mai bine. Deci prin punerea cap-coadă a stărilor ei
de bine din ultimele zece scrisori, se acumulează o stare
de bine cu o lungime de cel puțin zece kilometri. Pe mine,
uneori mă mai doare capul, spatele sau, mă rog, mintea,
mai intru în câte-o șină de tramvai cu bicicleta și zbor ca
avionul prin aer, mai nu pot să adorm ore-n șir și număr
la oi degeaba, dar maică-mea nimic, totul e OK pentru ea,
mir geht es jetzt besser, îmi scrie o dată pe săptămână,
mie acum îmi merge mai bine, *kein Problem*, o să dispară
și virusul ăsta și totul va fi super. Citez din ultima ei scri-
soare: eu mă refac zilnic printr-o frumoasă plimbare în
parcul rezidenței, e cald pe-aici în ultima vreme și soare,
după aia vine ora 12 când luăm prânzul, umblu mai mult
cu cadrul cu roți, urmează siesta, aici e tot timpul ceva de
făcut, facem zilnic gimnastică și jocuri, *wir spielen oft
Stadt Land Fluss*/ „ne jucăm des Orașe-Țări-Ape", mereu e
ceva nou de învățat, mă uit în continuare la *Die Sklavin
Isaura și Sturm der Liebe* („Furtuna iubirii"), la ora 5 mân-
căm cina, totul o să fie bine, mă rog la bunul Dumnezeu
să va dea la toți sănătate, aici vin zilnic să ne ia tempera-
tura, ce frumoși și deștepți sunt Isabelle și David. Când
mă uit pe fereastră, pe stradă-i lume cam puțină de când
cu Corona și când nu mă uit pe stradă, tot lume puțină
este, aștept mereu scrisori de la tine, o scrisoare-i o mare
bucurie. Una din punctele esențiale în scrisorile mamei

a fost mereu și este în continuare mâncarea, pe timpuri mama se plângea de orice mâncare posibilă, în afară de cea pe care-o gătea ea, ăștia aici, în Germania, habar n-au să gătească, închei citatul, dar acum, de vreo câteva luni încoace, mama nu prea mai are obiecții, găsește că mesele oferite sunt bune și mai ales suficiente, *es gibt genug zu essen*, e destul de mâncare, ăsta-i un aspect pe care mama-l subliniază în fiecare scrisoare, se pare că trauma anilor de război și-a lipsurilor din comunism a revenit în forță. Ieri dimineață la ora 9, una dintre infirmiere a filmat-o scurt pe mama cu telefonul, cum șade relaxată pe marginea patului, făcându-mi mie și restului lumii cu mâna și mi-a trimis după aia prin WhatsApp videoclipul, pe care l-am primit după două secunde, pe când scrisoarea trimisă de la Einbeck am primit-o de-abia după două zile, ce să-i faci, doarme poșta germană pe rupte de când cu Covid 19.

5 iunie

M-am săturat de Skype și Zoom și videochaturi! Ce frumos era înainte de pandemie, când mă puteam urca în mașină sau în avion și merge în România sau altminteri, ca să-mi întâlnesc acolo prietenii în carne și oase și să stau apoi ore în șir la povești cu ei, toți la o masă, fiecare cu telefonul lui, fixând ecranul. Ce mai faci, măi? Bine, mersi, uite și eu pe-aici, pe Internet. Așa deci, aș fi curios să știu cum arăți. Păi, stai că-ți trimit o poză.

Jan Willem Bos: Jan, te-am visat! Cântai la ghitară. Nu mi-ai spus niciodată că știi să cânți la ghitară...

6 iunie

Un prieten, prefer să nu-i spun numele, cu care chatuiesc des și care de mult tot citește tot ce poate găsi despre Corona, se simte mizerabil de-o vreme, e complet terminat, îmi scrie că are o tuse uscată, probleme de respirație, că-l dor plămânii, mă rog, tot tacâmul ca să ai Covid 19, în fiecare zi mai apare un simptom, dar omul e mai încăpățânat decât un catâr și nu vrea să se ducă la doctor, cred că i-e, de fapt, frică să afle adevărul. Mă, tu ești nebun, inconștient, îi scriu, du-te odată la doctor, măi omule! Ei bine, miercuri s-a dus, în sfârșit, la doctor, ieri a primit rezultatul și mi-a scris imediat cu patru semne de exclamare: *Sunt negativ!!!!* Negativ?! zic, n-ai ce să faci, acum cel puțin știi adevărul, gândește-te la partea bună, ești imun după aia, unde ești acum, la spital sau te-au lăsat acasă? Ești izolat de restul familiei? Hei, negativ însemna că nu am nimic!!!! scrie enervat, tot cu patru semne de exclamare, păi atunci totu-i pozitiv zic, de ce nu te bucuri?

7 iunie

Românii au un spirit nonconformist și rebel. Deși deja de-un veac obligatorie, centura nu se pune ades nici astăzi în România, care centură, dom'le, că doar nu fac zilnic un accident, chiar si unii taximetriști se miră când încerc să-mi pun centura, înseamnă că nu locuiți aici, zic ei. Te faci de râs dacă-ți pui centura, ce bărbat e ăla care-și pune centura, important e să stăpânești arta de a-ți face cruce cu o mână pe volan și cu cealaltă pe telefon, când treci pe lângă o biserică, mari scamatori unii șoferi, jonglatul cu zece mingi nu-i nimica în comparație. Vara trecută, la Timișoara, când un cunoscut a văzut că țin morțiș să-mi pun centura, a oprit mașina la marginea drumului, apoi a coborât și s-a dus în spate, la portbagaj, unde a găsit într-un târziu, după ce-a tot săpat în adâncime, sub un morman de sticle goale, haine vechi și pălării, o centură, pe care mi-a înmânat-o solemn și pe care mi-am pus-o la gât ca pe-o cravată, aveam acum o distincție și-o eleganță de-a dreptul automobilistice. Ginta latină e răzvrătită pe bază genetică, legea de aia-i făcută, ca s-o încalci la fiecare ocazie, aici nu mi-e rușine nici cu italienii, mi s-a povestit că atunci când s-a introdus centura obligatorie la Napoli, inventivii locali, ca demni urmași ai lui Garibaldi, au imprimat tricouri albe cu diagonală neagră, simțind și ei nevoia de-a fi liberi și de-a păcăli poliția; voiam, de fapt, să spun că purtatul măștii e la ora actuală obligatoriu aici la Jermania teutonică, în spațiile închise, și că ieri am băut o cafea în Altstadt, într-un local, ce-i drept, italian și numit Eiscafé Dolomiti, dar populat de nemți, unde nimeni, dar absolut nimeni, nu purta mască, deși masca în localuri e obligatorie, și nu știu de ce mi-am amintit atunci automat de chestia asta cu centurile din România, că de ce se întâmplă acum cu purtatul măștilor în țărișoara mamă nu pot spune nimic, de când cu Covidul n-am mai fost pe-acolo, nici cu, nici fără centură sau mască.

8 iunie

În living, am un tablou de Picasso, reprezintă un buchet de flori ținut de trei mâini a trei persoane diferite, cu puțină bunăvoință din partea privitorului, buchetul are un parfum subtil, chiar și dacă-l miroși cu mască, ceva-n direcția La vie est belle de la Lancôme. Avantajul cu florile astea este că nu s-au ofilit din 21 aprilie 1954, când au fost pictate de Pablo, cu toate că eu, din 2007, de când le am, nu le ud decât o dată pe săptămână, când șterg tabloul cu o cârpă umedă și nici măcar atunci nu le ud direct, ci prin sticlă. Sunt îndrăgostit de florile astea, le număr zilnic, problema este că ieri acolo mai erau încă opt flori, dar în dimineața asta nu mai sunt decât șapte, le-am numărat de trei ori, am stat și mi-am bătut capul unde naiba a dispărut floarea aia, e inimaginabil! Trei oameni țin de-un buchet de flori și, cu toate astea, una din ele dispare nitam-nisam, mare scamator ăla de-a șparlit-o, m-am uitat cu atenție în jur, în tabloul de pe peretele de vizavi e o piață din Guatemala, unde se vând legume, mazăre, pepene verde, banane și din astea, se văd acolo cinci vânzători, trei bărbați și două femei, femeile se uită la tine-n ochi, vezi că n-au nimic de ascuns și par foarte cumsecade, dar de bărbați nu știu ce să spun, nu li se văd fețele de sombrerouri și mai se și uită-n jos, eu sunt convins că unul dintre ăștia nu-i tocmai în ordine, ca să fiu mai clar, putem pleca de la supoziția că unul dintre ăștia trei a ieșit ieri, când nu era nimeni acasă, din tabloul cu piața și le-a șterpelit ălora din tabloul vecin floarea aia pur și simplu din mâini, există scamatori din ăștia! Mie odată mi-a furat unul în Italia roata de la mașină la stop, dar asta-i altă poveste, și după aia tipul s-a întors frumos cu floarea aia la piață și-a vândut-o, cred că acum e plin de bani, floarea care nu se ofilește din 1954, asta da specie aparte. Am sunat la poliție, ăia cică *wie bitte, ein Markt* în Guatemala? poftim?! o piață-n Guatemala?! Ne pare rău, *es tut uns leid,* dar nu vă putem ajuta, *Herr* Cornelius, în cazul ăsta trebuie să vă adresați poliției guatemaleze sau Interpolului, dar deocamdată poate ar fi bine să pictați un paznic profesionist în colțul tabloului de Picasso, ca să nu vină iar ăla și să vă șutească tot buchetul.

Auzi la ei, ce sfat, păi dacă m-apuc eu să pictez, numai paznic nu-mi iese, poate mai degrabă vreun tip care-și ia tălpășița cu tablou-n traistă. Păgubit peste poate, plătesc parale peșin pentru pictor paznic profesionist. Pup!

> **Emilia Galotti**: Eu vă propun să vă pictez un paznic invizibil!
> **Jan Cornelius**: Da, mulțumesc, o idee foarte bună, puteți s-o faceți, dar aș vrea să-l văd înainte!
> **Iulia Schiopu**: Dacă a furat o floare, înseamnă ca poate e îndrăgostit. Ce-i din iubire se iartă.

9 iunie

Ieri am fost la Edeka, un supermarket din apropiere, anexată acolo este o cafenea-cofetărie, aveam o poftă nebună să mănânc o prăjitură cu multă cremă, mi-am pus masca, am intrat, aveau de toate, torturi de ciocolată, ecleruri, torturi cu frișcă, prăjituri cu cireșe, tarte cu mere etc. *C'est la vie*, uneori ne trezim brusc la o răscruce și nu știm pe unde s-o luăm, dar trebuie să ne decidem, eu m-am decis pentru un tort de bezea cu nucă plus un espresso și după ce mi-am introdus numele și adresa într-o listă, după noile reguli, m-am așezat afară, pe terasă, la masa numărul 14. Mirosea a flori de tei și iasomie, nu era nici frig, nici cald și lumea de pe stradă era îmbrăcată ca atare, a trecut, de pildă, o pereche de tineri, el, cu pantaloni scurți, ea, înfofolită într-o blană artificială, mare-i grădina Domnului! Eu am fost îmbrăcat cu un tricou albastru închis și cu blugii mei rupți, cu diferite găuri la genunchi și deasupra genunchilor, pe care-i am de când am căzut acum zece zile cu bicicleta, nici nu mă gândesc să mai îmbrac și altceva, în sfârșit am un pantalon modern, care-mi place. Deci mă aflu la masa numărul 14 sorbind tacticos din espresso, apoi încep să-mi mănânc superdeliciosul tort de bezea cu nucă, simțind cum cu fiecare linguriță ingurgitată stânjenitoarea stare de gravitate face tot mai mult loc unei inefabile stări de imponderabilitate; după scurt timp, realizez că mirosul de flori de tei și iasomie se intensifică și că efectiv plutesc la câțiva centimetri deasupra scaunului, drept care acum trebuie să mă aplec puțin ca să ajung la ceașca de espresso de pe masă. La masa vecină plutesc doi bărbați deasupra scaunelor, judecând după cele șase sticle goale de pe masa lor au ajuns la a patra bere, în Germania se poate bea bere și la cofetărie, în Germania toată lumea are dreptul la fericire oriunde. O femeie voluminoasă, între două vârste, cu un teckel lung de vreo juma' de metru în lesă a consumat la două mese mai încolo, tremurând de poftă și respirând, sacadat două felii de tort de ciocolată cu un munte de frișcă, acum se ridică cu ochii sclipind și părăsește în transă terasa, este atât de fericită că nu merge, ci efectiv plutește aidoma unui balon cu hidrogen, norocul ei că teckelul a rămas la sol, ea fiind atașată de lesa acestuia, altfel, s-ar înălța tot mai mult și ar dispărea în direcția planetei Venus. Urmărind-o cu privirea, mă gândesc la *Doamna cu cățelul* de Cehov, care în cazul acesta s-ar numi *Cățelul cu doamna*. În fața mea, pe masă, se află un ziar, *Düsseldorfer Express*, îl deschid și încep să citesc pe sărite, în Nouă Zeelandă nu mai este niciun caz de Covid 19, scrie acolo, în Nouă Zeelandă se anulează începând de azi toate restricțiile Corona. *Wow!* iată în sfârșit o veste super, iată, în sfârșit, un loc unde aș putea să mă duc în concediu îmi spun, dar după aia stau și mă gândesc că zborul până-n Nouă Zeelandă durează 24 de ore, așa că mai bine rămân la mine-n cameră, nici acolo nu-i

niciun caz de Covid 19. Un articol cu litere de-o șchioapă
de pe ultima pagină descrie o întâmplare din domeniul
Covid 19 petrecută sâmbătă la Bochum:

*PREA PUȚINĂ DISTANȚĂ. UN CLIENT PORNEȘTE LA ATAC
CU UN MUȘCHI DE VITĂ. Într-un supermarket, un client de
48 de ani, care stă la coadă la carne, îl atacă brusc pe cel
din spatele său (58 de ani) cu un mușchi de vită împachetat
în plastic, greutate două kg, lovindu-l cu mușchiul de vită
în cap, sub motivul că cel atacat s-a apropiat prea tare de
el, nepăstrând distanța socială.*

Mușchiul provine din Argentina, iar victima grav rănită
a fost internată la spital la Bochum, relatează poliția, iar
eu stau și mă gândesc că Germania nu-i America, acolo, în
cazuri din astea, se trage mai curând cu pistolul. Și, după
aia, mai iau o sorbitură de cafea și-mi amintesc de-o po-
vestire de Roald Dahl, în care soția își omoară soțul cu o
pulpă congelată de miel și când detectivul caută fără suc-
ces criminalul și arma crimei, femeia îl invită pe acesta la
ea la masă și îi servește pulpa de miel decongelată și fă-
cută la cuptor cu tot dichisul și, consumând-o, cei doi se
tot întreabă unde ar putea fi arma crimei și cine-i bestia
asasină. După aia, pun ziarul deoparte și mai mănânc re-
pede un cremșnit, după care o iau și eu vesel și satisfăcut
din loc făcând când o piruetă, când o tumbă prin aer, dar
având mereu grijă să mă mențin în apropierea solului, eu
neavând șansa să mă pot ține de lesa unui teckel ca doamna
de dinainte. În rest, ieri nu s-a petrecut cam nimic, m-am
culcat frânt pe la ora 11 și m-am trezit pe la două noaptea,
afară era lună plină și în cameră era cam frig, telefonul
indica o temperatură de 15 grade în camera și șase grade
afară, așa că m-am dus și am deschis geamul ca să intre

și cele șase grade de-afară în cameră. După aia, am dormit ca un prunc până pe la șapte dimineața, 21 de grade sunt absolut OK ca temperatură.

> **Radmila Popovici**: Savuros!
>
> **Ina Zozo**: Extaz!
>
> **Nistor Maria**: Mă aflu pe poziția „Pe locuri, fiți gata..." în direcția cofetăria Roze.

10 iunie

Sunt profund îngrijorat, pandemia a făcut ravagii pe-aici, am fost ieri după-masă să dau o raită pe Königsallee, peste tot coadă, la Gucci, Armani, Prada, până și la Dolce & Gabana și Versace stau toți și așteaptă disperați în stradă, nu mai are lumea ce să îmbrace, e prăpăd. Cu totul alte griji au țăranii în România, poftim dialog: bade, s-au făcut mari cireșele în Ardeal anul ăsta, cu pandemia? Ălea mari, da, da' ălea mici, nu prea.

12 iunie

În ultimele luni am ieșit din cauza pandemiei mai rar din casă decât în anii precedenți, dar am profitat de asta ca să fac ordine în sertare, unde am găsit și o scrisoare în limba germană din anii '80, care fusese inițial într-o carte, pe care-am cumpărat-o pe vremea aia la talcioc, în Aachener Straße, îi redau aici conținutul inegalabil, tradus în română. Subliniez că n-am scris-o eu, ca să nu spună nimeni c-am plagiat-o, a plagiat-o ăla de-a scris-o:

Berlin, astăzi

Dragul meu fiu,

îți scriu ca să știi că-ți scriu, dacă scrisoarea mea ajunge cu bine la tine, atunci o vei primi precis, dacă nu o primești, înștiințează-mă, te rog, ca să ți-o mai trimit o dată. Îți scriu încet, știind prea bine că ai mari probleme cu cititul. Acum o lună, tatăl tău a citit în ziar că statisticile arată că cele mai multe accidente se petrec în jurul casei, așa că ne-am mutat de curând la doi kilometri mai departe. M-ai rugat cândva să-ți trimit geaca albastră, unchiul tău Martin mi-a spus că dacă ți-o trimitem cu tot cu nasturi, trimisul va fi mai scump din cauza greutății nasturilor, așa că am tăiat nasturii și i-am băgat în buzunarul de la geacă, când primești pachetul, îi vei găsi acolo. Alaltăieri l-am înmormântat pe bunicul tău, l-am găsit în dulap, era acolo de când a câștigat ultima dată la de-a v-ați ascunselea. Vreau să-ți mai spun că ieri la noi în bucătărie a fost o explozie de gaze, din cauza căreia tatăl tău și cu mine am zburat prin fereastră în stradă, am fost foarte mișcată, a fost prima dată că eu și tatăl tău am întreprins ceva împreună. Sora ta Jennifer, care e căsătorită cu soțul ei, va naște zilele astea, dar cum nu știu încă dacă va avea un băiețel sau o fetiță, nu-ți pot spune încă dacă vei deveni în curând unchi sau mătușă. Tatăl tău a întrebat-o acum o lună pe Jennifer dacă e gravidă, ea a spus că da, apoi tatăl tău a întrebat-o dacă-i sigură că ea va fi mama viitorului bebeluș și ea a zis din nou că da, ce caracter frumos, nu a negat adevărul. Câinele nostru Bello ne face griji pentru că gonește mereu, lătrând după mașini parcate, dar cel mai problematic este fratele tău Kevin, la ultima noastră ieșire a trântit ușa mașinii uitând cheia pe dinăuntru, așa că a trebuit să se ducă pe jos acasă ca să ia o a doua cheie și

*să ne elibereze pe toți din mașină. Dragul meu fiu, îți trimit
scrisoarea asta fără adresa expeditorului căci nici n-o cu-
nosc, chiriașii de dinaintea noastră s-au mutat de aici cu
tot cu indicatorul de adresă, le-a trebuit pentru noua lor
locuință. Dacă o vezi pe Sarah, salut-o din partea noastră,
dacă nu, e mai bine să nu-i spui nimic.*

Mama ta, care te iubește mult

*P.S. Îmi pare rău, am vrut să-ți pun zece mărci în plic,
dar când mi-am amintit de asta, deja lipisem plicul.*

> **Alta Ifland**: Îți scriu ca să știi că-ți scriu. Am râs cu lacrimi.
> Ar trebui să rămână în literatură ca o capodoperă a
> literaturii epistolare.
>
> **Exun Amchory**: Prima mea nevastă mă suna des pe mobil
> de acasă, de pe fix. Dacă eu conduceam mașina și ve-
> deam un polițist, îi spuneam: e un polițist pe drum, pun
> telefonul pe scaun un minut, iar ea ascundea acasă
> telefonul sub pernă.

13 iunie

Ieri am fost la Köln cu mașina, pe care-a condus-o Mara.
La plecare, Mara a vrut să-mi pună un CD cu Georg Kreisler,
pe care-l știu pe dinafară pentru că mi l-a mai pus de cel
puțin 15 ori, dar ca să nu-i stric totuși plăcerea, i-am accep-
tat resemnat propunerea, însă, cum uneori norocul vine
când nu te-aștepți, oricât a căutat în torpedo și pe sub
scaune, Mara n-a reușit să găsească CD-ul. Dar scurtă mi-a
fost bucuria, dat fiind că Mara a avut brusc ideea să cânte

ea însăși cântecele lui Georg Kreisler și, când am intrat după cinci minute pe autostradă, ajunsese deja la al doilea cântec:

Schau, die Sonne ist warm und die Lüfte sind lau
Gehn wir Tauben vergiften im Park!
Die Bäume sind grün und der Himmel ist blau
Gehn wir Tauben vergiften im Park!

Uite, soarele-i cald și temperatura așa de faină,
Hai în parc, să otrăvim porumbeii!
Copacii sunt verzi și ceru-i albastru,
Hai în parc, să otrăvim porumbeii!

Era și Carmen în mașină, dar fericita de ea avea norocul să șadă în spate, cel expus eram eu, având locul de lângă șofer, așa că la un moment dat am cochetat cu gândul să sar din mașină, dar pe autostradă era o circulație atât de intensă încât mi-aș fi pus viața în pericol. Ce să fac eu acum, ce să fac eu acum, m-am tot gândit disperat și, ca să mă liniștesc și defulez, am început să mă cert cu GPS-ul. După 200 de metri, luați-o la dreapta, zice la un moment dat GPS-ul, taci, mă! ești un prost, zic eu, Mara, nu-l asculta, ia-o tot înainte! Luați-o după 800 de metri la stânga, zice GPS-ul, asta s-o crezi tu, zic, ține-ți pliscul, Mara, rămâi unde ești, tot înainte! Și ce zice Mara? Mara nu zice nimic, Mara cântă, dar la un moment Mara își întrerupe totuși o clipă cântatul, ești sigur că ăsta-i drumul, zice, eu de obicei urmez indicațiile GPS-ului. GPS-ul tău ori e drogat, ori e de-o prostie incomensurabilă, zic. Trebuie să adaug că GPS-ul Marei e un bărbat după voce, noroc că n-are voce de femeie, altfel aș putea fi bănuit de discriminarea femeilor. După un timp am ieșit de pe Autobahn și am ajuns la un stop lângă o hală imensă, unde a apărut un tip atletic, jonglând cu patru mingi deodată, care trecea de la o mașină la alta, bine-ați venit la Bonn, îmi zice când îi dau doi euro. *Sie singen so schön*, cântați atât de frumos, îi spune Marei, mă rog, artiștii între ei, dar Mara n-aude nimic, Mara cântă. La Bonn, hm, la Bonn, de fapt, nu voiam s-ajung, îmi zic eu, Bonn parcă totuși e în altă parte decât Kölnul, Mara, zic, oprește-te, mă auzi? Dacă tu nu mai cânți, îi strig în ureche, nu mă mai cert nici eu cu GPS-ul și vom ajunge cândva și la Köln, și nu la Viena. Ce?! Am ajuns deja la Viena?! strigă Carmen trezindu-se brusc în spate, păi am putea merge la Kunsthistorisches Museum! Și după aia își continuă fericită somnul, în fine, Mara s-a oprit din cântat, eu am încheiat pace cu GPS-ul și urmându-i atenți indicațiile, am ajuns efectiv la Köln, unde-am vizitat-o pe prietenă noastră Gaby, care a fost ușor iritată de întârzierea de două ore. Dar nu-i nimic, totul e bine când se termină cu bine, ne-am plimbat agale în parcul imens de lângă Rin, din imediata apropiere, cu pomi imenși și tot felul de statui moderne și, ca s-o împace definitiv pe Gabi, Mara a început să-i cânte plină de entuziasm diferite cântece de Georg Kreisler. Dar momentul cu adevărat tragic al zilei a urmat când Carmen și Gaby i s-au alăturat Marei cu cântatul:

Ich denke jeden Nachmittag an Barbara
Obwohl ich niemand dieses Namens kenne...

Mă gândesc în fiecare după-masă la Barbara,
Deși nu cunosc pe nimeni cu numele ăsta...

Asta a fost efectiv mult mai mult decât am putut duce, m-am îndepărtat pe furiș și m-am dus la un grup de statui din zare. Una dintre ele reprezintă o femeie cu un skateboard, care tace atât de îndelungat și de minunat încât am îmbrățișat-o cu multă dragoste și am rămas multă vreme acolo, până când am fost, din păcate, descoperit, pus fără drept de apel în mașină și dus acasă. Între Köln și Düsseldorf sunt vreo 40 km, am ajuns destul de repede, după vreo cinci ore.

14 iunie

A ÎNNEBUNIT PLANETA, CAUT GARSONIERĂ CU BAIE, BUCĂTĂRIE, WC ÎN ALTĂ GALAXIE.

Dumitru Marius: Ce ți-e și cu virgulele astea! Așa lăsați de înțeles că vreți ceva de locuit pe plaiurile mioritice sau aici, în Calea Lactee, dar de meditat să o faceți în altă galaxie. Cu încă o virgula după WC, e altceva.

Jan Cornelius: Păi aia și vreau, fără virgulă, cu WC-ul în altă galaxie, ca să mă mai mișc puțin, vreau să mă duc la WC pe jos.

Doina Popescu: Deocamdată, se poate doar să ai dormitorul într-o țară, de pildă în Belgia, și WC-ul în alta, de pildă în Olanda.

Jean Maurer: Primești flotant în spațiu?

Carmen Bendovski: Vezi că Bezos se bagă în imobiliare extraterestre.

15 iunie

Vedem fără probleme trecutul, dar nu putem vedea viitorul, un fapt ciudat, căci ochii noștri sunt în față, și nu în spate, a spus cândva Ionesco – omul avea dreptate, dar numai dacă excludem portretele lui Picasso, desigur. Na, și ce-i dacă nu vedem viitorul? Ca să știm ce se va întâmpla mâine, ne uităm la prognoze, o treabă pe care te poți baza. Cum va evolua Covidul în continuare? Până acum, prognozele au fost corecte în 97% din cazuri, mă rog, am uitat să pun un zero și-o virgulă înainte de 97. Un lucru-i absolut sigur, rata îmbolnăvirilor va scădea radical în continuare, în caz că nu va crește din nou foarte rapid. Drept care e absolut necesar să purtăm mască, dar putem renunța totuși la mască, ba chiar trebuie să renunțăm la mască, Oliver din Bonn, unde în shopuri masca e obligatorie, și-a pus masca într-un supermarket din Olanda și șeful magazinului mai că n-a chemat poliția, cică îi sperie cumpărătorii. Începând de azi, putem merge din nou fără probleme în 27 de țări europene, azi s-au deschis granițele, care mâine la sigur se vor închide din nou, dar numai dacă nu vor rămâne totuși deschise în continuare. Așa că eu profit de asta din plin, ca să mă urc miercuri în mașină și să plec în Franța, întâi trec prin Belgia, dar dacă-n Belgia se închid până miercuri granițele, trec prin Luxemburg și dacă-n Luxemburg se închid până miercuri granițele, trec prin Belgia, precis că acolo iar s-au deschis între timp granițele. Buletinul meteorologic zice că în Franța miercuri nu va ploua, cu o probabilitate de 50%, ce bine că în sfârșit mă pot baza pe ceva, deci dacă nu plouă, poate totuși să plouă. Și acum mă duc să-mi beau cafeaua, asta-i absolut sigur, dacă nu mă răzgândesc până-n bucătărie și beau totuși ceai, bine că azi cel puțin e soare și cer senin, deși cam plouă, ce-i drept.

16 iunie

Nils Holgersson a traversat Suedia călare pe-o gâscă, găsesc ideea super, mai ales acum, în perioada Coronavirus, când avioanele nu prea circulă. Fiecare se descurcă cum poate, chiar acum am auzit la știri că un tip la 28 de ani din Bonn, a încercat azi să survoleze Rinul călare pe un flamingo, păcat numai că flamingoul a refuzat să dea din aripi, fiind gonflabil, și s-a prăbușit în apă. Frumos și așa și-a zis băiatul care avea cam o ladă de bere la bord, s-a relaxat și-a adormit fericit, dus de valuri, îmbrățișând minunata pasăre. Au intervenit pompierii fluviali cu mai multe vapoare, plus un elicopter de salvare și asta numai ca să-l trezească. Și eu care voiam să zbor mâine în Franța cu umbrela, ca Mary Poppins – acum mă gândesc să mă duc totuși cu mașina.

Normandia

17 iunie

Azi-dimineață am plecat spre Franța, între Düsseldorf și Authou, Normandie, sunt 650 km, aș fi ajuns în șase ore, dacă n-aș avea opt buzunare la pantaloni; am băgat cheia de la mașină în unul dintre ele, căutând-o apoi câte jumate de oră la fiecare oprire. Formula după care găsești cheia e simplă, se află întotdeauna în buzunarul în care o cauți la urmă, a treia oară. Am oprit de două ori, la *Aire de repos*, să beau cafea și *pour faire pipi*, vorba francezului. WC-ul pe autostrada din Belgia avea două pisoare, din care unul acoperit cu o husă pentru a obliga la picurat în solitudine, și nu umăr la umăr, în perioada Covid. Nu mică mi-a fost mirarea când în Franța, pe autostradă, am intrat la toaletă și pisoarele lipseau cu desăvârșire, pur și simplu le demontaseră, dar și mai mult m-am mirat când, ieșind din cabină, am întâlnit trei femei la chiuvete; intraseră acolo ca la mama acasă și mă priveau ciudat. În plus, am văzut la ieșire că pe ușa toaletei de bărbați scrie *Femmes*, femei, ciudat, limba evoluează, pe timpuri bărbaților în franceză li se spunea *Hommes*. Lângă mine a șezut Carmen, în timpul mersului am avut discuții foarte vii, culturale și interesante, cu caracter repetitiv: iar conduci ca un dement! Mai încet, aici nu ești in Germania, aici limita e 130 pe oră! Radar! Radar! Unde?! Acolo unde a fulgerat. Radarul e aparatul ăla care face poze foarte proaste, pe care ți se trimit după aia acasă și costă o groază de bani, nu merită, prefer selfie-uri.

18 iunie

Sunt la Marita și Alexandru, teckelul lor Fluffy m-a recu-
noscut imediat, cred că după accentul de Timișoara și
Düsseldorf, de acum doi ani trăsăturile feței mi s-or mai fi
schimbat, dar accentul rămâne veșnic, de aia mă și în-
treabă unii și după 40 de ani de Germania dacă sunt din
Budapesta, când vor să știe de unde sunt, și le zic că din
România. Fluffy știe să latre în franceză și română, dar
cu accent de București, dat fiind că stăpânii lui Marita și
Alexandru sunt de origine din România. Azi-noapte am vi-
sat că Fluffy s-a urcat la mine în pat și că mă linge cu vene-
rație pe mâna stângă; când m-am trezit era adevărat. Fluffy,
spre deosebire de mine, adoarme când și unde vrea, o să-l
urmăresc foarte atent, vreau să învăț și eu chestia asta. Și
acum încerc să mai dorm și ca să nu mai visez că Fluffy
mă linge, l-am dus în living și am închis ușa.

În afară de Fluffy, Marita și Alexandru au un motan negru
ca smoala, foarte frumos, care se numește Scârț pentru că
miaună de parcă ar scârțâi, Scârț nu se vede în întuneric,
deși el în întuneric vede, ce ți-i și cu pisicile astea, în afară
de asta se distinge prin calitatea că nu se lasă luat în brațe
de mine. În Authou miroase a iarbă, flori, fân și friptură de
pui, dar ultima doar în casă, eu m-am plimbat și pe afară,
câmpii întinse, pășuni, păduri, arome de plante, am văzut
și o celebră vacă normandă cu pete maro, mirându-mă că
nu are ugere uriașe, ca toate vacile normande, dar după aia
am descoperit că era un taur. Apoi am ajuns la un pârâu
de munte, atât că nu era la munte, ci în câmpia normandă,
un pescar încremenit ca statuile pariziene pescuia gân-
dindu-se la veșnicie sau la altceva, cine știe. *Ils sont grands
les poissons par ici?* l-am întrebat, sunt mari peștii pe aici,
*monsieur, les grands sont grands, mais les petits ne sont pas
grands*, a spus el, ăia mari da, dar aia mici nu, deștept nor-
mandul, cred că-l cunoștea pe ardeleanul ăla care califica

cireșele de anul asta. La un moment dat, am văzut că în spatele meu venea Scârț, mă urmărise până aici prin tot satul și prin natura normandă, probabil că-i părea rău că nu se fotografiase cu mine și voia să se scuze, dar brusc a apărut un câine și Scârț s-a urcat imediat într-un pom înalt, eu, după el, ca să-l ajut să coboare, OK, exagerez, după ce-a plecat câinele, nu l-am ajutat eu pe el să coboare, ci el pe mine. În încheierea excursiei, m-am așezat pe-o bancă și am mâncat o banană și pentru că după aia am descoperit pe speteaza băncii inscripția *Ne laissez aucune trace!* nu lăsați nicio urmă, am mâncat disciplinat și coaja.

19 iunie

Ieri după-masă i-am urmărit foarte atent pe Fluffy și Scârț, pe care l-am numit Scaramouche în franceză, i-am urmărit atent cum dorm, ca să-i pot imita la noapte cât mai bine. Aici se întunecă abia pe la 11, așa că am mai citit până atunci în grădină o carte cu sfaturi despre cum să fii mereu treaz și pe fază, care mi-a indus rapid somnul, apoi m-am spălat pe dinți, am coborât rulourile și m-am culcat și, imitându-i pe Scaramouche și pe Fluffy, m-am relaxat la maximum, dar, când să adorm, am auzit ticăitul unui ceas pe care noaptea trecută nu-l auzisem, adormisem cam neatent, carevasăzică. Cu zgomot de tic-tac nu pot adormi, așa că am aprins lumina și am căutat ceasul peste tot în cameră, l-am găsit pe un perete laolaltă cu o busolă și un termometru, bine ascuns între ele, între timp era miezul nopții, termometrul arăta 21,3 grade, plus de asta am aflat de la busolă unde e Nordul, să profit de asta sau nu, m-am gândit, dar apoi am dus ceasul în living și totuși nu m-am mai dus în Alaska, ci m-am întors în pat, unde era acum liniște.

Somnul îmi cam dispăruse, dar după aia mi-am amintit că după-masă văzusem niște găini normande și am început să le număr, erau în total două, cam puține, dar după aia mi-am amintit că mai văzusem pe-un câmp lângă Pont-Authou o turmă de oi normande, cu multă lână pe ele, și am început să le număr și pe astea și exact la oaia numărul 47 am adormit, faină oaie. Se spune mereu că număratul oilor ajută la adormit, da, așa este, pe de altă parte, câinii și pisicile ajută la trezit, da, așa este, azi-dimineață m-au trezit Scaramouche și Fluffy, primul mieunând discret, al doilea lingându-mă insistent pe mâna stângă, când am deschis ochii, mi-a fost cam frig, noroc că visasem că tricotez din lâna oii numărul 47 un pulover, pe care l-am îmbrăcat și îl mai am și-acum pe mine.

Cu mare drag m-aș fi dus cu trenul la Bec-Helloin, dar, din păcate, lipseau șinele, n-a mai rămas acolo, la marginea pădurii, decât minuscula clădire veche a gării, un monument istoric, în preajma ei m-am crezut într-un film francez din anii '60, așteptam să apară Bourvil pe bicicletă, cântând *Salade de fruits*, el n-a venit, dar în pustietatea Covidului a apărut brusc un biciclist tânăr, care m-a întrebat unde poate să bea apă, i-am arătat satul în zare, urându-i bun venit pe la noi, a plecat în trombă, și eu după el cu mașina, ca să-l ajut în caz de nevoie, cu ospitalitatea mea normandă, apoi el a luat-o spre stânga, eu, spre Abbaye du Bec Helloin, o mănăstire benedictină de-o mare frumusețe, nu departe de centru. *Masque obligatoire*, scria la intrare, mi-am pus deci masca, am intrat, chiar era slujbă, la care luau parte călugări în negru și maici în alb, pe bănci vreo cinci, șase turiști, toți fără mască, probabil că se rugau cu toții să nu se molipsească de Covid 19 chiar dacă nu poartă mască. În preajma mânăstirii, un lac, un canal înecat în verde, mii de trandafiri, lavandă, păcat că nu se poate fotografia și mirosul, cele patru *auberge*-uri de pe ulița din centru, deocamdată goale, un tip descărca lăzi cu băutură în fața unui local, mi-a făcut cu ochiul, știa el ce știa. Pe câmp, am văzut o libelulă, pe care am urmărit-o până s-a așezat pe-o floare și m-a lăsat s-o fotografiez, apoi am vrut să fotografiez o grupă de zece vaci foarte, foarte frumoase, dar stăteau toate cu spatele la mine, cufundate într-un lung exercițiu de meditație, când le-am strigat s-au făcut că plouă, dar poate că erau doar atrape de plastic, care din când în când dădeau din coadă, extra pentru turiști.

20 iunie

Azi am fost la Cabourg, la 80 km de Authou, pe drum, vaci normande cu ugere adevărate, de data asta, păduri, câmpii, herghelii de cai, am avut bucuria să trec prin departamentul Calvados, unde se găsesc zăcăminte bogate ale băuturii cu același nume, pe care eu însă nu le-am exploatat pentru că eram cu Alexandru și Alexandru era la volan și cine conduce nu bea și invers, viața ne pune uneori grele piedici. În zona pietonală din Cabourg, mare forfotă, doar câte-o mască ici, colo amintea că suntem în data de Covid 19. Am băut o cafea în The pub, da, englezii sunt pe aproape, n-ai decât să treci înot Canalul Mânecii și vei găsi vizavi suficiente localuri cu numele Le bistrot. În The pub au apărut un tată normand, o mama normandă și trei fetițe normande, fiecare cu câte-o mască și când au intrat în local și-au scos măștile, acționau pe dos carevasăzică, nebunatici normanzii ăștia. Eu am băut un *café noisette*, dar m-am fotografiat cu două cafele, un cidru și-o bere ca să par mai amator de diversitate. În zona pietonală din Cabourg, casele vechi cu o splendidă arhitectură normandă stau toate adunate grămadă, la fel ca acelea pe care le locuiesc și turiștii, am văzut un tip fără mască sărutând o tipă tot fără mască, lumea se bucură de viață și relaxare. Lângă zona de pietoni La Manche, marea și iar marea, fermecătoarea promenadă „Marcel Proust", dac-aș fi pictor, aș fi rămas acolo pictând până poimâine, dar așa, am făcut doar niște poze cu telefonul, nu-i rău nici așa și merge mai repede. Câțiva copii făceau baie în mare, pe mine Alexandru nu m-a lăsat să intru, mi-a cumpărat, în schimb o înghețată dublă de căpșuni, apoi ne-am întors acasă.

21 iunie

Sunt la Pont Authou un sat cu circa 300 de locuitori și vreo zece magazine, *épicerie, boucherie*, ba nu, asta a dat faliment, *fruits et légumes bio, boulangerie... C'est quand l'été? Je suis prêt!* când vine vara, eu sunt pregătit, mă anunță un tip cu barbă albă și ochelari din vitrina farmaciei, etalând fericit diferite comprese, aha, așa deci, azi e duminică, farmacia e închisă, dar mâine revin să cumpăr cât de multe comprese, ca să fiu cât se poate de fericit vara asta. Mă duc mai departe și, ca să nu mă doboare aerul curat de la țară, îmi iau un pachet de Marlboro la un bar-tabac, *dix euros, monsieur*, zice vânzătoarea, zece euro, în Germania astea costă doar șase euro, ca să nu-mi stric buna dispoziție, mă gândesc că sunt în anii '80 și că am plătit în franci. Dar, vorba unui film francez din anii '90, *Le bonheur est dans le pré*, fericirea e pe câmp, căci pe câmp întâlnesc o cireadă de vaci cu care de trei zile simpatizez. Atât că ele se țin mereu la distanță de mine, timide, azi le zâmbesc și le fac semn să se apropie, una dintre ele chiar face doi pași înainte, cireada după ea, cutezătoarea ajunge la gard, îi întind mâna, o adulmecă și brusc îmi linge palma și antebrațul. Limba unei vaci normande are cel puțin jumătate de metru lungime, e foarte umedă și foarte caldă și miroase a iarbă și a lapte proaspăt, *wow*, ce surpriză, nu m-aș fi așteptat la atâta căldură și umezeală!

22 iunie

De la Authou la Honfleur, unde se află marea, sunt vreo 50 de km, suntem în Haute Normandie, am urcat deci un deal cu mașina, apoi am coborât doar un pic și iar am urcat și am tot urcat până am fost vreo patru, cinci metri deasupra șoselei, deși mașina mea, Toyota Auris, nu e balon, s-a comportat totuși ca atare, dat fiind că peisajul era verde, verde și cerul albastru, albastru, s-a instaurat o stare de imponderabilitate, așa că pluteam practic cu tot cu mașină deasupra departamentului Calvados, care deja prin numele său îți induce o stare de plutire. Programul auzit la radio în timpul ăsta: pe toate canalele cultură franceză sub forma ei comestibilă, *ça veut dire* rețete culinare rafinate, cum se prepară crabii, peștii, florile de dovleac, ce uleiuri și oțeturi se pun în mâncăruri și în contextul ăsta a apărut și Estragon, care însă nu l-a așteptat cu Vladimir pe Godot, ci a fost pus sub formă de *estragon*, adică tarhon, în salată. Plaja de la Honfleur e imensă și aproape vidă la ora 11, pe fond albastru, trece deodată o navă și ea albastră, ăsta e precis trucaj, mă gândesc, prea pare regizat totul, ici, colo un om, doi punctează nisipul galben. La Honfleur, centrul vechi plin de lume, zeci și zeci de terase pline, atmosferă relaxată, aud de câteva ori formula *c'est les vacances!* deodată, senzația zilei: văd doi tipi cu mască trecând asemeni unor năluci spre mare. Se mănâncă la tot colțul tone de *moules*, adică scoici, toți bagă scoici în ei ca la sfârșitul lumii. Eu mănânc un *crêpe au Roquefort* ca să marchez faptul că Bretagne nu e deloc departe, beau bere Leffe ca la Paris, vara trecută și fumez Pall Mall pentru că vizavi e Anglia. Brusc am o mare problemă, la un *boutique* de caramele nu știu de care caramele să cumpăr ca să le duc în Germania. Cu portocale sau cu unt sărat, sau cu violete, sau cu ciocolată? Iau cu portocale și cu violete că sună bine, ceva mai încolo văd o tipă cu picioare lungi, lungi și pantaloni scurți, scurți, pe care am mai văzut-o cândva, undeva și anume aseară uitându-mă la fotografiile făcute alaltăieri la Cabourg, asta înseamnă deci că a fost și ea la Cabourg simultan cu mine și acum iat-o din nou aici, când mă uit spre ea, ea se uită în altă parte, dar am auzit-o vorbind rusește, cred c-a fost pusă de Putin să mă urmărească, de când am fost în septembrie la Chișinău, am mereu probleme din astea... Înainte de-a pleca din Honfleur, am băut o cafea și toaleta nu era la subsol, ca-n Germania, ci la etajul unu și dacă n-aș fi fost deosebit de atent coborând treptele foarte înguste și șubrede, mi-aș fi rupt gâtul, nu cred că asta a fost doar o pură întâmplare, apropo de Putin. În fine, acum sunt iar la Authou și totul e bine, dar ar fi fost mult mai bine dacă luam totuși și caramele cu ciocolată.

23 iunie

Azi am vizitat Château d'Harcourt aflat la o aruncătură de băț de Authou, în jurul castelului e un domeniu uriaș, cu arbori imenși, în care dacă aș fi fost veveriță, aș fi putut să mă cațăr. Castelul datează din secolul al XI-lea, între castel și restul domeniului este un șanț adânc de vreo zece metri, peste șanț trece un pod suspendat, care, pe timpuri, se ridica în caz de asediu, în groapă se află mai multe oi, care probabil au fost coborâte acolo cu scripetele, acum câteva sute de ani în urmă. Am fotografiat oile, sunt zece la număr, berbecul lipsește, fiind singur, probabil n-a făcut față, cum a scăpat de-acolo, numai el știe. În fața castelului am asistat la o pagină vie de istorie, lucrările unui excavator, care a săpat live o groapă, muncitorii îmbrăcați în armături istorice din plastic orange vorbeau aproape ca normanzii de astăzi, folosind diferite înjurături istorice, dar și foarte moderne. La urmă, m-am fotografiat cu castelul în spate, sper că poza nu mă dezavantajează, chiar dacă Château d' Harcourt e mult mai înalt decât mine, eu sunt totuși puțin mai tânăr.

24 iunie

Azi am fost din nou la Honfleur, a fost atât de cald încât în centru am văzut un tip care a cumpărat o înghețată în cornet și înghețata s-a topit și s-a scurs pe asfalt încă înainte ca tipul s-o ducă la gură, omul a rămas dând din buze cu cornetul gol în mână, i-am văzut privirea șocată înainte de-a se topi și el urmând drumul înghețatei și prelingându-se în crăpăturile asfaltului.

25 iunie

Azi-dimineață am plecat pe la nouă cu mașina, la volan a fost Marita de Normandie et Bucarest, am ajuns rapid la Haye de Routon, unde Marita m-a dus la doi falnici copaci din secolul al XI-lea numiți if, da if, sunt atât de uriași că în secolul al XIX-lea preotul local a decis să se facă o capelă într-unul din ei, am intrat și eu în capela asta și m-am rugat pentru folosirea corectă a propoziției condiționale cu if în limba engleză. E acolo și un muzeu de saboți, dar e închis, saboții au plecat în vacanță, singuri, fără picioare, se întorc peste două săptămâni. Continuăm drumul superb cu mașina, câmpii, păduri, iazuri, fânețe și brusc vechile mele dragi prietene, o cireadă de vaci, le stă super cu pomii ăia în spate, Marita, oprește, strig, cobor, mă duc la ele, *bonjour*, zic, *ça va?* ele nimic, era să spun că tac că vacile, dar nu vreau să le jignesc, fac poze, aud voci în spate, Marita se întreține cu cineva, mă întorc, o mașină cu doi jandarmi, amândoi au coborât din mașină, oare vor să pozeze și ei vacile? *pas du tout*, nicidecum, vor să-i transmită Maritei c-a oprit exact în curbă, asta fiind strict oprit, *mon ami d'Allemagne n'a jamais vu des vaches*, prietenul meu din Germania n-a văzut niciodată vaci live, spune Marita, dau gânditor din cap, jandarmii mă privesc cu multă compasiune, sunt înnebunit după vaci și castele, zic, nu știți cumva vreun castel fain pe aici, *mais oui*, zic jandarmii, *suivez-nous*, după doi kilometri iese o mână pe fereastră arătând în dreapta și s-au dus. Cobor, fac o poză, continuăm, după vreun sfert de oră, la stânga, apare un câmp cu mii de maci, cobor, fac o poză și iată că își face din nou apariția o mașină cu doi jandarmi venind din direcția contrarie, parcă i-am mai văzut undeva, ați oprit în curbă, spun cei doi, pentru că prietenul dumneavoastră din Germania n-a văzut niciodată maci, nu-i așa? deștepți jandarmii în Normandia! apoi noi plecăm într-o direcție, ei, în alta și după vreo zece minute ajungem într-un sat, uite acolo o biserică minusculă, zice Marita, se numește *Saint Benoist des Hombres*, Sfântul Benoist al Umbrelor, numele e deja un mic poem, zic eu. De vizavi vine Gérard cu cheia să ne deschidă, un francez foarte francez și foarte voluminos, prietenul meu din Germania n-a văzut niciodată o astfel de biserică, zice Marita, *c'est formidable*, zic eu, *vous parlez très bien le français*, zice Gérard, *merci, vous aussi*, dumneavoastră la fel, zic eu. Apare o turistă disperată, sunteți de aici, îl întreabă pe Gérard, *oui*, e o vacă în mijlocul străzii, zice turista și nu pot să trec din cauza ei cu mașina, *wow*, zic eu, vin s-o fotografiez, ba nu, zice Gérard, *attends*, stai că-l sun pe primar, pe primar, mă mir eu, *pourquoi?!* Ca să gonească vaca, zice Gérard, noi după aia am plecat, foarte fain în Normandia, aici mai pune primarul mâna și nu dă numai din gură.

26 iunie

A știut Monet ce caută la Étretat: lumina deosebită, asta caută pictorii întotdeauna. Când am ajuns la Étretat, era soare, dar după aia am început să caut și eu lumina pentru că după vreo oră a venit ceața, din fericire am pozat înainte faleza și stâncile calcaroase. Demențial de frumoase! După aia, cum nu se mai vedeau multe, am ascultat ce spun turiștii, *on ne voit rien*, nu se vede nimic, spuneau și se uitau toți cu mare atenție în toate direcțiile ca să vadă ce se vede când nu se vede nimic, o chestie nemaivăzută ca să zic așa. Dintr-odată, am auzit brusc românește, trei tipe la 30 de ani au trecut agale pe lângă mine și una a spus, da, dragă, o dată am și eu noroc, măcar o dată, nu știu de ce ce-a spus asta, probabil că venise să viziteze ceața. Înainte de-a pleca, am mâncat orez cu langustine, la masa de lângă mine a stat nepoțica de trei ani, mămica ei și bunicuța, dacă tot am început cu fetița, rămân la diminutive. Când nu s-a uitat mămica, i-am scos limba fetiței, care s-a luminat la față și mi-a scos și ea îndelungat limba, până când mămica și bunicuța au văzut-o, *mais on fait pas ça, chérie!* nu-i voie, scumpi, au certat-o, *excusez-la, monsieur*, scuzați-o! Nu face nimic, zic, eu am fost primul, ha ha, râd cele două, sunteți foarte amabil!

27 iunie

Azi-dimineață, înainte de plecare, am avut o problemă, mi s-au ascuns blugii și tricoul, le-a plăcut atât de mult în Normandia, că n-au vrut să se întoarcă cu mine la Jermania. În acțiunea lor de fofilare au fost acoperite de geacă, complotul hainelor. În plus, mi-a dispărut cafeaua, pe care-o băusem fără să-mi dau seama. Acum sunt în drum spre casă, o șosetă am uitat-o intenționat la Authou, mă întorc s-o iau poimâine și mai stau vreo lună, două.

Senzație într-un *aire de repos*, pe autostradă, înainte de granița cu Belgia, dintr-un van, în care încap doar 15 persoane, au ieșit 30, bărbați, femei, copii, trei câini, doi pudeli și un bichon, foarte interesant că vorbeau toți românește, la câini nu știu, că n-au zis nimica. A naibii tehnica asta, cred că ăsta-i un tip nou de mașină, cu locuri de șezut în aer și-n poală.

Düsseldorf

28 iunie

Din nou în Germania, aici totul este organizat, nu ca în Franța. „La noi, la intrarea în cimitir, e un afiș: Cei care au locuri rezervate, sunt rugați să le ocupe până la sfârșitul anului. Administrația", relatează Rodica Frank din München.

29 iunie

L'Oréal a decis să scoată cuvintele *white/whitening* din vocabularul său. Corect, dar eu ce fac acum, am voie să albesc în continuare? Cunosc pe unul, care-a chelit numai ca să nu albească și pe altul care-a albit de teamă că cheleşte.

30 iunie

Ieri după-masă am fost la frizer, frizerul meu e turc, îl cheamă Erdal; de când s-au terminat restricțiile dure de Covid 19, a ieșit din ilegalitate și nu mai tunde în pivniță, ci în văzul lumii, în propria lui frizerie. Erdal arată ca un turc, dar pe timpuri, cot la cot cu Erdal, tundea un alt turc, care arăta ca un neamț și pe care mulți îl întrebau cum de-i așa de blond și care de vreo trei ani s-a întors în Turcia, unde acum precis toți îl întreabă cum de vorbește așa de bine turca. Erdal vorbește germana cam cum vorbesc eu turca, așa că ne înțelegem de minune, dar numai prin semne, că de aia ne-a dat Domnul mâini, ca să vorbim cu ele. În afară de Erdal, ieri la frizerie mai erau doi alți frizeri turci, care însă n-aveau de lucru, *times are a-changing*, vorba lui Bob Dylan, gata cu îmbulzeala postizolare la tăiat părul, toți sunt de-acum tunși, chiar și cei cu chelie, drept pentru care cei trei frizeri turci zăceau ieri pe scaunele clienților și stăteau la povești în turcă, halva și lulea, am prins din zbor, tema părea interesantă. Văzându-mă, Erdal și-a pus o mască enormă de plexiglas pe față, apoi mi-a dat cotul în loc de mână și mi-a făcut semn să mă așez pe scaunul din fața oglinzii, să-mi scot masca și să mă aplec deasupra chiuvetei, la care nu prea ajungeam, apleacă-te mai mult, mi-a arătat Erdal aplecându-se demonstrativ. Mă simțeam ca la sala de sport și, când am ajuns în sfârșit cu capul deasupra chiuvetei, cei doi s-au oprit din discuție, s-au ridicat în picioare și au început să aplaude, iar eu am ridicat mâinile victorios, ceea ce-a fost destul de dificil în poziția aia. Apoi Erdal m-a spălat pe cap și mi-a uscat părul cu prosopul, după aia mi-a arătat în oglindă să-mi pun masca și a început să mă tundă, și după un minut mi-a scos masca de pe urechea stângă și mi-a scurtat perciunele stâng, apoi eu mi-am pus din nou masca și, după un minut, Erdal mi-a scos masca de pe urechea dreaptă și mi-a scurtat perciunele drept, apoi eu mi-am pus din nou masca, cu alte cuvinte, a fost o colaborare adecvată situației actuale, în timpuri grele oamenii trebuie să se ajute între ei, și când am ajuns acasă, l-am întâlnit în ușa blocului pe vecinul meu Horst, care s-a uitat cam îngrijorat la mine și m-a întrebat dacă mi s-au lungit urechile peste noapte. Ciudat! M-a mai întrebat asta și data trecută când m-am întors de la frizer, atunci nu prea i-am dat atenție, dar de data asta, întrebarea lui m-a cam pus pe gânduri, o fi ceva la mijloc, mi-am zis, că prea insistă, apoi m-am retras în camera mea de lucru și stând cu fața la displayul lap-topului și cu spatele la mine, mi-am făcut un selfie din spate, apoi mi-am examinat foarte atent urechile din selfie căci, după câte am observat, lungimea urechilor se poate con-stata mai bine din spate decât din față, dar cu toate astea nu pot să răspund la întrebarea lui Horst, pentru asta ar fi trebuit să-mi fac și alaltăieri un selfie din spate ca să-l pot compara cu cel de ieri. Așa e când nu planifici din timp, unde nu-i cap, vai de urechi.

2 iulie

În fiecare an, în iulie, iau avionul spre Cuba, dat fiind că-n Germania în iulie e prea cald și-n Cuba e și mai cald, ba chiar mult mai cald decât în Germania și, când mă întorc după două, trei săptămâni din Cuba în Germania, mi se pare că în Germania domnește o binefăcătoare răcoare și uite așa toate se îmbină admirabil, OK, glumesc, dar adevărul e pe-aproape. Dar, din păcate, anul ăsta nu pot să mă duc în Cuba din cauza pandemiei, așa că ia hai să povestesc eu ceva despre Cuba și să-mi închipui că sunt acolo. Anul tre-cut, am fost într-un *resort* de vacanță lângă Havana, unde, într-o seară, s-a organizat unul din jocurile alea debile pe scenă, la care n-am luat niciodată parte, dar în seara aia am fost totuși acolo și două echipe a câte cinci oameni, una de bărbați și una de femei, s-au luat la întrecere: echipa care reușea să strângă cele mai multe încălțări din picioarele spectatorilor și să le ducă pe scenă era declarată câști-gătoare, așa că toți concurenții adunau la papuci cu ne-miluita, o tipă din echipa femeilor a venit fuga la mine, stăteam pe la mijlocul sălii, și mi-a smuls papucii albaștri de plajă din picioare și i-a dus în goană pe scenă, unde se adunase între timp un munte de pantofi și sandale și, la sfârșitul show-ului, spectatorii s-au urcat desculți pe scenă și s-au îmbulzit și au scormonit în grămada aia imensă, căutându-și încălțămintea, și eu am așteptat până au coborât toți și după aia am urcat și eu treptele și am pus mâna pe papucii de plajă rămași și am plecat cu ei în picioare, la culcare sau la bar, sau nu mai știu unde. A doua zi, când m-am dus la plajă, am observat în lumina nemiloasă a soarelui că între cei doi papuci albaștri de plajă ai mei era o remarcabilă diferență, cel drept fiind albastru, iar cel stâng fiind, de fapt, verde. Păi dacă eu am acum un papuc albastru și unul verde în picioare, înseamnă că mai e cineva prin preajmă, care umblă hai-hui cu un papuc verde și unul albastru, mi-am zis, și m-am dus la barul de lângă scenă și am vorbit cu barmanul José, care le știa pe toate, aflând de la el că acum câteva minute tocmai trecuse pe acolo un tip cu un papuc verde și unul albastru în picioare, căutând pe cineva cu un papuc albastru și unul verde, *se fue en esa dirreción*, s-a dus în direcția asta, a spus José barmanul, și eu am fugit în direcția indicată și l-am ajuns pe cel în cauză din urmă, recunoscându-l după papuci, și nu după față, îl chema Pedro, ne-am dat mâna, că anul trecut nu era încă pandemie, și după aia, eu i-am dat lui un papuc verde lui și el mie unul albastru și armonia a fost astfel restabilită. Pedro era un cubanez simpatic, la 40 de ani; la început, am vrut să vorbesc spaniolă cu el, dar el a răspuns în germană. Locuia la München, emigrase acum zece ani în Germania prin căsătoria cu o nemțoaică, dar în momentul de față era căsătorit cu o cubaneză, care se căsătorise acum șapte ani cu un neamț, emigrând tot la München, unde se întâlnise întâmplător cu Pedro, de care fusese îndrăgostită cândva în tinerețe și, divorțând după aia de neamț, se căsătorise cu vechea-i dragoste, Pedro, care îmi făcu cunoștință cu ea, o chema Odaliz și era și ea acolo de față, iar eu am învățat din povestea asta că uneori se despart și se regăsesc nu doar papucii de plajă, ci chiar și perechile amorezate.

3 iulie

Jan, dormi? Hai repede afară, repede! ăsta a fost strigătul, pe care l-am auzit aseară, pe la nouă jumate, în timp ce zăceam în fotoliu în poziția de relaxare număru' șapte, citind nu știu ce articol și gândindu-mă la cu totul altceva, dar strigătul ăsta l-am auzit totuși, mai bine zis nu l-am auzit, ci l-am văzut, dat fiind c-a venit în scris pe WhatsApp, cu un bing! îmi scria Petra de pe balconul de vizavi, așa că am sărit în picioare și am fugit pe terasă. Petra și Werner erau deja acolo, Carmen la fel, de ce nu m-ai strigat, îi zic lui Carmen, păi ți-am zis să ieși, zice, dar tu n-ai reacționat, ca de obicei, păi, dacă am meditat, zic, tu meditezi 24 de ore din 24, zice, *wow*, strigă Petra, *Jan, guck mal! Wahnsinn!* uită-te, acolo, delir! și toți se holbează înnebuniți la cer. Ce să fie, ce să fie, s-a încurcat Moș Crăciun cu datele și vine taman acum cu sania din cer? Sau o fi trecând pasărea Phoenix în zbor, renăscută din cenușa *lockdown*-ului? Sau o fi vreo superbă cometă sau vreo minunată ploaie de stele, sau vreo grupă de îngerași dansând rumba? Nimic din toate astea nu este, dar e totuși foarte mișto, s-a oprit ploaia aia udă, udă și-o lumină deosebit de luminoasă a apărut pe cer și un nor imens și negru s-a plasat la un mod foarte fotogenic vizavi de un nor imens, alb-roz și între norii ăștia doi se vede o bucată de cer albastru și luna e și ea pe acolo, uite acolo, strigă Petra, uite și dincolo, și Werner nu zice nimic, ca întotdeauna vorbește Petra și pentru el, și eu mă uit și fac poze cu telefonul. Dacă mai vedeți din astea, zic, trimiteți-mi și mie un WhatsApp, Carmen nu-mi zice niciodată nimica, ha ha, zice Carmen, nu pot să cred! Alți vecini în afară de noi nu sunt pe afară, așa-s oamenii, diferiți, ia hai să ne gândim în contextul ăsta un pic la tata lu' Otopeanu:

Școlarul Otopeanu (*în picioare*): Dom'le, mama-ntr-o seară, iarna trecută, a văzut ploaie de stele, afară...

Profesorul (*impacientat*): He!... că-z doară nu era să le vază-n bordei...

Școlarul: Și eu și cu taica eram culcați, și când a intrat mama în casă și ne-a spus să ieșim afară să vedem, taica n-a vrut.

Profesorul (*mai impacientat*): Ha!

Școlarul: Zice taica: „Nu ies din plapumă pe gerul ăsta, să știu de bine că plouă și cârnați..." (*Școlarii râd.*)

Profesorul (*foarte impacientat*): Tată-tău este un azin, carele nu știe să-ți ghea o educățiune zolidă. (*Copiii râd mai tare; profesorul, foarte aspru*) − No! basta!

De unde ce învățăm? Încă de pe timpul lui Caragiale se petreceau pe cer tot felul de minuni și unii ieșeau din casă, alții nu, c-așa-i omul.

4 iulie

O da, berea de Einbeck e una dintre cele mai bune beri din Germania! dar eu, de fapt, n-am venit pentru bere la Einbeck, ci ca s-o vizitez pe maică-mea, care când m-a văzut jos, în holul rezidenței pentru seniori, s-a uitat fericită la mine și mi-a zis, *weißt du, was ich feststelle*, știi ce constat? Tu ai slăbit și eu m-am îngrășat, se vede cu ochiul liber. *Ha ha, schön wär's*, aș vrea eu să fi slăbit, am zis eu, din păcate, m-am îngrășat și eu cu vreo cinci kile în ultima vreme, și după aia am vrut să ne îmbrățișăm, dar n-a mers din cauza Covidului, bun și-așa, ne-am făcut cu mâna de la 1,5 metri, după aia ne-am dus în parcul rezidenței, că de întâlnit în cameră nu-i voie, dar în parc sau pe terasă da, dacă-ți anunți vizita înainte. Deci ne-am dus în parcul rezidenței, eu aveam mască, mama nu, că-n rezidență nu se poartă mască, afară era cald și soare și după ce ne-am așezat pe-o bancă, sub o umbrelă, mi-am scos și eu masca și am început să stăm de vorbă, mama era superbucuroasă că mă vede, nu mă așteptam să vii, a zis, păi cum nu te-aș teptai, zic, că doar ți-am scris că vin astăzi. Da, dar am înțeles că vii de-abia vinerea viitoare, că n-ai pus data, cu atât mai bine, zic, așa cel puțin ai putut dormi bine azi-noapte, nu ca data trecută, când m-ai așteptat 24 de ore din 24. Asta așa-i, zice mama, azi-noapte am dormit bine și am dormit adânc, chiar și acum zece minute, când m-a trezit infirmiera, am crezut că mi-a adus ceaiul. Eu i-am dus mamei niște praline Leonidas din Belgia, caramele cu unt sărat din Franța, cireșe de la piața din Düsseldorf importate din Turcia și o revistă de bulevard numită *Bild der Frau*, „Portretul femeii", în care se explică pe larg ce mai face familia regală din Anglia și care din prinți își înșală nevasta, cu cine și care dintre prințese își înșală prințul și ce zice regina Angliei la toate astea. Pe mama o interesează foarte mult ce zice regina Angliei, ea și Elisabeta a II-a fiind cam de aceeași vârstă, ca să fiu mai exact, Elisabeta a II-a e cu doar patru ani mai tânără decât mama și cu câteva sute de milioane de euro mai bogată, dar, mă rog, banii n-au nicio importanță, banii n-aduc fericirea, după cum ne-arată și telenovelele, pe care mama le privește cu mare pasiune, *Sclava Isaura*, *Furtuna iubirii* și din astea. Când nu mai ai chef să te uiți la telenovele, i-am spus mamei, poți să citești *Bild der Frau* ca să nu te plictisești, că de aia ți-am adus-o, eu oricum o să-ți mai scriu săptămâna viitoare și o să-ți trimit și *Frau im Spiegel*, azi n-o mai aveau la shop, era vândută. Ah, nu trebuie, lasă, eu nu mă plictisesc niciodată, a spus mama, și cam ce faci toată ziua, zic, ce să fac, zice, mă gândesc la tine. *Wow*, zic, asta-i o replică tare de tot, parcă-i dintr-o telenovelă! Nicio telenovelă, zice mama, hai să-ți zic ceva, uite, deși n-am știut că vii azi, am presimțit asta. Exact fraza asta o spunea și bunica pe timpuri, când mergeam în vacanța de vară la Timișoara, ți-am spus că azi vine Jan, am presimțit asta! îi striga bunicului când apăream neanunțat în curte și câinele sărea pe mine lătrând fericit și dădea din coadă, și bunicul, care nu prea le avea cu presimțirile, dădea din umeri și nu zicea nimic. Da, eu m-am îngrășat și tu ai slăbit, a reluat mama, sper că nu ești bolnav, uite, eu sunt puternică! Săptămâna trecută m-au cam durut brațele, dar acum mi-am dat cu o cremă de la Dimitri, pe care el a primit-o din Rusia și parcă mi-a luat cineva durerea cu mâna. Dimitri are vreo 90 de ani și locuiește pe-același coridor cu mama și stă uneori cu ea la povești pe terasă, și-n timp ce stau eu cu mama la povești pe banca din parcul rezidenței, trece pe lângă noi un tip la 90 de ani numit Alfons. *Guten Tag, Barbara*, zice Alfons, *guten Tag, Alfons*, zice mama, *Gruß an Margot*, salutări lui Margot, Margot a murit în septembrie, zice Alfons, apoi se duce calm mai departe și se întinde pe-un șezlong la soare. Mama nu zice nimic, se uită senină în zare, ai auzit ce-a zis Alfons, zic, ce-a zis, întreabă mama, Margot a murit în septembrie. Cine-a murit?! Margot, îi strig mamei în ureche, mama se uită la mine, poftim?! La orice mă așteptam, numai la asta nu, eu am crezut că Margot s-a dus acasă. Nu, zic, s-a dus mult mai departe, văd că acum s-a mutat Alfons aici, zic, mama cade pe gânduri, mor oamenii unul după altul, zice, mă mir și eu cum am supraviețuit până acum, parcă sunt Superman, zice, și râde.

Ce-am vrut să spun, când mor eu, să nu plângă nimeni, când mori, doar adormi și gata, dar eu sunt încă foarte puternică pentru că mănânc bine. Cel mai foame mi-e când mă scol dimineața și după aia nu mai mănânc nimic până pe la 12, atunci mănânc normal prânzul cu ceilalți în sala de mese, apoi la patru îmi beau cafeaua, iar seara nu mai mănânc deloc, doar atât cât mi-e foame. Ha ha, zic, asta-i bună, nu râde, zice, cine nu mănâncă n-are putere și tu ai slăbit, caută să mănânci bine, și eu dau din cap gândindu-mă că fraza asta o cam zic toate mamele și că de câte ori Elisabeta a II-a îl vede pe Charles, îi spune precis tot asta.

6 iulie

Sâmbătă, când m-am întors cu mașina de la Einbeck la Düsseldorf, am auzit la radio un interviu cu o doamnă pe care-o cheamă Herr, *Herr* în română înseamnă „domn" sau ca formulă de adresare „domnul". Formula de adresare pentru femei în germană este *Frau*. Deci cum ne adresăm acestei doamne, cum o salutăm? *Guten Tag, Frau Herr!* Bună ziua, doamna Domnu'! Doamnă, cum vă numiți? Domnu. Nu domn', doamnă, *dumneavoastră* cum vă numiți? etc… *Frau* Herr, doamna Domnul, a povestit în interviu că s-a căsătorit de curând și a vrut să-și păstreze în tot cazul numele de fată, deci Herr, și să folosească în continuare un nume dublu, preluând în căsnicie numele ei de fată plus numele soțului, pe soțul ei îl cheamă Schmidt. Deci ar fi chemat-o, în cazul ăsta *Frau* Herr-Schmidt. Doamna Domnul Schmidt. Ca și cum pe-o doamnă de la București ar chema-o doamna Domnul Popescu. Ce mai faceți, doamna Domnul Popescu? În final, *Frau* Herr a renunțat totuși la numele dublu și a rămas la numele ei de fată. Dar apropo de numele dublu, pe 26 ianuarie am povestit aici povestea adevărată a fostului meu coleg de clasă de la liceu, Gheorghe Gheorghe, care, întrebat de un profesor nou-venit cum îl cheamă, a răspuns: Gheorghe. Și mai cum? Gheorghe. Bine, bine și mai cum? Gheorghe. În final, bietul Gheorghe Gheorghe a fost dat afară din clasă și eu cu el pentru că râdeam dublu. M-am gândit că *Frau* Herr și Gheorghe Gheorghe ar face un duo tare de tot, un duo duo sau, hai să zicem, chiar un duo trio.

7 iulie

Când m-am dus ieri la cabinetul medical ORL ca să iau o rețetă, mi-am pus înainte de-a intra masca antivirus, dar una din buclele cu care se fixează după urechi s-a rupt, așa că am intrat la recepție ținând masca cu mâna. Ați pățit ceva? m-a întrebat recepționista. Mi s-a rupt bucla măștii, am spus. Recepționista a scos o mască nouă dintr-un sertar de deasupra capului și mi-a dat-o, mersi, am spus și când mi-am pus-o pe față, s-a rupt una din bucle. S-a rupt din nou bucla, am spus. Asta se întâmplă destul de des, a spus recepționista scoțând o mască nouă din sertarul de deasupra capului, pe care mi-a dat-o și când mi-am pus-o cu multă, multă grijă pe față, s-a rupt din nou bucla, m-am întors imediat cu spatele la recepționista care tocmai vorbea la telefon, ca să nu vadă asta, apoi m-am dus în sala de așteptare să aștept eliberarea rețetei. La un moment dat m-a chemat medicul înăuntru, ce-ați pățit, m-a întrebat, mi s-a rupt bucla măștii, am spus, ținându-mi stânjenit masca cu mâna, asta se întâmplă des, a spus medicul, mi-a făcut o injecție și mi-a bandajat urechea. Dacă vă mai doare și săptămâna viitoare, veniți din nou, a spus, dar vă rog să vă puneți o mască mai ca lumea, văd că pe asta trebuie s-o țineți cu mâna, că i s-a rupt bucla.

8 iulie

Monsieur de Sainte-Colombe, *Monsieur* de Bougrelon, *Monsieur* Giscard d'Estaing – particula *de* arată în franceză, în cele mai multe cazuri, originea nobilă a persoanei care îl poartă și de aia m-am bucurat mult când am primit ieri din Franța nu doar o scrisoare, ci chiar două de la un tip numit Centre d'Encaissement d'Amendes. Din păcate, *Monsieur* Centre d'Encaissement d'Amendes nu prea are idei, îmi scrie în fiecare scrisoare același lucru, că pe 17 iunie, când m-am dus în Normandie, am depășit viteza și că acum vrea bani de la mine, e evident un nobil scăpătat, pentru fiecare scrisoare vrea câte 45 de euro, mai e și lacom, pe deasupra, putea să-mi lase treaba mai ieftin, dacă tot vrea să iau două în loc de una.

9 iulie

Am fost ieri după-masă să dau o raită prin oraș aici, la Düsseldorf, și în Martin-Luther-Platz, Piața Martin Luther, am dat de statuia lui Bismarck. Cine nu-l știe pe Bismarck? Toți am citit cândva *Bubico* de Caragiale, care nu-i vreo nevinovată poveste de adormit copiii, ci o întâmplare absolut reală, acolo apare Bismarck descris pentru prima oară așa cum este el, fără menajamente: după cum pe larg relatează mamițica lui Bubico interlocutorului ei în tren, Bismarck e dulăul de curte al ofițerului Papadopolinii, care era cât pe-aci să-l omoare pe frumușelul de Bubico numai pentru că acesta s-a dat la Zambilica, o cățelușă plină de vino-ncoace. Pe când Bubico e un cățeluș mic, mic și tare frumușel, care șede mumos, mamițico, Bismarck e un dulău mare, mare și rău, rău, un mojic, o dihanie fără de simțiri, care vrea să-l pape pe băiatu' cu tot cu coadă. Și de aia m-am întrebat ieri de ce naiba nemții i-au făcut tocmai ăstuia o statuie de bronz de trei metri înălțime! Pe un soclu de granit! Prezentându-l nu ca pe-un patruped, ci ca pe-un falnic erou cu cizme, sabie și coif, căruia îi mai și stă o femeie la picioare! Ce cultură perversă mai e și asta, m-am gândit negru de supărare și, mânat de-o simțire spontană, am început să mă cațăr americănește pe soclu ca să-l dau jos de-acolo, dar cum soclul are patru metri înălțime și a început să mai și picure, a trebuit să deschid umbrela și m-am lăsat păgubaș, dar așa nu mai merge, Bismarck trebuie coborât și în locul lui trebuie așezat urgent Bubico, mânca-l-ar mama!

10 iulie

Ieri m-a vizitat nepoțelul meu David, David are cinci ani și un dar cu totul și cu totul deosebit, rezervat în antichitate doar zeilor, se numește ubicuitate, este darul de-a fi prezent simultan în mai multe locuri, după principiul uite-l că nu-i, deci când David se așază în fotoliu, e deja cățărat simultan pe speteaza fotoliului, când se întinde relaxat pe covor, stă deja simultan în cap pe mochetă, când deschide ușa de la baie, a dispărut în aceeași secundă pe terasă și așa mai departe. Ieri, David a ținut mortiș să facă el însuși o prăjitură, un *cheese cake* cu multă brânză dulce și mult zahăr, dispărând simultan în baie și după ce Carmen a făcut *cheese cake*-ul, lui David i-a dispărut pofta de prăjitură, în schimb, am mâncat eu aproape tot *cheese cake*-ul, cu toate că evit zahărul, dar, după cum știm, dulciurile se pot mânca fără probleme, atât timp cât le mănânci din farfuria altuia. După aia, am mers la Mayersche Buchhandlung pe Königsallee, o librărie enormă, unde David și-a amintit frustrat că i-am mâncat *cheese cake*-ul, noroc că se află acolo o cafenea la etajul trei, unde au și prăjituri, deci mi-am comandat un espresso și un *cheese cake* pentru David, pe care l-am mâncat tot eu pentru că el și-a dorit apoi un tort cu ciocolată. Am mai zăbovit aproape o oră pe acolo, timp în care l-am lăsat pe David să se uite la cărțile pentru copii și eu mi-am văzut de-ale mele, când deodată s-a auzit de sus o voce care a cerut tuturor celor prezenți să părăsească rapid librăria. La cafenea, toți s-au sculat calmi de la mese și s-au pus la coadă la scările rulante și au ieșit în stradă, iar eu l-am luat de mână pe David coborând cu el treptele. În stradă, în fața librăriei, era poliție. *Was ist passiert?* ce s-a întâmplat? l-am întrebat pe-un polițist, *man hat Rauch im Keller entdeckt*, s-a descoperit fum în pivniță, a spus polițistul și acum se cercetează cauzele, mda, mi-am zis, timpuri grele cu Covidul, lumea e extrem de nervoasă. Apoi ne-am plimbat puțin pe-afară și după vreo 15 minute ne-am întors la librărie, deja se putea intra din nou, pericolul trecuse, nu fusese nimic grav, probabil că cineva fumase în pivniță, dar nu-mi explic cine, fusesem și eu să fumez acolo și nu văzusem pe nimeni.

12 iulie

Există cazuri bizare, când granița dintre realitate și vis pur și simplu dispare, eu am visat azi-noapte că mă aflu la librăria La Două Bufnițe, la Timișoara, ședeam undeva în spatele librăriei, printre rafturi de cărți, cu Oana și Raluca

vorbind de una, de alta și împreună cu noi era, nici mai
mult, nici mai puțin, decât David Lynch, da, ăla, care-i pro-
blema? Totul era foarte firesc și relaxat, dar, din păcate, în
mijlocul discuției m-am trezit brusc, era dimineața pe la
șase și eu eram foarte bine-dispus, mă aflam exact în sta-
rea în care tocmai fusesem și la librărie, și după ce mi-am
băut cafeaua, le-am trimis celor două bufnițe un mesaj:
fetelor, am visat cu voi, noroc că visul a avut loc înainte
de-a mă trezi, altfel l-aș fi uitat. Deci: stăteați la librăria
voastră, adică ședeați lângă cărțile expuse și lângă voi
ședea... David Lynch. Nici mai mult, nici mai puțin, eram și
eu acolo și eram toți foarte relaxați, și eu m-am trezit zâm-
bind fericit și acum am vrut doar să vă întreb dacă tipul
mai e la voi. Pfoai, ce vis! mi-au răspuns. Da, David Lynch
este întotdeauna cu noi. Știți că vizavi de noi e un bec care
e tot timpul aprins și care pâlpâie ca electricitatea din
Twin Peaks, noul sezon? L-ați văzut? Dacă nu, să vă uitați
când veniți la Timișoara. Așa că noi zicem că David Lynch
e mereu cu noi, *welcome to Owls Twin Peaks*, vă îmbră-
țișăm! Incredibil zic, păi, visul nici nu mai e vis în cazul
ăsta! Da, așa este, aveți grijă de dvs. și să ne bem cafeaua
la Bufnițe, cât mai sigur și în realitate. OK, gata, asta e tot,
dar m-am gândit că merită să povestesc totuși asta, mai
ales că am în ultimul timp tot mai des senzația că visele
trec în realitate și invers, deci atenție la ce visați, căutați
să evitați coșmarurile pe cât posibil!

13 iulie

Alexandre mi-a trimis pe WhatsApp din Franța o fotografie
cu remarca *Quand tu retournes au musée après des mois de
confinement/* „Când te întorci la muzeu după luni de izolare".
În fotografie se vede o femeie tânără într-o sală de muzeu,

care admiră îngândurată un tablou, m-am uitat eu ce m-am
uitat la fotografia aia, apoi i-am scris lui Alexandre, mă,
e vreo poantă pe-aici pe care eu n-o pricep sau e pur și
simplu o fotografie? Păi, tu nu vezi la ce se uită tipa? îmi
scrie Alexandre, mă uit eu ce mă uit la fotografie, se uită
la un tablou, zic, la ce să se uite? Și ce-i în tabloul ăla, zice
Alexandre, o sticlă de sifon, zic, ceva în stilul Andy Warhol.
E un extinctor, zice Alexandre, asta-ți arată că acolo gă-
sești extinctorul în caz de incendiu, vai!! nu m-am prins,
zic, probabil că în locul tipei admiram și eu pictura aia, da,
așa-i cu pictura modernă după izolare.

Dragă Jan, am văzut pozele cu tine, din Normandia, îmi
scrie prietena mea Laura din București, sunt foarte fru-
moase și tu arăți foarte bine și sănătos, ceea ce mă bucură.
Nici eu nu mai am palpitații, am mai fost la un alt cardio-
log care l-a contrazis pe primul cardiolog și mi-a zis că pal-
pitațiile sunt nesemnificative, că inima se contractă foarte
bine și că palpitațiile pe care le am nu au drept cauză vreo
boală. De atunci, vreau să-ți zic că mi-a mai scăzut și pulsul,
care uneori totuși mai și crește. Dragă Laura, am răspuns
eu, deci ideea mea că palpitațiile tale sunt de ordin psiho-
somatic se adeverește și sunt convins că în momentul în
care vei fi și tu convinsă de asta, palpitațiile vor dispărea
complet, până la reapariția lor sigură, asta o știu de la
mine. Laura are 40 de ani și de-o vreme încoace a intrat și
ea ca tot omul care se respectă într-un fel de *midlife crisis,*
constatând oripilată că bătrânețea îi face de la distanță cu
mâna, că apar tiptil și inevitabil bolile, angoasele... Dar
când se instaurează, de fapt, bătrânețea, la 50 de ani sau
ceva mai devreme, așa, pe la 40 de ani, hai să zicem 30 de
ani? Păi, dacă stăm strâmb și judecăm drept, nici la 30 de
ani nu mai ești tocmai tânăr, aș zice că bătrânețea începe
pe la 20-25 de ani, dar, punând degetul pe rană, de fapt,

bătrânețea începe și mai devreme, adevărul este că ne naș-
tem cu un picior în groapă, așa că aș propune să începem
din fragedă copilărie cu exerciții de smulgerea părului,
gândindu-ne la bătrânețe, cel târziu în anul întâi de gră-
diniță, deși și asta e deja mult prea târziu ca să începem
a ne plânge pe umăr gândindu-ne la termenul nostru de
conservare limitată. Bătrânețea e o catastrofă, un dezas-
tru, un naufragiu inevitabil, zic unii, ba nu este, zic alții,
ești tânăr, dacă ești sănătos și te simți tânăr, ha ha, ce
minciună, sănătos nu e nimeni și de simțit te simți ori-
cum ca dracu' de la o vârstă încolo, ba nu, ba da, disputa
asta poate dura până la adânci bătrânețe. Prietenul meu
Iulian a spus cândva memorabila frază, pe care, impresio-
nat, mi-am notat-o: „Mi-am zis că bătrânețea trebuie asu-
mată de timpuriu, ca să nu mă ia prin surprindere..." În
consecință, Iulian a început de tânăr să facă exerciții de
îmbătrânire, nu știu ce-a făcut exact, a oftat, s-a văitat,
a șchiopătat, a înjurat tinerii, a deplâns moravurile și mu-
zica actuală? Sau dimpotrivă, a fost bine mersi și vesel,
crezând într-un viitor de aur ca personajul din bancul ăsta,
care, de fapt, nici nu-i banc, ba este, ba nu este, ba este:
la bancă se înfățișează un bătrânel care cere să i se acorde
un credit destul de mare. Puțin jenat, angajatul băncii îl
întreabă: ce vârstă aveți? 85 de ani, răspunde senin bătrâ-
nelul. Știți, la această vârstă aveți nevoie de cineva care să
garanteze că veți achita împrumutul, îi explică funcțio-
narul. A, nici o problemă, vin cu tata! Blocat, funcționarul
exclamă: cu tata? Imposibil! Dar câți ani are? 110, replică
bătrânul. Dar, vă rog, acordați-mi acest credit, insistă el.
Știți, avem nevoie de bani pentru nunta bunicului. Din ce
în ce mai uimit, angajatul băncii întreabă: dar câți ani are
bunicul dumneavoastră? 140, vine răspunsul. 140? strigă
funcționarul. Și la vârsta asta mai vrea să se însoare? Bă-
trânelul răspunde, făcând cu ochiul: ei, nu prea vrea el, dar
îl împing părinții.

14 iulie

Am fost ieri în parcul castelului din Benrath, cartierul în care am locuit 25 de ani și, trecând pe lângă statuile parcului, m-am tot gândit ce calme sunt statuile alea și cum stau ele acolo tot timpul fără să se agite, nu ca noi ăștia, oare ce-or fi gândind statuile astea despre noi și agitația noastră permanentă, eu, de pildă, nu mă liniștesc nici măcar în somn, m-am trezit azi-noapte pe la trei că m-a mâncat nasul și, când am vrut să mă scarpin, nu mi-am mai găsit capul, nu mai era pe pernă, ci undeva pe la mijlocul patului, la asta trebuie să mă mai gândesc. Problema e că, în general, gândesc mult prea negativ, am citit că dacă realizezi că iar ești tocat mărunt de gânduri negative, trebuie să numeri până la zece și să spui stop, deși nici asta nu-i la îndemâna oricui, există trei tipuri de oameni, ăia care știu să numere până la zece și ăia care nu știu.

15 iulie

Ieri, înainte de masă, am fost la o înmormântare; acum trei săptămâni, pe când eram în Normandia, a murit subit Sieglinde de infarct, o vecină de la scara alăturată. Sieglinde a fost incinerată de-abia zilele astea, coada la incinerări e lungă și de-abia ieri a avut loc înmormântarea. Sieglinde a fost o vecină pe care-o întâlneam aproape zilnic, pentru că plantase niște straturi de flori în fața blocului, săpa și plivea acolo mai tot timpul, avea 82 de ani, cum am aflat ieri stupefiat, părea mult mai tânără și era mereu zâmbitoare și relaxată, ne împrieteniserăm și-mi povestea de Düsseldorf pe timpuri și de bombardamentele din timpul războiului și cum se adăpostea la cinci ani în pivniță și vorbeam și de câinii care-i distrugeau azi florile folosind pomii de lângă ele ca să se ușureze. Cei veniți la înmormântare au fost peste o sută la număr, slujba religioasă a avut loc în capela cimitirului, de la mine de acasă până acolo sunt 2100 de pași, cum mi-a spus app-ul care numără pașii de pe telefon. Înainte de slujbă, m-am dus la Walter, soțul Sieglindei, care stătea de vorbă cu un grup de oameni în fața capelei, *herzliches Beileid, Walter,* am spus, Sieglinde a fost o femeie minunată și Walter a râs și a spus *ja, sie war mein Sonnenschein,* da, a fost raza mea de soare și i-am pus să scrie asta pe o coroană. Walter era foarte palid și de-abia se ținea pe picioare, dar, la modul bizar, părea vesel. În capelă n-au avut voie să între decât 28 de oameni, din cauza Covidului, slujba a început exact la ora 11.20, habar nu am de ce nu la 11.30, restul celor veniți a rămas afară, era foarte cald și eu sufeream din greu cu cămașa neagră cu mânecă lungă, plus vestă, așa că m-am îndepărtat de ceilalți și m-am așezat pe-o bancă la umbră și am butonat telefonul până când cei de dinăuntru au ieșit și cortegiul funerar s-a îndreptat spre mormânt, unde urna cu cenușă a fost așezată în iarbă și oamenii au trecut rând pe rând pe-acolo aruncând petale de flori peste urnă, pe care-un angajat al cimitirului le ținea pregătite într-o mare cutie. La urmă, preotul catolic a rostit *Vater unser/* „Tatăl nostru" și toți cei prezenți i s-au alăturat rugându-se pentru Sieglinde și pentru cei care-i vor urma primii, chiar așa, cei care-i vor urma primii, așa indicase preotul în prealabil. Apoi ne-am dus cu toții la un restaurant din apropiere la masă, un fel de pomană, eu fiind mai repede de picior, am ajuns printre primii. Înăuntru, mesele erau deja puse, dar toți au vrut să șadă afară din cauza Coronei, nu se poate, afară sunt mese mult prea puține, a spus chelnerul și de aia am pus masa înăuntru. Eu nu mă așez înăuntru, a spus vecinul meu Hugo, n-am niciun chef să iau și eu Covidul, dar după aia s-a așezat totuși lângă mine, odată pentru că suntem amici și odată pentru că mă văzuse dimineața făcând jogging și starea sănătății mele îi inspiră încredere. Am băut cafea și-am mâncat niște sandviciuri cu salam și brânză și, când a venit supa cu tăieței, Hugo m-a întrebat *ist der Raum voll?* s-a umplut sala?, dat fiind că el stătea cu spatele și nu voia să se întoarcă holbându-se, da, toate locurile sunt ocupate, am zis eu, OK, eu acum mă duc acasă, a zis Hugo, după care s-a sculat și a plecat rapid fără să-și mai mănânce supa, eu mi-am mâncat-o, dar sper totuși să scap cu bine și să nu fiu unul din ăia, de care vorbea preotul că-i vor urma primii lui Sieglinde. Când am plecat, i-am dat mâna lui Walter, dar mi-am dezinfectat-o înainte și după aia, la recipientul de la ieșire. Ajuns acasă, am dormit tun două ore, de parcă aș fi tras în jug toată dimineața, urna aia cu cenușă m-a cam dat gata.

> **Andra Radu:** Tăioasă ca gerul dimineții din decembrie e frumusețea asta din tristețe.

16 iulie

Ieri chatuiesc cu Clara pe Facebook, Clara lucrează pentru Mercedes, e căsătorită cu un polonez și, fiind stabilită de-un veac la Varșovia, se simte între timp poloneză, ce mai faci Clara, zic, ce să fac, zice Clara, e de comă, nu au trecut bine alegerile și uite, azi, un nou scandal cu vechiul și noul nostru președinte Duda, l-au sunat doi băieți veseli din Rusia și s-au prefăcut că sună de la secretariatul ONU, unul făcând pe secretarul general ONU, Antonio Guterres. *Monsieur* Duda a vorbit cu unul din comici preț de 11 minute în engleza lui de baltă și i-a dezvăluit tot soiul de chestii,

îți dai seama? Serviciile secrete în țara asta sunt inexis-
tente, nu a verificat nimeni cine îl sună! Clara, oprește-te,
zic, mor de râs, nu știam că ai atâta talent umoristic, ai
scris un scenariu de comedie genial, zic, niciun talent, zice
Clara, eu sunt economistă și continuă să fabuleze, îți dai
seama, zice, așa îl pot sună youtuberii din Sri Lanka și îi
pot cere codurile de la centrala atomică, dacă 'om avea așa
ceva vreodată, și 10 milioane de inși l-au votat exact pe
ăsta, vai de mămicile noastre! Aici, în Germania, n-am auzit
știrea cu băieții ăștia, zic, fabulezi, Clara, niciun fabulezi,
există teoria că rușii au făcut anume chestia cu telefonatul
ca să-l compromită, zice Clara, pentru că nu se poate să nu
știe Kremlinul despre acțiunea gagiilor ăstora și de unde
au băieții numărul de telefon al lui Duda? Da, zic, ce-i al lui,
e al lui, și Kremlinul e foarte talentat la capitolul scenarii
de comedie trăsnită și, mai ales, au ăia acolo mult umor
negru, dar Clara nimic, Clara își continuă scenariul deli-
rant, cică Duda a scris pe Twitter că și-a dat seama cam
în minutul al treilea al conversației telefonice că dom-
nul secretar general ONU vorbește cu un ciudat accent ru-
sesc și pronunță foarte bine cuvântul *zubrowka*, dar, de
bine crescut ce este, a continuat discuția încă opt minute,
personajul pe care l-ai creat e foarte tare, zic, îl bate pe
Charlie Chaplin, bravo, ești talentată! N-am inventat ni-
mica, zice Clara, vai de mămicile noastre, Jan, poate scrii
un text despre asta, zice, păi nu mai am ce să scriu, zic,
textul e gata.

> **Alexandra Tudor:** Era chiar Clara pe chat?
> **Jan Cornelius:** Mh, dacă mă gândesc bine, Clara mi-a scris
> cu litere chinezești.

17 iulie

Am fost ieri după-masă în Burgplatz, în oraşul vechi, la cafeneaua Rösterei 4, afară sunt câteva mese la distanţă de doi metri una de alta, stă să plouă, completez o fişă cu adresa mea şi numărul meu de telefon/WhatsApp, o predau la tejghea, îmi iau un espresso, mă aşez la singura masă liberă, care însă n-are umbrelă, începe ploaia, mă scol de la masă, mă aşez sub acoperiş, în picioare, şi aştept să se elibereze o masă cu umbrelă, văd brusc că s-a eliberat o masă cu umbrelă, mă aşez la masa aia, *hallo! hallo!* strigă un tip cu mustaţă, *das ist mein Tisch!* alo! alo! asta e masa mea! eu am stat înainte acolo! Acum tipul stă în picioare la cinci metri distanţă, sub acoperişul shopului de alături şi se întreţine în uşă cu vânzătoarea, eu nu mă mai aşez la masa liberă, după trei minute tipul cu mustaţă se duce şi se aşază el acolo, după alte trei minute se scoală şi se duce din nou să se întreţină cu vânzătoarea, vine un alt tip şi se aşază la masa liberă, sub umbrelă, *hallo! hallo!* strigă din nou tipul cu mustaţă, *das ist mein Tisch!* asta e masa mea! eu am stat înainte acolo! tipul de la masă nu reacţionează, nu zice nimic şi se uită doar cum cade ploaia, mustăciosul îl fixează furios din uşa shopului şi nu mai zice nici el nimic, am uitat să spun că cel care şade acum la masă şi se uită cum cade ploaia are muşchi de boxer şi cel puţin 150 de kilograme. În rest, totul e bine în Altstadt, lume relaxată şi bine-dispusă, mi-am instalat acum două zile app-ul Corona care-mi spune că totu-i OK cu contactele mele, îmi termin cafeaua, ploaia se opreşte, plec, admir oraşul, pe zidul clădirii de vizavi stă scris cu litere de-o şchioapă RIKO şi lângă numele lui Riko e desenată o inimă mare, de unde deduc că Niko e îndrăgostit lulea, îmi amintesc că acum două luni, la începutul lunii mai, pe locul ăsta era scris *NIKO WILL EINEN DREIER*, Niko vrea sex în trei, presupun că Riko şi Niko sunt una şi aceeaşi persoană şi că Niko își zice acum Riko ca să marcheze cumva faptul că a căzut pradă amorului și că acum se simte alt om, îmi amintesc brusc de-un cântec din secolul trecut, care începe cu cuvintele „Cred că m-am îndrăgostit/ Cred că da, cred că da", râd, pun mâna pe telefon și dau *search* pe Google, unde găsesc tot textul, „Cred că m-am îndrăgostit,/ Cred că da, da, da/ Și sunt tare fericit/ Bate, bate inima, da, da", ăsta-i un *song* de Latin Express, zice Internetul, foarte interesant, se schimbă lumea, când eram eu copil, compozitorul se chema George Grigoriu.

> **Adriana Buda**: Îndrăgosteala e un lucru bun care ni se întâmplă (dacă avem noroc să fie împărtășită), face bine sănătății noastre și nu are niciun fel de restricții! Pentru că e minunat să fii îndrăgostit, ar trebui creat un loc special, unde omul care dorește să se laude cu fericirea lui să-și declare în scris dragostea, astfel salvăm copacii și pereții clădirilor.

18 iulie

Fugit în Germania, la începutul anilor '80, trebuia să-mi completez studiile la universitate, așa că am avut în paralel tot felul de joburi pe șantiere, la cărat mobilă, apoi ca paznic, vopsitor etc. Foarte simpatic a fost jobul de *Riecher*, adică „adulmecător". Umblam prin oraș cu un camion în care era instalat un laborator ambulant și adulmecam printr-un furtun aerul în diferite cartiere, evaluând pe o listă gradul de poluare al atmosferei, după miros. În România, auzindu-se de joburile mele, comentariile erau de tipul: vai de capul lui, a fugit de la bine și a ajuns să sape șanțuri!

Desigur că era mult mai plăcut să sap șanțuri aici, decât să-mi sap groapa în sistemul ăla, am mai povestit asta acum un an și acum mi-am amintit brusc de treaba cu adulme-catul, dat fiind că-n România nasul a ajuns în zilele astea la mare modă, o groază de oameni luptă pentru libertatea nasului, vreau să-mi arăt nasul, care Covid, dom'le, lasă-mă să adulmec! Numărul idioților e infinit mai mare decât ne putem imagina, de-a pururi și întotdeauna, Einstein spu-nea că se îndoiește de infinitul universului, dar nu și de cel al prostiei. Și acum mă apuc să recitesc *Nasul* de Gogol, povestea aia demențială în care nasul părăsește brusc chipul purtătorului și-și ia valea, așa vei păți și tu dacă nu porți mască!

> **Lucia Grigore** *Ardelean*: Problema la noi este că odată cu nasul pleacă și capul.
>
> **Horia Marinescu**: Nasul meu, dacă ar pleca ca în Gogol, mi-ar lipsi cu adevărat. Dar sunt sigur că chiar și de capul lui, tot ar purta mască!
>
> **Jan Cornelius**: Horia, bravo, ai un nas *bine crescut*, care își vede de lungul nasului.
>
> **Horia Marinescu**: dublă poanta, ca o matrioșca! Foarte tare!
>
> **Ioan Salajan**: Chiar acum este un asemenea individ în fața mea, în autobuz. Plin STB ul de năsoi!

19 iulie

Există uneori poante de care ne prindem de-abia cu în-târziere, așa, după vreo zi, două, îți spune unul un banc și tu râzi, dar numai din politețe, și a doua zi dimineața te trezești odihnit și brusc te prinzi, hopa, stai, că de fapt asta-i poanta! OK, când asta ți se întâmplă cu bancurile altuia, mai treacă-meargă, treaba devine puțin mai gravă când nu te prinzi de propriile tale poante, așa, de pildă, ieri îmi scrie un prieten: nasul meu, dacă ar pleca de unul singur în lume ca în povestirea lui Gogol, mi-ar lipsi cu adevărat, dar sunt sigur că, chiar și de capul lui, tot ar purta mască, bravo, zic, ai un nas foarte *bine crescut*, care își vede de lungul nasului, și el cică asta-i tare, dublă poanta, ca o matrioșcă! Stau eu și mă tot gândesc și mă prind de-abia azi-dimineață că vorbind de-un nas bine crescut m-am referit, de fapt, nu doar la educația nasului, ci și la faptul că nasul ăla e foarte lung, dar nu râd tare ca să nu observ că m-am prins de-abia acum, mi-ar fi pur și simplu penibil. Da, cam așa îmi merge mie cu propriile poante, mi-a zis ieri o prietenă, lasă-l naibii de Covid, nu te lăsa doborât de gânduri negative! da? zic, bună idee! și cum merge asta? Păi, evită-i în primul rând pe aia care te trag în jos cu dispoziția lor de rahat, ocolește-i, spune-le să te lase-n pace! Da? zic, superidee, ai perfectă dreptate, sunt unii care se gândesc numai la ei și-ți umplu capul cu tâmpeniile lor, îl știu eu pe unul care se ține scai de mine ca propria mea umbră, dă-i un șpiț în cur, zice. Da? zic, bună idee, am încercat de mai multe ori, dar nu merge, dat fiind că ăla sunt eu, zic, de aia! Uneori, mă gândesc dacă să nu mă dau în judecată pentru *stalking*. Groaznic, zice, văd că ai probleme foarte nasoale, ai merge până acolo încât să te sinucizi? Ai înnebunit?! zic, ar fi ultimul lucru pe care l-aș face! Și când zic asta, ea începe să râdă, eu de poanta asta m-am prins de-abia astăzi, așa-i cu propriile poante.

20 iulie

Aseară, am fost cu Carmen la Marian și Alina, doi amici din România stabiliți de patru ani în Germania; Marian și Alina stau la Meerbusch, la 20 de km de Düsseldorf, din centru ajungi la ei mai repede decât în nordul sau sudul orașului. Cei doi ne-au primit împreună cu fiul lor Paul, care are 13 ani și care, după ce ne-a salutat, a intrat pe laptop, dispărând în ramificațiile Internetului, undeva trebuie să te întâlnești cu prietenii chiar și în timpurile Coronei și doar n-o s-o faci pe stradă. Așa-s copiii, am zis eu, au obsesiile lor, eu la vârsta lui dispăream în cărțile lui Jules Verne sau Alexandre Dumas, și eu la fel, a spus Marian și mi-a arătat în bibliotecă un raft cu cărți precum *Insula misterioasă*, *Copiii căpitanului Grant*, *Ocolul Pământului în 80 de zile*, *Cei trei muschetari*, ediția princeps, fidel refăcută, *wow*, m-am mirat eu și când am luat cartea, brusc d'Artagnan în miniatură și-a scos capul dintre paginile ei agitându-și spada. *Ça va, Monsieur?* l-am întrebat, cum vă place la Meerbusch? *En garde!* a strigat el și-a redispărut în carte. Apoi ne-am așezat cu toții la masă în grădina cu diferiți copaci, dintre care nu cunoșteam decât brazii, și am mâncat diferite soiuri de pește afumat din Marea Baltică, din care nu cunoșteam decât scrumbia de Dunăre, am mai mâncat și plăcintă cu multă brânză și multe calorii făcută de Marian după o rețetă proprie și am băut vin alb din Franța, din care am vărsat în buna tradiție personală un pic pe blugi, ca amintire, nu pot să cred, a spus Carmen, ba-i adevărat, am spus eu, dacă mai adaug și un pic de vin roșu, petele ies la sigur. Ne-am întreținut despre tot felul de chestii din Germania și România, Marian a povestit că lucrează în logistică la o firmă de printere din apropiere, de obicei merg la lucru cu mașina, a spus, e fain că ajung în 20 de minute, dar dacă mă grăbesc, merg pe jos și ajung în doar un sfert de oră. Alina lucrează la Universitatea „Heinrich Heine" din Düsseldorf, înainte a lucrat la Ministerul de Externe al României, la București, a povestit câte ceva de acolo, după care am felicitat-o sincer că n-a fost internată la psihiatrie și că a scăpat întreagă. Pe urmă, Marian mi-a arătat câteva caiete mari, cu coperți cartonate, care conțin jurnalul bunicului său dintr-un sat de lângă Brașov, e scris foarte descifrabil, cu multă grijă, bineînțeles, de mână, și Marian vrea să-l digitalizeze, este un document al timpului. Am citit câte ceva acolo, printre altele, bunicul lui Marian scrie: am săpat o fântână în curte, ieri am terminat-o, acum pot să beau apă proaspătă din propria mea fântână, ce bucurie! Notița asta e din anii '50, în comunism nu prea erau multe chestii de care să te bucuri, așa că fiecare se descurca după propria fantezie, unul își săpa o fântână în curte, altul creștea porci pe balcon sau găini în baie, zilele astea am văzut un video clip din Bavaria cu un VW Golf din care au ieșit șapte persoane și, la urmă, a ieșit și-un cal, se descurcă lumea și azi în Germania. Apoi am mai băut un espresso, dar, pentru a nu-mi strica somnul la noapte, era deja înainte de ora zece, am vărsat jumătate din cafeluță pe blugi, se combina bine cu vinul. La plecare, Marian și Alina au ieșit în stradă și i-am văzut în oglinda retrovizoare cum ne fac cu mâna, ce oameni drăguți, am spus, îți arată că ai luat-o în direcția falsă, a spus Carmen, ți-am spus asta deja de trei ori până acum. Am întors deci la prima încrucișare și în 20 de minute am fost acasă, Carmen a coborât din mașină, iar eu m-am îndreptat spre garajul subteran; brusc, de pe trotuar, din stânga, a venit în mare viteză un tip cu barbă deasă și cu trotinetă electrică, am frânat brusc, dacă nu, mi-ar fi intrat în mașină. Văzându-l cum agită furios o sticlă de bere și înjură, am coborât uluit geamul, *gibt es ein Problem?* l-am întrebat, ai vreo problemă? *Du bist Problem*, a spus el, tu ești problemă, *wenn du in Deutschland, du deutsche Gesetz respekten, verpiss dich bei Landsleuten,* dacă tu în Germania, tu respectezi lege germană, du-te dracului de unde tu vine! Am ridicat rapid geamul și, respectându-i indicațiile, m-am dus deci acasă și când i-am povestit asta astăzi lu' fiică-mea, era să se sufoce de râs, incredibil, a spus scăpând telefonul din mână, în rest totu-i OK în Germania.

> **Mariana Barbulescu:** Savuros! Păcat că ești scriitor bilingv, mi-ar plăcea să-ți traduc cărțile in română!

21 iulie

Exact acum o lună am fost la Authou, în Normandia, unde, acum două săptămâni, a dispărut o vacă; în plimbările mele pe câmp, mă împrietenisem cu ea la cataramă, i-am făcut chiar și un selfie, oamenii își fac toată ziua bună ziua selfie-uri, dar vacile nu, căci ele nu pot, dat fiind că în loc de mâini au patru picioare cu care mai trebuie să și umble. Ei bine, vaca asta a dispărut exact la două săptămâni după plecarea mea, mi-au scris alarmați prietenii mei Alexandre și Marita, care au văzut brusc cu ochii lor că vaca aia nu mai era acolo, la locul ei, nu departe de casa lor. Am sunat imediat la poliție, în Franța, au râs ăia de mine, cică *oh, la vache!* și mi-au mulțumit pentru distracție, *voilà,* asta-i poliția în ziua de azi, taie frunze la câini în loc să păzească vacile. Și azi mă uit pe Facebook să văd ce se mai întâmplă în lume și văd direct pe prima pagină vaca aia păscând foarte calmă în Norvegia, fotografiată de prietenul meu Steinar, care, fiind norvegian din naștere, m-a ajutat întotdeauna când am avut probleme de ordin norvegian și acum stau și mă tot gândesc cum o fi ajuns vaca normandă în Norvegia, probabil c-a încurcat din neatenție cele două nume;

Normandia și Norvegia sună aproape identic, cum o fi, *la vache normande à la Normandie*, vaca normandă trebuie dată înapoi Normandiei, când mă întorc acolo pe 30 iulie, aș vrea s-o găsesc acolo, Steinar, o aduci, te rog, tu cu avionul, *takk skal du ha*, mulțumesc frumos! dau o bere germană pe chestia asta și când o bem, vorbim românește. Și adu-l, te rog, neapărat și pe pompierul ăla norvegian din *Cântăreața cheală*.

> **Steinar Lone**: Ciudat, pentru că vaca are un număr de înmatriculare norvegian, cu piercing în ambele urechi. Arată ca celelalte vaci aici, fermierei îi place să aibă un amestec de rase, NRF și Simmenthal.
>
> **Jan Cornelius**: Steinar, nu fi naiv, uite, aici, în Germania, se fură mașini și se duc în Ucraina, Rusia etc. și acolo brusc au un număr de înmatriculare ucrianean sau rusesc.
>
> **Steinar Lone**: „Veniți în vacanță în Albania, mașina dumneavoastră este deja aici!"

22 iulie

Da, sigur, biletele de tren se iau astăzi online, dar la Düsseldorf se pot cumpăra și la gară, într-o încăpere mare, cu pereți de sticlă, între cafenea și librărie, avantajul e că poți să pui întrebări unei persoane în carne și oase și totul merge rapid și, dacă ai noroc, poți să mai și asiști la tot felul de discuții interesante; în toamna trecută, de pildă, mergând cu Intercity-ul la târgul de carte, mi-am luat acolo un tichet pentru Hbf Frankfurt și un tip cu accent rusesc, înaintea mea, a luat și el un bilet tot pentru Frankfurt, la care Frankfurt, l-a întrebat femeia de la ghișeu, la Frankfurt pe Main sau la Frankfurt pe Oder? n-are importanță a spus tipul, sunt așteptat la gară. Așa-i cu călătoriile, nu știi niciodată la sigur unde ajungi, important e, acum, cu pandemia, să ajungi sănătos; eu, de pildă, în august m-aș duce în Polonia, ca să mai schimb peisajul, mi-ajunge să tot stau în Germania, aș putea să zbor la Varșovia, mi-aș pune o mască FFP3 care izolează perfect și gata, dar dacă avionu-i prea plin, pericolul totuși există, pe de altă parte, am auzit că multe avioane circulă aproape goale, așa că-n avion poți fi mai sigur ca-n tramvai sau în autobuz. Un pilot care se întâmplă să fie în gașca noastră mi-a povestit sâmbăta trecută că, de la Frankfurt la Sibiu, a avut un singur pasager, drept pentru care i-a urat, în română, la persoana a doua singular, bun venit la bord, dragă domnule! mi-a povestit prietena mea Mariana din Sighișoara. Asta mi-amintește de un *cartoon* văzut nu demult, actorul stă pe scenă declamând și în sala imensă șade un singur spectator, care-l întreabă: vorbiți cu mine? Nu știu ce să fac, sincer, vecinii mei de la etajul doi au fost acum o lună în Mallorca cu avionul și s-au întors sănătoși, alții rămân acasă și iau virusul. În România mi-e oricum teamă să mă duc la ora actuală, se întâmplă lucruri stranii acolo de-o vreme, am auzit că mulți afirmă că virusul nici nu există, cu toate că ei îl au sau își fac rost de el după aia, nu s-a schimbat nimic acolo, domnule, precis că se dă pe sub mână.

Exun Amchory: Odată, și eu am mers singur cu avionul de linie de la Bahrain la München (la 1-st class, mi-a luat firma bilet) și stewardesă era o româncă. Când a văzut ca sunt și eu român, s-a dus la bucătărie și mi-a adus toată ciocolata de acolo și-mi dădea șampanie din cinci în cinci minute.

Jan Cornelius: După atâta șampanie, sper că nu ai coborât din greșeală înainte de aterizare.

Veronica Lerner: Se pare că, dacă oamenii sunt în mișcare, probabilitatea de contaminare e mai mică. De asta fotbaliștilor le e permis să joace meciuri, ei aleargă. Practic, ar trebui să se inventeze un sistem în care și spectatorii să fie în continuă mișcare.

Jan Cornelius: Veronica, da, la un meci de fotbal, de pildă, ar trebui puși spectatorii să joace pe gazon și jucătorii, așezați în tribună. Filmele ar trebui proiectate tot la stadion și spectatorii puși să fugă în jurul stadionului în timpul filmului, numai cei mai rezistenți merită să vadă sfârșitul. Și în avion, în timpul zborului, pasagerii ar trebui puși să joace prinsa. Iar eu acum fug în bucătărie să-mi fac o cafea, pe care-o voi bea făcând sărituri ca mingea, îmi trebuie cofeină cât de multă, la noapte vreau să să fug în jurul patului.

23 iulie

Ieri după-masă am fost la Muzeul de Artă Modernă, se numește K21 pentru că e vorba acolo de arta secolului XXI, interioarele sunt imense, pe trei etaje, am ajuns la intrare de-abia cu o jumătate de oră înainte de închidere, mi-am pus masca, e multă lume înăuntru, întreb la casă, nu mai e nimeni înăuntru, sunteți singurul vizitator, zice casierul, bine că nu mă pune, cu toate astea, să stau la coadă. Urc treptele largi la etajul întâi, în prima odaie imensă văd un televizor vechi la mijloc, nu este expusă acolo decât o singură lucrare în apropierea ușii, o statuie cu mască, arată exact ca un om viu. Încântat, vreau s-o fotografiez, dar statuia ridică brusc degetul arătător și-mi face semn că nu, cu alte cuvinte, o sculptură foarte interesantă, care interacționează cu privitorul, vreau s-o privesc și din spate și ea se întoarce după mine, probabil că acționează pe bază de celulă fotoelectrică. Este expusă o serie întreagă cu aceste lucrări plastice la K21, sunt răspândite în tot muzeul, la fiecare ușă stă câte una; ajuns la a treia ușă, renunț să mai încerc să fac poze, dat fiind că reacțiile exponatelor devin tot mai agresive, întrebarea este ce-o fi vrut să ne spună artistul prin asta, e precis vorba de incapacitatea modernă de comunicare, mă întreb doar unde sunt paznicii, pe de altă parte nici nu e nevoie de ei, operele de artă, în acest caz, se păzesc efectiv singure. În rest, odăile muzeului sunt goale, doar un televizor uitat ici, colo și niște sârme vechi, rămase de la nu știu ce reparații. *Liebe Besucher, in fünf Minuten wird unser Museum schließen, danke für Ihren Besuch*, anunță o voce din tavan, dragi vizitatori, în cinci minute, muzeul nostru va închide, mulțumim pentru vizită; statuia de lângă mine se uită la ceas, imitând perfect bucuria unui om viu, care pleacă acasă. Cobor treptele și deodată văd o sculptură care mă dă gata, e îmbrăcată la fel ca mine, cu aceeași mască, același tricou albastru, aceiași pantaloni cu o groază de buzunare, coboară și ea treptele, ridic mâna dreaptă și simultan ridică și ea mâna, în muzeul ăsta interacțiunea între sculpturile moderne și vizitatori e perfectă, e și o oglindă imensă acolo, în care observ totul, un muzeu modern ultimul răcnet, putem spune în concluzie, cel mai mult mi-a plăcut opera de artă de pe trepte.

Exun Amchory: Culmea era să fi stat singur la coadă și să se fi terminat biletele chiar în fața ta.

Jan Cornelius: Păi, mi s-a întâmplat o chestie asemănătoare acum câțiva ani, la Iași, la cinematograful Republica, nu m-au lăsat în sală pentru că la film nu erau destui spectatori, am întrebat câți spectatori sunt prezenți și au zis că unu. Cu tot cu mine? am întrebat, da, au zis, și câți trebuie să fie ca să joace filmul, am întrebat, doi, au zis, am luat două bilete și m-au lăsat să intru și am văzut filmul. Sala aia avea la 800 de locuri, mi-au spus că pot ședea unde vreau, avantajul a fost că n-am avut pe nimeni în față.

Alina Solomon: Ar trebui să merg și eu cu Marian să vizităm muzeul K 21.

Jan Cornelius: Duceți-vă neapărat, dar nu fotografiați statuile, că se supără!

Vasile Marin: În fiecare zi mă faceți să zâmbesc. Terapie gratuită.

Gia Maria Iova: Sunteți magnific! Maestru al subiectului interschimbabil!

Dana Andreea Neagoe Focsa: Delicios!!!

24 iulie

Ieri, am luat parte la întâlnirea lunară a vorbitorilor de spaniolă, *tertulia*, care din cauza pandemiei n-a mai avut loc din februarie; au venit zece oameni, care după juma' de an mi s-au părut cam obosiți și îmbătrâniți, dar ca să se bucure, le-am spus că arată bine, iar ei mi-au spus mie că arăt foarte bine, răzbunându-se crunt. Întâlnirea a fost la o terasă din Langenfeld, La Plaza, la cca. 30 de km de unde stau, juma' de drum l-am făcut singur cu mașina și jumătate cu mașina lui Manfred, el conducând; a trebuit să-l caut cam un sfert de oră pentru că ne vorbiserăm pe altă strada decât cea pe care-l căutam. Doi din veniții la *tertulia*, Tomas și Noemi, sunt din Madrid, Raquel e din Santiago de Chile, Laura, din Lima, Bill, din Houston, iar restul sunt nemți, eu am stat la masă lângă Bill, am vorbit tot timpul spaniolă și ne-am corectat greșelile reciproc, adică el pe mine nu m-a corectat deloc, fiind profesor de spaniolă, s-a săturat de corecturi, în schimb l-am corectat eu pe el, căci, vorba lui, pe timpuri știam perfect spaniola, dar nu învață doar elevii de la mine, ci și eu de la ei. Printre altele, Bill mi-a povestit cum alaltăieri a fost cu nevastă-sa într-un mare magazin de pantofi, magazinul era complet gol, dar brusc nevastă-mea a dispărut, a povestit Bill, *wissen Sie vielleicht, wo meine Frau ist?* nu știți cumva unde-i nevastă-mea, am întrebat-o pe vânzătoare, cum arată, e brunetă sau blondă? brunetă, am spus eu, n-am văzut-o, a spus vânzătoarea, nu cred că e aici, cum nu, uitați, e acolo, acum vine, dar doamna aceea e blondă, a spus vânzătoarea, înseamnă că și-a vopsit părul, am spus eu. Apoi Bill mi-a arătat poze cu cei doi copii ai săi, băiatul are 19 ani și fata, 15, *son parecidos a mi, no?* îmi seamănă, nu? m-a întrebat, m-am uitat foarte atent la ei și am spus nu, deloc. Ești neserios, a spus Bill dând telefonul și celor din jur să se uite și ei și toți s-au mirat foarte tare cât de puțin îi seamănă propriii copii, așa că Bill ne-a arătat atâta timp poze pe mobil, până i-am spus că copiii seamănă cu el ca două picături de apă, dar să-și închidă *por favor* telefonul sau îl arunc pe geam, deși terasa nici n-avea geamuri, dar mă rog. La sfârșit, pe la ora zece jumate, a venit chelnerul portughez întrebându-ne ce vrem să servim gratis din partea localului, grappa, sherry sau cafea, cei mai mulți au cerut grappa, eu dacă beau cafea după ora opt seara nu mai pot să dorm toată noaptea, așa că am vrut să văd ce se întâmplă dacă beau cafea după ora zece, acum e ora nouă dimineața și nu m-am culcat încă, am recitit astă-noapte *Don Quijote* în original, numai primele trei pagini, dar mă rog, am băut două cafele pe la șapte și altele două pe la opt și mă simt *muy bien*, problema este că nu știu încă ce voi face în continuare, cred că voi bea o cafea.

> **Ana Muresanu:** Ce plăcut și înviorător să te întâlnești cu prietenii, bietul Bill, dar cred că nu și-a pus-o la inimă.
>
> **Jan Cornelius:** Cum adică nu și-a pus-o la inimă, eu în locul lui m-aș duce să-mi fac analiza aia de sânge pentru stabilirea paternității și i-am mai spus să se uite mai atent la vecini!
>
> **Anna Notaras:** Uneori, când am insomnie și mă trezesc cu noaptea-n cap, beau cafea doar ca să pot adormi la loc, mă turtește mai bine decât orice altceva.
>
> **Jan Cornelius:** Ce fericită ești! Și ce bei ca să te trezești? Ceai cu xanax?

25 iulie

Cu cărțile mele pentru copii am făcut în cursul anilor sute de lecturi pe la școli, ador lecturile la școala elementară, mai ales pe alea la clasa întâi și a doua, copiii mici sunt sinceri, proaspeți, autentici; dacă se distrează, râd și aplaudă și participă din plin la lectură, și dacă se plictisesc cască și vorbesc între ei sau cad de pe scaun sau se ridică și-o iau la goană și trebuie să fugi după ei, e mai multă acțiune în școlile elementare germane decât în filmele cu James Bond, dar am auzit că în România e și mai și, o prietenă, care-i actriță la teatrul de copii, la Timișoara, mi-a povestit ieri pe chat: copiii care vin la noi, la spectacol sunt foarte drăguți și angajați, participă la ce se întâmplă cu trup și suflet, colegii mei, personaje rele, au mai și încasat-o pe scenă, mulți au fost mușcați de degete și unul dintre colegi s-a ales cu vânătăi la fluierul piciorului, când am rostit cuvintele magice, copii, ne ajutați să-l pedepsim pe omul asta rău, au pus copiii umărul imediat. Da, ce frumos, stau și mă tot gândesc, contactul direct între public și spectatori e esențial, dar acum iată că acum cu Corona totul are loc virtual și vânătăi ioc, viață grea, domnule! Și ieri am fost în Altstadt și am văzut acolo un meniu la un restaurant în care apare o mâncare unică în felul ei: *Chili con carne ohne Fleisch*, deci chili cu carne, dar fără carne, asta-i cam ca teatrul ăsta virtual cu spectatori, dar fără spectatori, dar las' că revin ei acușica, spectatorii, în carne și oase, și atunci să vezi ce cafteală se lasă, personajele astea negative plus Corona merită să și-o ia.

26 iulie

Am văzut niște imagini de la mare, din România, și am rămas mască, apropo de Covid. Stau băieții pe weekend la plajă după modelul sardine în cutie, n-am io treabă cu Covidul, să fie sănătos! Eu sunt pentru contra Covidului, domle, păi ce-s io, bou?! E plin de protestatari în România la ora asta, au înțeles ei totul, ca baba aia din tramvai: o babă surdă se urcă în tramvai. Vine controlorul:

— Biletul la control, vă rog!
— Ce zici maică?
— Biletul la control!
Baba se întoarce către o tânără și întreabă:
— Ce zice, fă, maică?
— Zice: Biletul la control. Pentru că dânsul e controlor.
Baba se întoarce supărată către controlor și zice:
— Și eu sunt contra lor, maică, dar ce dracu' să le faci!

27 iulie

„O fată, studentă la asistență socială, protestând contra condițiilor de muncă ale asistenților sociali, s-a cățărat pe candelabrul cu șapte brațe din fața clădirii Parlamentului și și-a scos sutienul. Și iarăși au fost voci care au spus că ăsta e un afront, o terfelire a unui simbol. Ba, chiar, unul dintre vârcolacii de serviciu, din partidul kaiserului, a spus că fata ar trebui băgată la pușcărie pentru profanarea unui simbol național", tocmai a relatat George Schimmerling din Ierusalim. Păi eu zic că studenta a făcut exact ce trebuie onorându-și patria, să ne gandim la tabloul ăla *Libertatea călăuzind poporul* de Delacroix, ce sâni frumoși are libertatea, e unul dintre motivele de bază pentru care eu mereu am vrut-o și am fugit pentru ea din comunism.

28 iulie

Nu doar ce se vede are valoare, la New York se găsește un Muzeu de Artă Invizibilă, numit MONA (Museum Of Non-Visible Art), care prezintă diferite opere de artă invizibile, la care uitându-te bine, bine, vezi dintr-o dată că nu le vezi. Unele dintre picturi și sculpturi au fost deja vândute pentru mii de dolari unor cumpărători vizibili, un tablou l-am cumpărat eu la licitație, la Non-Visible Sotheby's, dar nu dați asta mai departe, mi-e teamă să nu mă calce hoții și să mi-l șutească. Acum un an, am relatat aici că lucrez zi și noapte la un roman fluviu, în trei volume, o carte unică prin conținutul și stilul ei, căci în final va avea zero cuvinte. Bag mâna-n foc că va fi un bestseller, dat fiind că nimeni nu va trebui să-l mai și citească după ce-l cumpără. Tabloul invizibil, în a cărui posesie am intrat, îl voi folosi ca ilustrație pentru copertă. Voi lansa cartea la sfârșitul lunii august cu Corul Operei din Viena și Orchestra Filarmonicii din Berlin, desigur fără cor și fără orchestră, așa cum se cuvine în vremea Covidului. Sper să vină cel puțin o mie de spectatori la prezentare, care vor rămâne cu toții acasă.

Nistor Maria: Putem veni la lansare? Dacă tot nu trebuie să fim prezenți?

Jan Cornelius: Nistor Maria, da, sigur, precis nu voi fi nici eu acolo.

Elena Mariana Vermesan: Și eu am multe tablouri de acolo.

Dora Morodan: Aduceți tablouri la cerere de acolo, cu plata ramburs sau înainte?

Jan Cornelius: Da, dar tablourile trebuie asigurate pe timpul transportului, sunt sume enorme în joc, mai ales că trebuie transportate cu mașini invizibile.

29 iulie

Trăim într-o lume total absurdă și scrisul, și râsul, și reacțiile, și comentariile cititorilor m-au ajutat să trec prin absurdul inimaginabil de care avem parte de-o bună bucată de vreme și așa am scris cam zilnic măcar un text, de-aproape un an încoace. Ieri m-am decis, totuși, să fac, în sfârșit, o pauză, de acum înainte nu voi mai scrie o vreme nimic și dacă voi scrie totuși, atunci cel mult un text, două pe zi sau, hai să zicem, trei, patru, habar nu am, îmi place să mă surprind și ce aduce viitorul nu știe oricum nimeni. Cu excepția experților care lucrează pe bază științifică, e plin de ei în ultima vreme. Dacă avem, de pildă, o întrebare mai dificilă despre Covid 19, apelăm la un expert, care este mereu la curent cu toate. Și tu poți deveni un expert, dar cum?

Această întrebare rămâne din păcate fără răspuns, fiind controversată de toți experții, la fel ca toate întrebările legate de pandemie. Dar cum arată totuși viitorul? Genialul Peter Ustinov a prorocit cândva următoarele: ultima voce pe care o vom auzi înainte ca lumea să explodeze va fi aceea a unui expert, care va striga că este imposibil din punct de vedere științific! Și acum stau și mă întreb îngrijorat: și ce se va întâmpla după aia? După aia vor tăcea mâlc toți experții și se va așterne o liniște absolută și binefăcătoare, și eu voi putea să-mi scriu, fără să fiu deranjat, textele. Dar numai dacă nu chiar fac o pauză, vedem noi.

CUPRINS

www.blackswanpublishing.ro

Redactor: Adina Scutelnicu
Corector: Adina Scutelnicu
Copertă: Ștefan Ioan
Tehnoredactor: Felicia Tudor

Bun de tipar: august 2020. Apărut: 2020
Editura Lebăda Neagră
Iași, B-dul Chimiei nr. 2, bl. C1, et. 2, ap. 22, 700391
Tel. & Fax: (0332) 80.22.03;
E-mail: office@blackswanpublishing.ro